绿色：睡觉
红色：失眠
黄色：休息
黑色：活动
蓝色：坐便

00:00:00　　　　　　　　12:00:00　　　　　　　　24:00:00

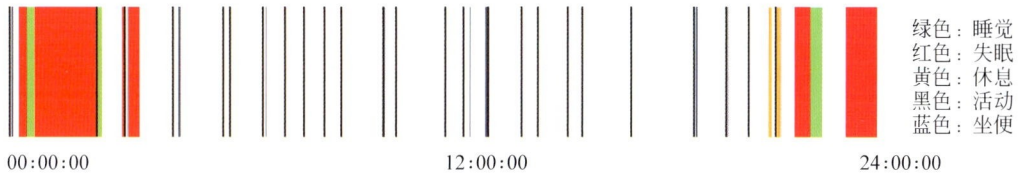

图 4.10　某位老年人某一天的行为数据序列图

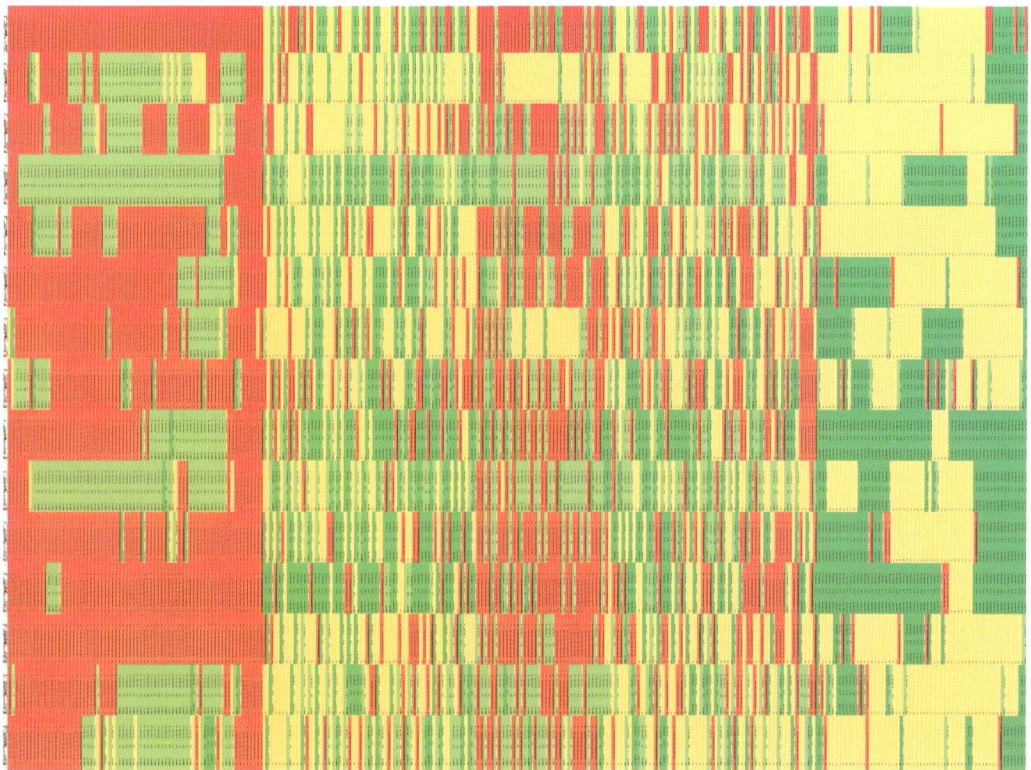

图 4.11　某位老年人半个月的行为数据序列图

图 5.12　评分预警分析

智慧养老

|服务与运营|

左美云 著

清华大学出版社
北京

内 容 简 介

　　智慧养老是未来养老的重要方向,它将会和社区居家养老、机构养老结合形成智慧社区居家养老、智慧居家养老。经过十余年的普及和推广,智慧养老的现状是概念深入人心、产品琳琅满目、应用遍地开花。针对智慧养老的痛点"需求验证不充分""智慧养老不智慧"和"医养结合两张皮",本书重点分析了老年人对智慧养老服务的需求,阐述了智慧养老服务生态系统的构建,讲解了智慧养老数据标准和养老服务数据共享的设计思路。在此基础上,本书讲述了智慧养老服务平台运营时针对老年人主动提出需求的服务匹配算法以及平台主动感知老年人需求的场景化推荐模型。本书对智慧养老政策进行了梳理,给出了基于实际调研得到的各种智慧养老服务特色模式,以及智慧养老服务评价的指标体系和区域智慧养老发展指数的测评指标体系。

　　本书直面智慧养老应用的痛点,为智慧养老服务平台运营深层次的问题提供解决方案,可以帮助提升智慧养老服务平台的竞争力,推动智慧养老服务贴近老年人的个性化需求,增加养老服务生态系统中各类主体的满意度。本书学术性、知识性和实用性并重,既可以作为从事智慧养老或养老信息化领域研究的师生或学者的参考文献,也可以作为各地卫生健康部门、民政部门、老龄办、养老机构、养老服务企业或养老服务平台运营商等组织实践工作者的参考资料。

图书在版编目(CIP)数据

　　智慧养老:服务与运营/左美云著. —北京:清华大学出版社,2022.4(2024.7重印)
　　ISBN 978-7-302-59532-8

　　Ⅰ.①智… Ⅱ.①左… Ⅲ.①养老－社会服务－智能系统－研究－中国 Ⅳ.①D669.6

　　中国版本图书馆 CIP 数据核字(2021)第 231305 号

责任编辑:白立军
封面设计:杨玉兰
责任校对:郝美丽
责任印制:丛怀宇
出版发行:清华大学出版社
　　　网　　址:https://www.tup.com.cn,https://www.wqxuetang.com
　　　地　　址:北京清华大学学研大厦 A 座　　　　　邮　　编:100084
　　　社 总 机:010-83470000　　　　　　　　　　　邮　　购:010-62786544
　　　投稿与读者服务:010-62776969,c-service@tup.tsinghua.edu.cn
　　　质量反馈:010-62772015,zhiliang@tup.tsinghua.edu.cn
　　　课件下载:https://www.tup.com.cn,010-83470236
印 装 者:三河市龙大印装有限公司
经　　销:全国新华书店
开　　本:185mm×230mm　　印　张:16　　插 页:1　　字　数:275 千字
版　　次:2022 年 5 月第 1 版　　　　　　　　　　印　　次:2024 年 7 月第 4 次印刷
定　　价:59.00 元

产品编号:095143-01

前言
Foreword

21世纪的第3个10年正在进行中,我们见证历史,我们也在一起创造历史。各行各业都在进行数字化转型：智能工厂、智能电网、智慧交通、智慧银行、直播带货、在线会议、线上教学、远程办公、社区电商、在线挂号、在线诊疗……当然,还有我们的智慧养老! 历史的车轮滚滚向前,历史事件会引导人类走向适合"人类命运共同体"生存和发展的新方向。

从"祸兮福所倚"的角度说,新冠肺炎疫情为智慧养老的发展带来了契机。部分老年人不会使用健康码引发的问题,迫使我们全社会整体上第一次意识到了"数字鸿沟"的存在。实际上,以前老年人寒风中打不到车、早起挂不上号等事件就时有报道,但很多人都不以为然,觉得这些老年人笨,跟不上时代。以前都是别人家的老年人,现在自己家的老年人也遇到了问题,想到将来退休时新兴技术下的自己,大家开始感同身受,体会到了"数字包容"的重要性。国务院办公厅下发了《关于切实解决老年人运用智能技术困难实施方案》的通知,全国老龄办发出《关于开展"智慧助老"行动的通知》,"智慧助老"第一次正式出现在国家政策标题中,国家要用三年的时间来推动老龄友好社会信息无障碍的建设。

智慧养老,在这艰难的两年多中,被养老服务从业者愈发发现它的价值。养老院在疫情期间进行封闭管理,老年人与子女微信视频对话成为标准模式;子女通过手机App可以实时了解不在一起居住的老年人的居家动态;老年人可以依靠家里的电视与其他老年人一起聊天、合唱;"互联网＋护理服务"的探索持续深化,符合一定条件的护士、护工可以上门为老年人做康复护理;有不少老年人也被逼着学会了使用智能手机,开始在网上购买日用品。

智慧养老,从我们 2011 年提出以来迄今已逾十年。"十年磨一剑",智慧养老这剑挥过,刀锋确实已有铮铮之声:概念深入人心、产品琳琅满目、应用遍地开花。不过,热闹的同时,作为研究智慧养老的学者,在夜深人静之际,笔者也感受到了阵阵寒意:智慧养老的成功案例在哪里? 智慧养老服务真正贴合老年人的需求吗? 鸡蛋、米面粮油送过之后,老年人登录平台,老年人的数据和隐私信息能否得到保障?

为了顺应社会治理和管理的数字化,我们学院所辖的管理科学与工程学科设立了智慧社会治理与工程方向,由笔者牵头建设。智慧养老是管理科学与工程与应用社会学的交叉学科,也是智慧社会治理与工程的重点研究内容。老年人占全体人口的比例越来越大,老龄化带来的问题和机遇是我们数字社会需要积极应对的研究课题,本专著即是把我们近年来关于智慧养老的服务和运营研究成果汇集成书。

"需求验证不充分"是智慧养老实施中的难点,因而本书的第 1 章重点分析了老年人对智慧养老服务的需求,探讨了影响需求的因素;"智慧养老不智慧"是很多人对智慧养老的调侃,其根源是线上平台缺乏线下服务体系的支撑,因而本书的第 2 章重点阐述了智慧养老服务生态系统的构建;"医养结合两张皮"是智慧养老在系统互联互通推进过程中的典型现象,其实质是缺乏统一的数据标准和共享数据的意愿,因而本书的第 3 章重点讲解了智慧养老数据标准化的探索,以及如何做好面向老年人隐私保护的数据共享。

老年人有需求,可以在智慧养老服务平台上提出,平台为其匹配相应的服务人员,这是平台被动接受老年人的需求,我们在第 2 章中讲述了智慧养老服务平台对这种"拉"的需求运营过程中的匹配算法;理想的智慧养老服务平台运营时应该基于老年人的场景主动感知到老年人的需求,并将相应的服务"推"给老年人。因而,我们在第 4 章中专门给出了养老服务的场景化推荐模型,以及做推荐时可以依靠的养老服务本体和知识图谱。

智慧养老已经在如火如荼地发展,虽然还不容易找到智慧养老的最佳实践或典型的成功案例,但是有些模式已经在受到养老服务商和老年人的欢迎,因而我们在第 5 章中给出了基于实际调研得到的各种智慧养老服务特色模式。另外,各家平台上提供的智慧养老服务究竟如何? 对于一个基层的街道或社区来说,应该从哪些方面评价待引进的智慧养老服务平台及服务? 在第 5 章中,我们详细给出了智慧养老服务评价的指标体系,并展示了我们研制的智慧养老服务评价原型系统。

智慧养老是未来养老的重要方向,它将会和社区居家养老、机构养老相结合形成智慧社区居家养老、智慧机构养老。国家和地方政府为了鼓励智慧养老的发展,出台了一系列的政策,也希望对各地智慧养老的发展情况有一个通盘的了解,找到先进、鞭策后进。因而我们在第6章中对智慧养老的政策进行了梳理,给出了智慧养老发展指数的测评指标体系。

一段时间以来,经常听到"我们养老实践走在了理论的前面""养老理论远远领先于国内的实践"这两种矛盾的声音,让人困惑。作为一位与政府和产业界都有较多交流的学者,笔者非常期待"理论与实践要多多对话、真诚交流"。实际上,很多官员都有好的思想,很多企业家都有好的探索,很多学者也都有很好的理论创新,然而,受制于部门条块分割、养老的长期投入和盈利的短期追求、养老业务的稳定性和智慧技术的新颖性、理论的国际化和本地化等现实困扰,对于智慧养老这样一个跨学科、跨领域的事物,各方的交流亟须加强,尽快形成一个价值共创的智慧养老生态系统。

本书只是对智慧养老的服务和运营做了一些初步的探索,大家要注意的是,智慧养老在面对不同年龄段的老年人时需要认真考虑年代的问题。或者说,在面对不同年代的老年人时智慧养老平台运营商遇到的问题是不一样的。例如20世纪三四十年代出生的人普遍集体主义意识强、IT素养较低、可支配收入也相对较低;然而,20世纪50年代后出生的老年人盛年时经历了改革开放,个人主义意识增加,有一定的IT素养,有较好的可支配收入,在为不同年代的老年人服务时需要注意这些差异。这也是理论界后续研究需要注意的方面。

笔者曾经出版《智慧养老:内涵与模式》(清华大学出版社,2018年)一书,本书是前者的深化,因为智慧养老要落到实处,需要给老年人提供有效的智慧养老服务,需要有效地运营智慧养老服务平台。我们在本书中重点阐述了智慧养老服务的需求、智慧养老服务的匹配、智慧养老服务的推荐、智慧养老服务的评价,希望能够丰富智慧养老服务的管理理论,指导智慧养老服务平台的运营实践。

本专著是教育部哲学社会科学研究重大课题攻关项目"智慧化养老服务"(项目编号为19JZD021)的部分研究成果。此外,笔者要感谢中国人民大学科学研究基金(中央高校基本科研业务费专项资金)重大项目"生态系统视角的医养结合数据治理和知识图谱研究"(项目号为21XNL018)、国家自然科学基金项目"医养结合平台的试用、采纳和持续使关键理论研究"(项目号为 71771210)和北京市自然科学基金项目"互联网环境下北京养老服务创新模式研究：边界跨越的视角"(项目号为 9182008)等这些年给予的研究经费资助,正是这些基金的资助,使我们的研究能够不断深入。

　　笔者首先要感谢近五年来和我在智慧养老领域合作研究的同事(付虹蛟、余艳、杨波、孙彩虹、许洁萍、黄科满、杜玮、周季蕾、王涛)、博士生(孔栋、孙凯、熊捷、商丽丽、马丹、臧润强、刘妃、张卓越)和硕士生(侯静波、刘莹、张美娜、王琪、关思莹、蒋立新、王蒙、王配配、邵红琳、雷东荧、刘浏、李芳菲、郭鑫鑫、银旭、赵子好、曹敏、薛怡宁、黄亚广),他们和笔者在调研时风雨与共、讨论时意气风发,有着"做有同情心学术"和"关爱今天的老年人就是关爱明天的自己"的情怀,许多学生都已经毕业,他们每个人都在为智慧养老的探索贡献着自己的力量。这本书虽然是笔者完成的,但是每章都有他们的合作和贡献。

　　笔者博士学位就读于哈尔滨工业大学管理学院,当时有两位正式的导师：一位是管理学家黄梯云教授；另一位是经济学家彭瑞玲教授。黄先生已经故去,但是严谨治学的教导让笔者一直受益。彭先生年近九旬,依然关注和鼓励笔者现在智慧养老的研究,并不时用微信发来一些和老年人有关的资料。笔者一直在学习彭先生视野和胸襟开阔、乐于提携后进的高贵品格,因而要以此书感谢彭先生几十年来学问内外的教导。

　　这些年来笔者在智慧养老领域的研究颇为顺利,这与学校的领导和同事的支持是分不开的,在此感谢他们：中国人民大学副校长兼老年研究所所长杜鹏教授,副校长刘元春教授,副校长朱信凯教授,校长助理兼理工处处长杜小勇教授,所在信息学院的书记陈红教授,院长文继荣教授,副院长李翠平教授,副院长张孝教授。

　　笔者要感谢这些年来提携和支持我的管理学领域的前辈和同行,他们是：中国人民大学陈禹教授和方美琪教授,合肥工业大学杨善林院士,中国信息经济学会(CIES)创会理事长乌家培教授,信息系统协会中国分会(CNAIS)创会主席陈国青教授,北京理工大学副校长魏一鸣教授,中国人民大学商学院院长毛基业教授,清华大学陈剑教授,北京大学李东教授和董小英教授,武汉大学的马费成教授和李纲教授,中山大学谢康教授,浙江大学华中生教授,首都经贸大学副校长王永贵教授,山东财经大学副校长张新教授,北京工商大学副校长方德英教授等。要感谢这些年来提携和支持笔者的老年学领域前辈和同行,他们是：中国人民大学邬沧萍教授,北京大学陆杰华教授和陈功教授,南开大学原新教授,复旦大学彭希哲教授,中央民族大学杨菊华教授等。

要感谢一直关心和支持笔者的同门师友：哈尔滨工业大学李一军教授、叶强教授、郭熙铜教授，北京理工大学王战军教授，大连理工大学胡祥培教授，合肥工业大学梁昌勇教授，北京科技大学闫相斌教授。要感谢笔者的同事王刊良教授、黄石松教授、安小米教授、林坚教授、梁循教授、石文昌教授、何军教授、王明明教授、许伟教授和程絮森教授等。

要感谢与笔者一起奋斗在智慧医养一线的好朋友南京大学朱庆华教授，北京理工大学颜志军教授和王馨教授，国务院发展研究中心张力研究员，国家卫健委卫生发展研究中心郝晓宁研究员，上海交通大学张朋柱教授，北京大学李伟平教授、邱凌云教授和孔桂兰研究员，清华大学郭迅华教授，四川大学赵英教授，山东财经大学张建教授和郭强教授，中南大学刘咏梅教授，合肥工业大学安宁教授，北京科技大学王志良教授，北京交通大学黄磊教授，北京航空航天大学姚忠教授，中央财经大学冯海旗教授等。

除了上述学术界的支持，笔者还要特别感谢中国老年学和老年医学学会刘维林会长、高和副会长、姚远副会长、翟静娴秘书长；中国老龄协会吴玉韶副会长；国家卫健委老龄健康司蔡菲副司长、综合处张晓斌处长、白宇副处长、医养结合处汪丽娟处长；北京市卫生健康委老龄健康处丁卫华处长；北京市老龄办王小娥主任、白玲副主任、吴晓甜处长、郭南方处长、陈桐林处长，北京市民政局周洪敬处长等领导给予我们相关研究工作的肯定和支持。要感谢和笔者同为智慧养老50人论坛成员的唐振兴、成海军、王杰、刘建兵、尚进、褚晓峰、张劲松、田兰宁、曹莉莉、吴一兵、李立波等老师，和笔者同为老龄社会30人论坛成员的梁春晓、马旗戟、李佳、林艳等老师，以及和笔者同为信息社会50人论坛成员的张新红、吕廷杰、杨培芳、李琪、吕本富、段永朝等老师。

最后，感谢阅读这本书的读者，您选择了这本书，说明我们具有共同的志趣。让我们共克时艰，携手同行，一起为智慧养老的灿烂明天而奋斗！

中国人民大学智慧养老研究所　左美云
2022 年 2 月　北京·观山园

目 录
Contents

第 1 章 智慧养老及其服务需求 /1

1.1 智慧养老的含义与发展阶段 ···················· 2
   1.1.1 智慧养老的含义 ························· 2
   1.1.2 智慧养老的发展阶段 ···················· 11
   1.1.3 当前智慧养老的"三喜三忧" ············ 16
1.2 智慧养老服务需求及分类分析 ·················· 21
   1.2.1 智慧养老服务需求模型 ·················· 23
   1.2.2 不同类型智慧养老服务的老年人用户特征分析 ··· 26
   1.2.3 不同类型老年人对智慧养老服务的需求分析 ··· 28
1.3 智慧养老服务需求的影响因素分析 ·············· 30
   1.3.1 智慧养老服务需求多样性的影响因素 ········ 30
   1.3.2 不同类别智慧养老服务需求的影响因素分析 ··· 32
   1.3.3 不同类别智慧养老服务需求的老年人画像 ····· 33
参考文献 ···································· 38

第 2 章 智慧养老服务生态系统及其运营 /39

2.1 智慧养老运营模式的问题与对策 ·············· 40
   2.1.1 智慧养老体系化运营的含义 ·············· 41
   2.1.2 智慧养老体系化运营的主要问题 ·········· 42

2.1.3 智慧养老体系化运营问题的原因分析 ·············· 45

2.1.4 智慧养老体系化运营的对策建议 ·············· 47

2.2 智慧养老服务生态系统的构建与价值共创 ·············· 51

2.2.1 智慧养老服务生态系统的含义与构成 ·············· 51

2.2.2 智慧养老服务生态系统的价值共创 ·············· 54

2.3 智慧养老服务平台的供需匹配算法 ·············· 63

2.3.1 老年人和照护人员的期望指标体系 ·············· 64

2.3.2 养老服务双边匹配模型的构建 ·············· 71

2.3.3 养老服务双边匹配模型的求解 ·············· 74

2.3.4 养老服务双边匹配模型的算例分析 ·············· 76

参考文献 ·············· 82

第 3 章 智慧养老数据标准与数据共享 /84

3.1 涉老数据的多样性与智慧养老数据标准 ·············· 85

3.1.1 基于鱼骨图的政府部门涉老数据展示 ·············· 85

3.1.2 智慧养老数据标准构建的 5S 原则 ·············· 88

3.1.3 智慧养老数据标准体系框架 ·············· 90

3.2 智慧养老数据标准化探索及数据共享 ·············· 94

3.2.1 智慧养老服务的数据标准化示例 ·············· 94

3.2.2 智慧养老服务数据标准的应用 ·············· 110

3.2.3 面向老年人隐私保护的养老服务数据共享 ·············· 112

3.3 基于区块链的智慧医养平台数据共享 ·············· 114

3.3.1 医养结合与智慧医养平台 ·············· 114

3.3.2 智慧医养平台的特点与存在的问题 ·············· 117

3.3.3 基于区块链的智慧医养平台的数据共享设计 ·············· 119

参考文献 ·············· 123

第4章 养老服务本体构建与场景化推荐 /125

4.1 养老服务领域本体与知识图谱 ·········· 126
4.1.1 养老服务本体构建的方法与过程 ·········· 126
4.1.2 养老服务本体的具体构建及应用 ·········· 130
4.1.3 知识图谱与养老服务知识图谱 ·········· 134
4.2 养老服务数据的融合 ·········· 136
4.2.1 数据融合和养老服务数据融合 ·········· 136
4.2.2 面向养老大数据的数据融合机制 ·········· 137
4.2.3 智慧居家养老感知数据预处理 ·········· 139
4.3 养老服务的个性化推荐 ·········· 145
4.3.1 个性化推荐与老年人画像 ·········· 145
4.3.2 基于场景的养老服务个性化推荐 ·········· 147
4.3.3 基于知识图谱的可解释养老服务推荐 ·········· 153

参考文献 ·········· 155

第5章 智慧养老服务模式与评价 /157

5.1 智慧养老服务平台运营的特色模式 ·········· 158
5.1.1 服务平台易用实用模式 ·········· 159
5.1.2 服务商有效监管激励模式 ·········· 160
5.1.3 服务资源整合和匹配模式 ·········· 161
5.1.4 子女、党员、志愿者资源积极利用模式 ·········· 162
5.1.5 政府数据存储和整合利用模式 ·········· 164
5.2 智慧养老服务评价体系设计 ·········· 166
5.2.1 服务评价与养老服务评价 ·········· 166
5.2.2 智慧养老服务评价指标体系设计 ·········· 170
5.2.3 智慧养老服务评价体系的应用 ·········· 175
5.3 智慧养老服务评价系统研制 ·········· 180

5.3.1 智慧养老服务评价系统分析 ······················· 180

5.3.2 智慧养老服务评价系统设计 ······················· 182

5.3.3 智慧养老服务评价系统实现 ······················· 185

参考文献 ·· 191

第6章 智慧养老政策、治理与发展指数　/193

6.1 智慧健康养老政策的演变分析 ······················· 194

6.1.1 智慧健康养老政策的发展阶段分析 ··············· 194

6.1.2 智慧健康养老政策的内容分析 ··················· 199

6.2 涉老跨部门政府数据治理框架 ······················· 205

6.2.1 政府涉老数据治理特殊性分析 ··················· 205

6.2.2 跨部门政府涉老数据治理框架 ··················· 207

6.2.3 跨部门政府涉老数据治理示例 ··················· 215

6.3 智慧养老发展指数 ································· 216

6.3.1 智慧养老发展指数指标设计思路 ················· 216

6.3.2 智慧养老发展指数指标体系形成过程 ············· 219

6.3.3 智慧养老发展指数的应用举例 ··················· 225

参考文献 ·· 229

附录A 中国智慧养老前进的脚步　/230

A.1 2018年中国智慧养老十大事件 ······················· 231

A.2 2019年中国智慧医养十大事件 ······················· 234

A.3 2020年中国智慧医养十大事件 ······················· 238

第1章
智慧养老及其服务需求

      智慧养老经过这些年的宣传和普及,政府、市场和社会都逐渐接受了这个概念。大家现在关心的是如何让智慧养老既叫好又叫座——知道是未来的方向和趋势,但是也希望有更多能为老年人接受的智慧养老服务。本章我们首先从智慧养老的含义谈起,探索其发展阶段,对当前智慧养老的形势做出判断;在此基础上,我们调研了老年人智慧养老服务的需求,建立了智慧养老服务需求模型,并对不同类型智慧养老服务的老年人用户特征和不同类型老年人对智慧养老服务的需求两个维度进行了分析;最后我们对智慧养老服务需求的影响因素进行了研究。本章的内容有助于对智慧养老做出一个清醒的判断,能够明确智慧养老运营时应该大力发展的服务类型和大力推广的老年用户目标群体。

1.1　智慧养老的含义与发展阶段

1.1.1　智慧养老的含义

目前,养老与医疗、住房、教育一起成为全社会最为关注的四个热点民生话题。虽然对生于 20 世纪 50 年代和 20 世纪 60 年代的部分人来说是"边富边老",但对于大多数人来说仍是"未富先老";特别是对于 20 世纪 30 年代、20 世纪 40 年代甚至更早出生的老年人,很多人则是"无钱养老""未备先老"。另外,由于当下大多数养老从业人员既不能从社会上获得一个好的职业评价,也较难获得一个体面的职业收入,加上劳动力人口呈现一个逐渐下降的总体趋势,养老从业人员特别是护理人员严重短缺的问题将会长期存在。因而,很可能在一段较长时间(如 10 年左右)内,会出现"无钱养老"和"无人养老"相结合的情况。那么智慧技术、现代科技的支持就是非常重要的。通过智慧技术,通过现代科技,把那些人力做不到的、做不好的或者是不愿意做的事情交给机器、机器人或者设备去完成。

作为对传统养老模式的一场革命,智慧养老将结合信息科技的优势与力量,为我国养老事业和产业面临的难题与困境提供新的思路与切实可行的实践道路。

智慧养老(Smart Senior Care,SSC),是指利用信息技术等现代科技技术(如互联网、社交网、物联网、5G、移动计算、大数据、云计算、人工智能、区块链、数字孪生等),围绕老年人的生活起居、安全保障、医疗卫生、保健康复、娱乐休闲、学习分享等各方面支持老年人的生活服务和管理,对涉老信息自动监测、预警甚至主动处置,实现这些技术与老年人的友好、自主式、个性化智能交互,一方面提升老年人的生活质量,另一方面利用好老年人的经验智慧,使智慧科技和智慧老年人相得益彰,**帮助老年人更多地实现社会参与,尽可能地增强独立性,**最终使老年人过得更幸福、更有尊严、更有价值。

"智慧养老"4 个字可以拆为两个词"智慧"和"养老",两个词的关系可以分为如下 3 个层次。

第一个层次是毛和皮的关系,智慧是"毛",养老是"皮"。智慧主要体现在可见的养老服务产品和平台上。很多地方的智慧养老服务平台或产品还主要是用来好看的,用来展示的,这时更多地体现为光鲜的智慧技术之"毛",还未真正与养老模式的"皮"做到很好的对接和融合。如果长此以往,则会出现"皮之不存,毛将焉附"的失败局面,或者说出现"智慧养老不智慧"的局面。

第二个层次是骨和肉的关系,智慧是"骨",养老是"肉"。智慧主要体现在对养老服务流程的支撑和保障上。在"无人养老"和"无钱养老"的背景下,要研究如何采用智慧技术来降低服务成本、节约人力,实现养老服务的规模经济和范围经济,从而通过智慧技术和智慧系统之"骨",撑起养老服务模式之"肉",使不同的参与主体特别是老年人对养老服务满意度提升。

第三个层次是灵和肉的关系,智慧是"灵",养老是"肉"。智慧主要体现在对养老服务模式的优化和创新上。要做到规范化养老和个性化养老相结合,就必须对现有各种养老模式及其流程进行重新思考与设计,让智慧系统基于物联网、云计算、边缘计算、大数据、区块链、人工智能、数字孪生等技术收集老年人的信息,进行画像和服务的精准推荐,从而通过智慧之"灵",创新养老服务模式,指引养老服务之"肉"更好地让老年人满意,同时增加养老服务组织的收益。

由于养老地点的不同,智慧养老也有很多不同的类型,如智慧养老的居家模式、智慧养老的社区模式、智慧养老的机构模式、智慧养老的虚拟模式。

在本人以前出版的专著《智慧养老:内涵与模式》(清华大学出版社,2018 年)一书中,曾提出智慧养老包括三方面的含义,分别是智慧助老、智慧用老和智慧孝老,如图 1.1 所示。图 1.1 的左边是 For Seniors,即为老,智慧助老主要是物质的支持,智慧孝老主要是精神的支持;右边是 By Seniors,即靠老,利用好老年人的经验、知识和技能。

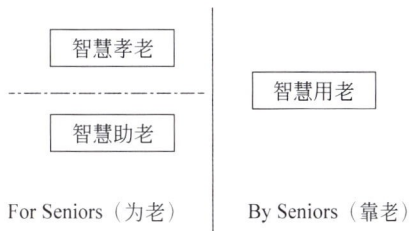

图 1.1　智慧养老的三个维度

智慧助老,即用信息技术等现代科技帮助老年人,目的主要有4个:增、防、减、治。增,即增进老年人的能力,如防抖勺可以帮助患帕金森症的老年人自主进餐;防,即防止老年人出现风险,如防跌鞋在感测老年人可能跌倒时给老年人的足部一个反向的力,从而防止跌倒的风险;减,即减少老年人的认知负担,如养老服务系统自动挑选值得信赖的服务商或服务人员给老年人,从而减少老年人东挑西选眼睛挑花了也不一定能找到的情况;治,即辅助老年人疾病的治疗,例如最简单的服药提醒器,可以提醒老年人按时服药。

自2019年年底新冠肺炎疫情出现以来,各地纷纷启用类似健康码这样的跟踪示警手机App,给许多不会使用智能手机和相应App的老年人造成很多不便,甚至是心理上的无助感和被时代抛弃的感觉。健康码的问题只是冰山一角,健康码引起社会的广泛关注后,社会各界蓦然发现,其实老年人还有在线支付和在线挂号等智慧产品使用的诸多困难。为了有效解决老年人在运用智能技术方面遇到的困难,让广大老年人更好地适应并融入智慧社会,国务院办公厅2020年11月15日印发了《关于切实解决老年人运用智能技术困难的实施方案》(国办发〔2020〕45号)。实施方案要求,要切实维护老年人在信息时代下的合法权益,帮助老年人跨越"数字鸿沟"。方案聚焦老年人日常生活涉及的出行、就医、消费、文娱、办事等7类高频事项和服务场景,提出了20条重点任务,并分别给出了相应的负责部门,参见表1.1。

表1.1　国务院办公厅《关于切实解决老年人运用智能技术困难的实施方案》中重点任务

任　　务	内　　容
1. 做好突发事件应急响应状态下对老年人的服务保障	(1) 完善"健康码"管理,便利老年人通行。在新冠肺炎疫情低风险地区,除机场、铁路客站、长途客运站、码头和出入境口岸等特殊场所外,一般不用查验"健康码"。对需查验"健康码"的情形,通过技术手段将疫情防控相关信息自动整合到"健康码",简化操作以适合老年人使用,优化代办代查等服务,继续推行"健康码"全国互通互认,便利老年人跨省通行。各地不得将"健康码"作为人员通行的唯一凭证,对老年人等群体可采取凭有效身份证件登记、持纸质证明通行、出示"通信行程卡"作为辅助行程证明等替代措施。有条件的地区和场所要为不使用智能手机的老年人设立"无健康码通道",做好服务引导和健康核验。在充分保障个人信息安全前提下,推进"健康码"与身份证、社保卡、老年卡、市民卡等互相关联,逐步实现"刷卡"或"刷脸"通行。对因"健康码"管理不当造成恶劣影响的,根据有关规定追究相关单位负责人的责任。(国家卫生健康委、国务院办公厅、工业和信息化部牵头,相关部门及各地区按职责分工负责)

续表

任　　务	内　　容
1. 做好突发事件应急响应状态下对老年人的服务保障	(2) 保障居家老年人基本服务需要。在常态化疫情防控下,为有效解决老年人无法使用智能技术获取线上服务的困难,组织、引导、便利城乡社区组织、机构和各类社会力量进社区、进家庭,建设改造一批社区便民消费服务中心、老年服务站等设施,为居家老年人特别是高龄、空巢、失能、留守等重点群体,提供生活用品代购、餐饮外卖、家政预约、代收代缴、挂号取药、上门巡诊、精神慰藉等服务,满足基本生活需求。(商务部、民政部、住房城乡建设部、国家卫生健康委等相关部门按职责分工负责) (3) 在突发事件处置中做好帮助老年人应对工作。在自然灾害、事故灾难、公共卫生事件、社会安全事件等突发事件处置中,需采取必要智能化管理和服务措施的,要在应急预案中统筹考虑老年人需要,提供突发事件风险提醒、紧急避难场所提示、"一键呼叫"应急救援、受灾人群转移安置、救灾物资分配发放等线上线下相结合的应急救援和保障服务,切实解决在应急处置状态下老年人遇到的困难。(应急部、公安部、国家卫生健康委等相关部门及各地区按职责分工负责)
2. 便利老年人日常交通出行	(1) 优化老年人打车出行服务。保持巡游出租车扬召服务,对电召服务要提高电话接线率。引导网约车平台公司优化约车软件,增设"一键叫车"功能,鼓励提供电召服务,对老年人订单优先派车。鼓励有条件的地区在医院、居民集中居住区、重要商业区等场所设置出租车候客点、临时停靠点,依托信息化技术提供便捷叫车服务。(交通运输部及各地区按职责分工负责) (2) 便利老年人乘坐公共交通。铁路、公路、水运、民航客运等公共交通在推行移动支付、电子客票、扫码乘车的同时,保留使用现金、纸质票据、凭证、证件等乘车的方式。推进交通一卡通全国互通与便捷应用,支持具备条件的社保卡增加交通出行功能,鼓励有条件的地区推行老年人凭身份证、社保卡、老年卡等证件乘坐城市公共交通。(交通运输部、人力资源和社会保障部、人民银行、国家铁路局、中国民航局、中国国家铁路集团有限公司及各地区按职责分工负责) (3) 提高客运场站人工服务质量。进一步优化铁路、公路、水运、民航客运场站及轨道交通站点等窗口服务,方便老年人现场购票、打印票证等。高速公路服务区、收费站等服务窗口要为老年人提供咨询、指引等便利化服务和帮助。(交通运输部、国家铁路局、中国民航局、中国国家铁路集团有限公司及各地区按职责分工负责)

任　　务	内　　容
3. 便利老年人日常就医	(1) 提供多渠道挂号等就诊服务。医疗机构、相关企业要完善电话、网络、现场等多种预约挂号方式,畅通家人、亲友、家庭签约医生等代老年人预约挂号的渠道。医疗机构应提供一定比例的现场号源,保留挂号、缴费、打印检验报告等人工服务窗口,配备导医、志愿者、社会工作者等人员,为老年人提供就医指导服务。(国家卫生健康委负责) (2) 优化老年人网上办理就医服务。简化网上办理就医服务流程,为老年人提供语音引导、人工咨询等服务,逐步实现网上就医服务与医疗机构自助挂号、取号叫号、缴费、打印检验报告、取药等智能终端设备的信息联通,促进线上线下服务结合。推动通过身份证、社保卡、医保电子凭证等多介质办理就医服务,鼓励在就医场景中应用人脸识别等技术。(国家卫生健康委、公安部、人力资源和社会保障部、国家医保局等相关部门按职责分工负责) (3) 完善老年人日常健康管理服务。搭建社区、家庭健康服务平台,由家庭签约医生、家人和有关市场主体等共同帮助老年人获得健康监测、咨询指导、药品配送等服务,满足居家老年人的健康需求。推进"互联网＋医疗健康",提供老年人常见病、慢性病复诊以及随访管理等服务。(国家卫生健康委负责)
4. 便利老年人日常消费	(1) 保留传统金融服务方式。任何单位和个人不得以格式条款、通知、声明、告示等方式拒收现金。要改善服务人员的面对面服务,零售、餐饮、商场、公园等老年人高频消费场所,水电气费等基本公共服务费用、行政事业性费用缴纳,应支持现金和银行卡支付。强化支付市场监管,加大对拒收现金、拒绝银行卡支付等歧视行为的整改整治力度。采用无人销售方式经营的场所应以适当方式满足消费者现金支付需求,提供现金支付渠道或转换手段。(人民银行、国家发展改革委、市场监管总局、银保监会等相关部门按职责分工负责) (2) 提升网络消费便利化水平。完善金融科技标准规则体系,推动金融机构、非银行支付机构、网络购物平台等优化用户注册、银行卡绑定和支付流程,打造大字版、语音版、民族语言版、简洁版等适老手机银行 App,提升手机银行产品的易用性和安全性,便利老年人进行网上购物、订餐、家政、生活缴费等日常消费。平台企业要提供技术措施,保障老年人网上支付安全。(人民银行、国家发展改革委、市场监管总局、银保监会、证监会等相关部门按职责分工负责)

续表

任 务	内 容
5. 便利老年人文体活动	(1) 提高文体场所服务适老化程度。需要提前预约的公园、体育健身场馆、旅游景区、文化馆、图书馆、博物馆、美术馆等场所,应保留人工窗口和电话专线,为老年人保留一定数量的线下免预约进入或购票名额。同时,在老年人进入文体场馆和旅游景区、获取电子讲解、参与全民健身赛事活动、使用智能健身器械等方面,提供必要的信息引导、人工帮扶等服务。(文化和旅游部、住房城乡建设部、体育总局及各地区按职责分工负责) (2) 丰富老年人参加文体活动的智能化渠道。引导公共文化体育机构、文体和旅游类企业提供更多适老化智能产品和服务,同时开展丰富的传统文体活动。针对广场舞、群众歌咏等方面的普遍文化需求,开发设计适老智能应用,为老年人社交娱乐提供便利。探索通过虚拟现实、增强现实等技术,帮助老年人便捷享受在线游览、观赛观展、体感健身等智能化服务。(文化和旅游部、体育总局及各地区按职责分工负责)
6. 便利老年人办事服务	(1) 优化"互联网+政务服务"应用。依托全国一体化政务服务平台,进一步推进政务数据共享,优化政务服务,实现社会保险待遇资格认证、津贴补贴领取等老年人高频服务事项便捷办理,让老年人办事少跑腿。各级政务服务平台应具备授权代理、亲友代办等功能,方便不使用或不会操作智能手机的老年人网上办事。(国务院办公厅牵头,相关部门及各地区按职责分工负责) (2) 设置必要的线下办事渠道。医疗、社保、民政、金融、电信、邮政、信访、出入境、生活缴费等高频服务事项,应保留线下办理渠道,并向基层延伸,为老年人提供便捷服务。实体办事大厅和社区综合服务设施应合理布局,配备引导人员,设置现场接待窗口,优先接待老年人,推广"一站式"服务,进一步改善老年人办事体验。(相关部门及各地区按职责分工负责)
7. 便利老年人使用智能化产品和服务应用	(1) 扩大适老化智能终端产品供给。推动手机等智能终端产品适老化改造,使其具备大屏幕、大字体、大音量、大电池容量、操作简单等更多方便老年人使用的特点。积极开发智能辅具、智能家居和健康监测、养老照护等智能化终端产品。发布智慧健康养老产品及服务推广目录,开展应用试点示范,按照适老化要求推动智能终端持续优化升级。建设智慧健康养老终端设备的标准及检测公共服务平台,提升适老产品设计、研发、检测、认证能力。(工业和信息化部、国家发展改革委、民政部、国家卫生健康委、市场监管总局等相关部门按职责分工负责)

续表

任　务	内　容
7. 便利老年人使用智能化产品和服务应用	(2) 推进互联网应用适老化改造。组织开展互联网网站、移动互联网应用改造专项行动,重点推动与老年人日常生活密切相关的政务服务、社区服务、新闻媒体、社交通信、生活购物、金融服务等互联网网站、移动互联网应用适老化改造,使其更便于老年人获取信息和服务。优化界面交互、内容朗读、操作提示、语音辅助等功能,鼓励企业提供相关应用的"关怀模式""长辈模式",将无障碍改造纳入日常更新维护。(工业和信息化部、民政部、人民银行、银保监会、证监会等相关部门按职责分工负责) (3) 为老年人提供更优质的电信服务。持续开展电信普遍服务试点,推进行政村移动网络深度覆盖,加强偏远地区养老服务机构、老年活动中心等宽带网络覆盖。开展精准降费,引导基础电信企业为老年人提供更大力度的资费优惠,合理降低使用手机、宽带网络等服务费用,推出更多老年人用得起的电信服务。(工业和信息化部、财政部、国务院国资委等相关部门按职责分工负责) (4) 加强应用培训。针对老年人在日常生活中的应用困难,组织行业培训机构和专家开展专题培训,提高老年人对智能化应用的操作能力。鼓励亲友、村(居)委会、老年协会、志愿者等为老年人运用智能化产品提供相应帮助。引导厂商针对老年人常用的产品功能,设计制作专门的简易使用手册和视频教程。(教育部、民政部、人力资源和社会保障部、国家卫生健康委、市场监管总局、银保监会、证监会等相关部门按职责分工负责) (5) 开展老年人智能技术教育。将加强老年人运用智能技术能力列为老年教育的重点内容,通过体验学习、尝试应用、经验交流、互助帮扶等,引导老年人了解新事物、体验新科技,积极融入智慧社会。推动各类教育机构针对老年人研发全媒体课程体系,通过老年大学(学校)、养老服务机构、社区教育机构等,采取线上线下相结合的方式,帮助老年人提高运用智能技术的能力和水平。(教育部、民政部、国家卫生健康委等相关部门按职责分工负责)

资料来源:中央人民政府网站 http://www.gov.cn/zhengce/content/2020-11/24/content_5563804.htm。

　　为了落实上述《关于切实解决老年人运用智能技术困难实施方案》,2020 年 12 月 24 日,工业和信息化部印发《互联网应用适老化及无障碍改造专项行动方案》的通知(工信部信管〔2020〕200 号),决定自 2021 年 1 月起,在全国范围内组织开展为期一年的互联网应用适老化及无障碍改造专项行动。这一次的专项行动的重点工作之一是开展适老化及无障碍改造水平评测并纳入"企业信用评价"。根据适老化及无障碍建设水平评测结果,对符合要求的互联网网站、移动互联网应用(App),授予信息无障碍标识(♿)。这个工作很有价值,相信也能引导相关企业开发更多的适老化产品。

智慧孝老,即用信息技术等现代科技孝敬老年人。如果说助老更多是从设备、器材等物质方面给老年人予以帮助的话,智慧孝老则主要是从精神层面给老年人以情感和尊严的支持。孝是我们中国的传统文化。《孝经·开宗明义》篇中讲:"夫孝,德之本也。""孝"在汉字中是上下结构,上为老、下为子,意思是子能承其亲,并能顺其意。孝的观念源远流长,殷商甲骨文中就已出现"孝"字。教育的"教"字,就由"孝"和"文"组成。挖掘好孝文化,做好智慧孝老是我们在世界智慧养老大舞台上彰显中国特色的领域。

党的十九大报告中明确提出,要"积极应对人口老龄化,构建养老、孝老、敬老政策体系和社会环境,推进医养结合,加快老龄事业和产业发展。"尽管在这个纲领性的文件中,把孝老与养老并列,而不是包含在养老中,但却把"孝老"提升到了全党对老龄工作新的重要认知的层面,这为新时代中国特色养老事业指明了方向,也为智慧养老提供了坚实的内涵,即智慧孝老。

智慧用老,即用信息技术等现代科技用好老年人的经验、技能和知识。中国俗语说"家有一老,如有一宝",最直白的理解是老年人会帮助子女带孙子、孙女,或者协助做好家务。实际上,老年人所具有的一些独特的经历和感悟,也会给子女、孙子和孙女很多的建议和启示。对于一些具有专业技能的老年人来说,还可以为社会贡献自己的力量。智慧用老除了用信息技术支持老年人为家人提供帮助外(如老年人带孙子和孙女的视频可以传送到老年人的子女手机上,实现三方的轻松互动交流),还可以通过一些系统或平台实现代际知识转移,促进年轻一代的知识利用或知识创造。

目前养老行业主要做的是智慧助老,我们与国外的差距也不算大,许多物联网企业、可穿戴设备提供商、健康监测设备提供商、养老信息系统提供商主要在这个领域;智慧用老方面,我们和国外是在同一条起跑线上,这方面的用老平台和技术都是刚刚开始;智慧孝老有明显的中国特色,是未来我们可以进行文化输出的领域。总的来说,养老虽然是一个亘古不变的话题,但是智慧养老绝对是个有前途的新兴领域,值得理论工作者孜孜探索,值得实务工作者落地实践。

令人高兴的是,为深入贯彻党中央、国务院关于老龄工作的决策部署,落实国务院办公厅《关于切实解决老年人运用智能技术困难的实施方案》要求,2020 年 11 月 30 日全国老龄办发出《关于开展"智慧助老"行动的通知》(全国老龄办发〔2020〕3 号),决定开展"智慧助老"行动(具体的行动内容参见表 1.2),利用 3 年的时间,动员社会各方力量共同努力,推动老龄社会信息无障碍建设,促进全社会推进适老化的改造和升级,提升老年人运用智能技术方面的获得感、幸福感、安全感。

表 1.2 《关于开展"智慧助老"行动的通知》中行动内容

行　动	内　容
(1) 建立健全"智慧助老"的常态化工作机制	将开展"智慧助老"行动、切实解决老年人运用智能技术困难,列为各级老龄委年度工作要点,加强督促落实。协调推动各级各部门以老年人面临的实际困难为导向,采取具体措施予以解决。将帮助老年人运用智能技术相关内容纳入每年"敬老月"的主题活动,倡导全社会推动、关注、参与"智慧助老"行动。将在"智慧助老"行动中事迹突出的机构、企业和个人纳入全国"敬老文明号"和全国"敬老爱老助老模范人物"评选表彰
(2) 广泛动员各方力量为老年人提供志愿培训服务	培育壮大老年志愿服务队伍,鼓励在医疗卫生、金融服务、政务便民、交通出行、文化旅游等重点行业服务场所增设志愿服务岗。组织动员社区服务人员等以"一对一"或"一对多"的形式开展面向老年人的智能技术培训。组织涉老相关社会团体、志愿服务组织等,面向老年人开展以智能技术运用培训为主题的志愿服务活动。通过组织兴趣示范小组、智能技术运用比赛等形式,动员运用智能技术能力较强的老年人带动、帮助、培训其他老年人,提高有意愿的老年人运用智能技术的能力
(3) 充分发挥老年大学在智能技术培训中的重要作用	将智能技术运用相关内容纳入老年大学、社区老年学习点等的学习课程,并通过给予适当激励、授予证书等方式调动老年人学习运用智能技术的积极性。将认识风险、预防受骗等知识列为老年大学的必修课程,帮助老年人掌握防骗的知识和技能,提升运用智能技术的信心
(4) 引导老年人正确认识网络信息和智能技术	通过科普讲座、大众传媒等老年人喜闻乐见的形式,引导老年人正确认识网络信息和智能技术,将其作为丰富晚年生活、提升生活质量的重要工具,消除对网络信息和智能技术的恐惧和排斥心理。鼓励老年人主动学习网络防骗的有关政策、法规和知识,切实增强风险意识

续表

行　　动	内　　容
(5) 加强智能技术运用和防骗知识的科普宣传	编制老年人智能技术运用指南,开发简明易懂的培训教材,利用广播、电视网络等媒介进行宣传推广,引导全社会增强帮助老年人运用智能技术的责任意识。鼓励各地依托全国智慧健康养老示范基地开展老年群体数字化生活场所体验,设立老年人智能产品用品体验区,并为老年人提供技术支持和科普服务。编制老年人防网络诈骗指导手册,以视频、一图读懂等通俗易懂的形式在大众媒体和老年人经常活动的场所进行广泛宣传,提高防骗知识技能的知晓度。以拍摄主题宣传片、公益广告等方式,加大对网络诈骗、电子通信诈骗案件的曝光和宣传力度,发挥典型案件的警示作用
(6) 提倡家庭成员帮助老年人运用智能技术	探索将帮助老年人运用智能技术纳入其家庭成员照护培训内容,引导家庭成员帮助老年人提升智能技术运用能力。积极宣传引导,鼓励家庭成员加强对老年人运用智能技术的辅导,帮助老年人甄别各类不实信息。尊重老年人保持原有的生活方式,在银行、医院、购物、出行等必须运用智能技术的场所和生活场景,动员家庭成员为老年人代办相关业务
(7) 大力开展智能产品社会募捐活动	积极搭建慈善募捐平台,广泛动员爱心企业、社会人士以及通信公司等开展慈善公益活动,为城乡贫困老年人捐赠智能产品,减免通信服务资费,帮助贫困老年人解决无智能产品可用和服务费用昂贵的问题

资料来源:国家卫健委网站 http://www.nhc.gov.cn/cms-search/xxgk/getManuscriptXxgk.htm? id＝3e8b6ac9653f4d2193ba09cba8ea8116。

这是"智慧助老"第一次正式出现在全国性的文件标题中。尽管此前也有全国老龄工作委员会在《关于深入开展 2020 年全国"敬老月"活动的通知》中提出启动"智慧助老"专项行动,但还未出现在标题中。我们希望,不远的将来,"智慧孝老"和"智慧用老"也会被国家采纳,出现在正式文件中,使智慧养老的内涵不断丰富,养老事业和产业的发展更有深度和广度。

1.1.2　智慧养老的发展阶段

智慧养老行业发展,可以分为 5 个阶段:启蒙期(2011—2016 年)、探索期(2017—2022 年)、成长期、成熟期和涅槃期。最后的涅槃期在一般的理论中也称为衰退期,我们希望智慧养老到那时能够涅槃重生。我们刚度过启蒙期,现处在探索期。

智慧养老在 2011—2016 年处于概念和思想的启蒙期。中国人民大学老年学研究所所长杜鹏教授在给《智慧养老：内涵与模式》一书（清华大学出版社，2018 年）的序言中指出："2011 年，智慧养老的概念由左美云教授的研究团队提出，对推动这个新兴交叉领域的研究与实践发挥了重要作用。相比于以往信息化养老、智能养老等概念，智慧养老概念的提出具有创新意义。养老信息化、智能化强调养老服务技术手段的变革，而智慧养老更强调以人为本、尊老敬老的哲学和文化意涵。"

实际上，在 2011 年之前，学术界和产业界的用词分别是养老信息化、智能养老、智能化养老。智慧养老的前身即"智能居家养老"（Smart Home Care），最早由英国生命信托基金会提出，当时称为"全智能化老年系统"，即老年人在日常生活中可以不受时间和地理环境的限制，在自己家中过上高质量的生活；又称"智能居家养老"，指利用先进的信息技术手段，面向居家老年人开展物联化、互联化、智能化的养老服务。其核心在于应用先进的管理和信息技术，将老年人与政府、社区、医疗机构、医护人员等紧密联系起来。需要说明的是，国内当时的翻译是"智能居家养老系统"，而不是"智慧居家养老系统"，用得比较多的词汇是智能化养老或智能养老，不少学者在翻译英文时用的是 Intelligent，而不是 Smart。

2008 年 11 月，IBM 公司在纽约召开的外国关系理事会上提出了建设"智慧地球"这一理念。2010 年，IBM 公司正式提出了"智慧城市"（Smart City）愿景，希望为世界城市的发展贡献自己的力量。在智慧城市的大旗下，一系列"智慧"应运而生，如"智慧交通""智慧社区"等。在此背景下，很自然地，在"智能化养老"或"智能养老"的基础上进而发展出了"智慧养老"的概念。然而，"智能养老"和"智慧养老"此时还在交替使用。

实际上，"智慧养老"是"智能养老"概念的继承，又有如下三方面的发展：①"智能"（Intelligent）更多体现在相关设备与配置的智能化，而"智慧"（Smart）除了包含设备的智能化，也含有"合适的"或"聪明的"养老模式的探索；②"智能"更多体现在相关设备与技术的控制监测上，老年人是被动接受的，而"智慧"还包含老年人主动选择运用设备或技术的含义，更多体现了以人为本、以老年人为中心的理念；③"智能养老"更多体现在利用相关设备与技术对老年人的支持和帮助上，而"智慧养老"除了帮助老年人，还有利用好老年人的智慧，最终为老年人打造健康、愉快、有尊严、有价值的晚年生活的含义。

至于智慧养老的英文翻译，主要有三种，分别是①Smart Elderly Care；②Smart Care

for the Aged；③Smart Senior Care。Elderly 主要是年纪大。Aged 多指高龄并隐含失能的含义，考虑到对老年人的尊敬和智慧养老包括利用老年人的经验和智慧含义，"智慧养老50人论坛"在 2016 年成立时，主席团在征求国外学者意见的基础上，将智慧养老译为 Smart Senior Care。Senior 有长者、资深的双重含义，既指年纪大，又指经验丰富，也有尊敬的含义。因而，我们推荐智慧养老译为 Smart Senior Care，也在得到越来越多学者的认同。

经过 2011—2016 年的宣传普及，智慧养老的文章越来越多，大家越来越认同智慧养老的含义。我们对截至 2020 年年底与"智慧养老服务"相关的国内外文献进行了查阅。

国外文献主要来源于 Web of Science 数据库，检索词分别为 smart care、intelligent care、elderly、aged、seniors、older adult 的各种可能方式组合。通过对文献分析发现，老年学、计算机应用、信息管理与信息系统、物联网、自动控制等领域的学者们都在从不同的角度进行研究。我们分别对 Smart Care（国内一般译"智慧养老"）和 Intelligent Care（国内一般译"智能养老"）两类文献中涉及养老服务的文献进行了阅读，在此基础上，将这些文献提的所有关键词中排名前 10% 的关键词记录下来，如表 1.3 所示。从表 1.3 可以看到，智能养老对技术实现的关键词关注更多，对高龄（关键词 elderly 占有一定比例）关注更多；智慧养老则对所有老年人都关注，特别是低龄老年人（关键词 older adult 比例较多），另外，除了像智能养老一样关注健康，还更加关注老年人生活的周边支援，更强调老年人生活的独立性。

表 1.3 智慧养老国外文献中涉及服务的关键词分析

	Smart Care（智慧养老）	Intelligent Care（智能养老）
Service（服务）	care（照护）；people（人）；older adult（老年人）。technology（技术）；Internet（因特网）；Internet of Things（物联网，IoT）；system（系统）；smart home（智慧居家）。health（健康）；ambient assisted living（生活周边支援）	care；people；older adult；elderly（老年人）。technology；system；sensor（传感器）；smart home；Internet of Things；cloud computing（云计算）；artificial intelligence（人工智能）。health care（健康照护）

我们对与智慧养老相关的国内文献进行了查阅。由于国内还有一个自创的词"信息化"，因而检索主题分为三组："智慧""智能""信息化"依次分别加上"养老""养老服务"，

即六类,分别为智慧养老、智能养老、智慧养老服务、智能养老服务、养老信息化、养老服务信息化。我们根据每年的文献分别制作了"智慧养老"和"智慧养老服务"相关主题发文量趋势图,如图 1.2 和图 1.3 所示。

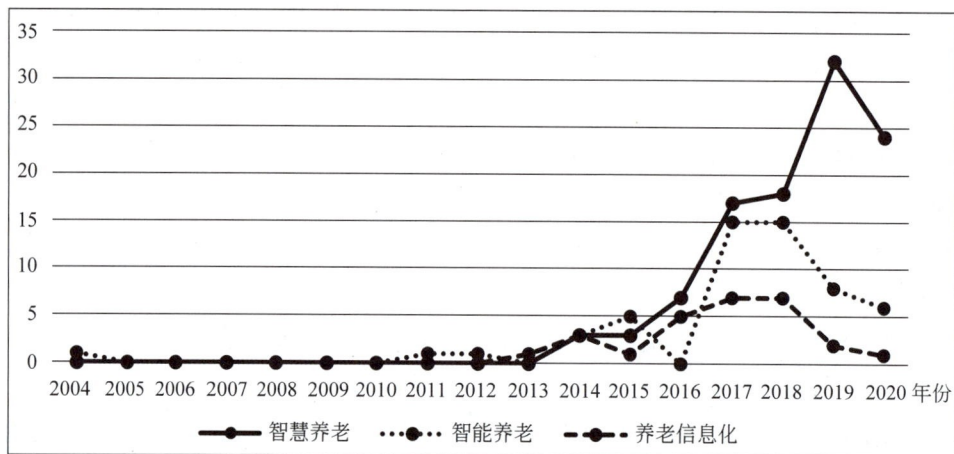

图 1.2 "智慧养老"相关主题发文量趋势图

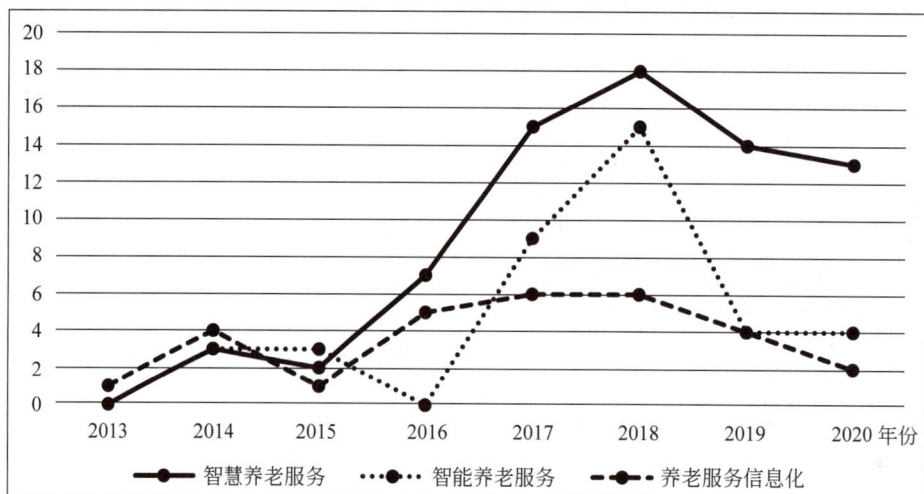

图 1.3 "智慧养老服务"相关主题发文量趋势图

由于一般学术论文都有一个 1～2 年的发表周期,所以 2016—2020 年的文献反映了 2014—2018 年的研究热点。从图 1.2 和图 1.3 可以看出,2016—2018 年智慧养老(服务)与智能养老(服务)的文献都在持续增长,另外,2016—2020 年智慧养老(服务)的文献均高于智能养老(服务)和养老(服务)信息化的文献。这就说明,智慧养老的称谓比智能养老和养老信息化得到了学术界的更大的认可。智慧养老(服务)作为智慧养老在养老服务领域的具体表现形式,值得学术界深入探索和研究。

2019 年智慧养老的文献达到一个高点。从 2018 年开始,智能养老服务和养老信息化服务文献都出现了不同程度的下降。很可能的原因是智慧养老在经过启蒙阶段的舆论宣传后,进入了一个理性的探索期,更深入有见解的文章数量还不够多,学术界进入了理性的冷静期。

2017 年 2 月工业和信息化部等三部委联合发布《智慧健康养老产业发展行动计划(2017—2020 年)》。2017 年 2 月 28 日国务院发布《"十三五"国家老龄事业发展和养老体系建设规划》,里面提出实施"互联网＋"养老工程。智慧养老正式进入探索期。

2020 年 11 月全国老龄工作委员会办公室发出的《关于开展"智慧助老"行动的通知》(全国老龄办发〔2020〕3 号)中决定用 3 年的时间开展"智慧助老"行动,并给出了具体的行动安排,如表 1.4 所示。通知中规定,到 2022 年 12 月,要对"智慧助老"行动进行总结评估,将各地在行动过程中形成的经验和做法在全国推广,并适时上升为国家政策。

表 1.4　全国老龄办《关于开展"智慧助老"行动的通知》中行动安排

阶　　段	内　　容
(1) 行动启动阶段(2020 年 11 月至 2020 年 12 月)	印发通知,在全国启动"智慧助老"行动。建立行动组织协调办公室,组建行动咨询专家库。组织召开工作座谈会,开展专项调研
(2) 深入推进阶段(2021 年 1 月至 2022 年 6 月)	各地围绕行动目标,完善相关制度和政策,制订年度工作计划,深入开展教育培训、志愿服务等主题活动。全国老龄办组织开展针对行动的调研评估,积极宣传各地的好经验、好做法,在全社会营造良好的舆论氛围
(3) 总结提升阶段(2022 年 7 月至 2022 年 12 月)	对"智慧助老"行动进行总结评估,将各地在行动过程中形成的经验和做法在全国推广,并适时上升为国家政策

工业和信息化部等三部委联合发布《智慧健康养老产业发展行动计划(2017—2020 年)》的文件和全国老龄办公室发布的《关于开展"智慧助老"行动的通知》都是扶持智慧养

老的行动计划,恰好规定了两个重要的时间节点,分别是 2017 年和 2022 年,我们把它作为探索期(2017—2022 年)的时间区间。

我们希望,到 2022 年,智慧养老的商业模式、盈利模式会慢慢清晰,从而进入智慧养老产业的快速成长期,再经过 5 年左右的发展,可能进入智慧养老产业的成熟期。我们预测,在 2022 年以后才可能会有一定数量的智慧养老企业能够盈利,在此之前,主要还是各种产品、应用和模式的探索。

1.1.3　当前智慧养老的"三喜三忧"[①]

智慧养老产业真正成熟起来,从 2017 年进入探索期算起,我们认为可能要 2028 年之后才会真正进入成熟期。或者说,要经过 2017—2022 年的探索期和 2023—2028 年的成长期,才会进入成熟期。我们讲十年磨一剑,一个行业的发展,一个产业的发展,从探索到成熟至少需要 10 年。

这还可以从另外一个角度得到部分的印证。当前我国人口保持健康的平均预期寿命约为 68 岁,到 2028 年 1960 年出生的老年人已经 68 岁,那么,20 世纪 60 年代以前出生的老年人总体上需要更多的健康养老服务,1960 年后出生的老年人也逐渐进入带病生存、"与病为友"的阶段。而 20 世纪 50 年代和 60 年代出生的老年人很大部分拥有智能手机,对互联网等智慧技术有不同程度的接触,健康信息素养和智慧技术操作能力都有很大的提高。他们对于智慧养老需求会显著地增加,智慧养老的市场规模将会显著地扩大,智慧养老的运营模式也会日渐成熟。因而,现阶段智慧养老企业要做的就是用心打磨产品,做好服务并等待市场爆发。

经过上述智慧养老发展阶段的分析可知,我们正处在智慧养老的探索期。这个时候,我们可以把当前智慧养老的发展归纳为"三喜"和"三忧"。

1. 智慧养老的"三喜"

1) 智慧养老的概念深入人心,其概念和重要性已经被社会接受

2011 年,我们刚开始提"智慧养老"这个词,社会上大多是质疑,现在从国家机关到街道、

---

① 该部分内容曾以《人大左美云教授:2020 智慧养老市场的"三喜三忧"》(记者:朗凯茹)专访发表在 2020 年 5 月 11 日的《ITH 康养家》公众号上,后被多个公众号和《中国老年报》转载,收入本文有删改。

从为老服务企业到很多智慧养老企业,社会整体都逐渐接受了智慧养老的概念并开始应用。

2) 智慧养老的产品琳琅满目,我国和世界同步

很多企业在研发适合老年人的新产品,推动市场发展。许多国际、国内知名品牌开始研究老年人市场,让产品更符合老年人的需求;家居企业开始研究智慧养老家居,甚至灯具品牌都开始研究适合老年人使用的智能灯具;等等。企业开始关注老年群体,这对促进智慧养老产业的发展有非常重要的意义。更重要的特征是我们和世界同步,有些方面还处于略微领先位置,如大数据分析、人工智能这方面,我们都处在一个比较先进的位置,有一定的话语权。

3) 智慧养老的应用全面开花,北上广等老龄化程度深的地方都在大力推动智慧养老应用

2017 年和 2018 年,我们调研走访了北京市 16 个城区及其下辖的 300 多个街道,调研智慧养老在市、区、街道、社区应用方面的进展。数据表明,各层次、各区域智慧养老都在全面开花,覆盖面不断提升。

2020 年上海市民政局联合上海市经信委对外发布了四大类共 12 个智慧养老应用场景[1],这是一件非常有意义并且价值深远的好事,将引导和促使智慧养老企业提供更精准和更专业的服务。这四大类 12 个智慧养老应用场景包括安全防护 6 个(见表 1.5)、照护服务 2 个(见表 1.6)、健康服务 2 个(见表 1.7)、情感关爱 2 个(见表 1.8)。

表 1.5　智慧养老应用场景——安全防护类 6 个

应 用 场 景	内　容
场景 1:老年人防跌倒场景	针对有轻度行动障碍或发生跌倒事故风险较大的老年人,通过使用可穿戴设备、助行机器人等各类跌倒防护产品,当老年人发生跌倒事故时能够大幅降低身体伤害
场景 2:老年人紧急救援场景	(1) 在自主救援场景中,提供一种老年人使用方便、操作简单、服务精准、收费不高的老年人紧急救助整体解决方案; (2) 在无感监测报警场景中,针对老年人无人看护时的监测报警需求,老年人发生中风、跌倒、心梗等意外情况时,能及时报警

---

[1]　该部分节选自在上海市养老服务平台发布的《上海市智慧养老应用场景需求清单(2020 年版)》,网址链接参见 http://www.shweilao.cn/cms/cmsDetail?uuid=0dd3b5c9-30ab-407b-96b3-8e3b1d3508f9,为了便于阅读,我们对这 12 个智慧养老应用场景按文件中的四类进行了汇总处理。

续表

应 用 场 景	内 容
场景 3：认知障碍老年人的防走失场景	提供一种方便易用、老年人接受度高、成本低、定位准确、后台支持成本低的防走失解决方案
场景 4：机构出入管控场景	大型养老机构人员进出管控的解决方案。综合采取人脸识别、红外监测、门禁管理等技术，可满足进出方便、审核快速、指定进入区域和路线、同步测量人员体温和监测随申码等要求
场景 5：机构智能查房场景	能保障老年人夜间看护安全、降低各类突发事件风险、弥补护理员夜间巡查人力不足的智能查房解决方案
场景 6：机构智能视频监控场景	提供基于视频压缩技术的低成本智能视频监控方案，能以较低的成本实现养老机构内部多个摄像头数据的实时采集、传输、保存、分析

表 1.6　智慧养老应用场景——照护服务类 2 个

应 用 场 景	内 容
场景 1：家庭照护床位远程支持场景	具备卧床护理、离床感应、体征监测、紧急呼叫、数据回传、远程指导（通过视频通话）等功能，体积小巧，安装简便，价格适中，年综合成本较低（支持租赁服务）
场景 2：老年人卧床护理场景	提供智能化多功能护理床解决方案，要求具备二便处理、辅助翻身、体位调整、生命体征监测及报警、预防褥疮等功能，购买价格适中，年综合成本较低（支持租赁服务）

表 1.7　智慧养老应用场景——健康服务类 2 个

应 用 场 景	内 容
场景 1：老年慢性病用药场景	应用"互联网＋"技术，提供老年人每日开药、取药和服药的一站式解决方案。如可在老年人家庭、养老机构或家门口服务点配备智能药箱，采用人脸识别等技术供多个老年人取药、用药，具备界面友好、简单易用的自动分药、用药提醒功能。此外，在具备条件的场所（如养老机构），缺少药物时能够报警并远程对接内设医疗机构或社区医疗机构，实现远程开药、远程刷医保卡买药、对接医药企业送药上门

续表

应用场景	内容
场景2：机构无接触式智能消毒场景	提供无接触智能消毒机器人解决方案,要求价格适中、简单易用、稳定可靠,能够自动按照符合标准的消毒程序,依照设定的路线和区域开展消毒工作

表1.8 智慧养老应用场景——情感关爱类2个

应用场景	内容
场景1：老年人智能语音交流互动场景	利用智能自动群呼系统,自动向村居委内数百名以上老年人自动拨打关爱电话,并具备交互功能,可听懂老年人的简单需求,或根据老年人述说自动转人工席位。要求系统总成本低,可将有关关爱通知信息自动转换为上海话,对老年人上海话的语言识别率高,并能智能识别老年人的需求
场景2：老年人智能相伴场景	在居家、社区、机构等各种养老服务场景中,应用各类智能化、信息化手段,为老年人提供触手可及、便捷易用的养老信息资源服务和智能陪伴,提高老年人的生活质量,丰富老年人的社会参与

上海市民政局等部门发布的12个智慧养老应用场景,每个场景都给出了背景情况、现状描述和场景应用的主要用户(如C端,个人用户;B端,企业或机构用户;G端,政府用户)、主要场景(如居家、社区、养老机构),以及主要人群(如失能老年人、认知障碍老年人、高龄老年人、独居老年人、纯老家庭等),真正从解决老年人的需求出发,颗粒度很细,很有指导价值。

特别地,在"老年人智能语音交流互动场景"中,要求"可将有关关爱通知信息自动转换为上海话,对老年人上海话的语言识别率高。"这一条要求特别考虑到最需要服务的上海市这一代老年人经常讲上海话,而不是普通话的特点。这个需求很贴心,也很精准。

2. 智慧养老的"三忧"

1)智慧养老需求验证不充分

智慧养老产品的需求验证非常重要,需要企业用科学的方法付出时间和精力去了解老年人的需求以及实际的应用场景。现在也有一些智慧养老企业与养老机构合作,结合实际场景完善产品,但还不够。场景要尽可能的多元化,了解各种细颗粒度的需求。一家养老院的数据和十家养老院的数据，100 位老年人的反馈和 1000 位老年人的反馈，肯定是后者分析的结果更细致更准确。

企业要拿出"好产品是打磨出来的"研发态度，踏实并循序渐进，反复的实践和检验，付出时间是必要条件。例如一款产品设计出来要描述给老年人听，问看到或听到该产品的老年人对产品有什么建议，试用后再不断地搜集反馈意见，不断地修改完善，也许需要几十次甚至更多地修改、排除问题。只要不断取得可信的正面和负面反馈，这款产品就一定会走向成功，这是一条智慧养老产品研发的必经之路。产业界还是要跟学术界多交流，一般来说，学术界做需求验证有一套科学的方法。

2）智慧养老服务缺乏体系化运营

智慧养老需要建立一套良好的生态系统。智慧养老产品安在家里，服务是否跟得上，如果没有后续服务，智慧养老就是伪命题。未来的智慧养老服务必然是往体系化、品牌化、连锁化、规模化、套餐化的方向发展。

3）智慧养老标准既不统一也欠缺

现在各省市分别出台了智慧养老的省标、市标。如上海市、江苏省、山东省都已经或正在建立各自的标准，有些养老保险公司与国外知名养老运营公司合作，也在建立自己的企业标准，有些学术团体也在建立自己的团体标准。标准的不统一对行业发展有制约作用，各种设备和系统之间不能互联互通、各自画地为牢，没有发挥 $1+1>2$ 的集成效果。我们建议成立智慧养老标准联盟，大家一起推动行业标准建立。

2020 年以来，很多人看到了智慧养老产品在疫情中的作用，更多的养老从业者也开始关注智慧养老产品，这对整个智慧养老产业来讲是一个很好的机遇。另外，由于疫情的发生，很多从事养老服务和家政、护理等工作的农村从业人士在家门口附近就业，不再出门或不愿上门提供服务，这为我们的智慧养老和远程护理、远程服务提供了更大的需求。

疫情让我们冷静下来了，因为疫情，让我们更注重身体健康，更加重视老年人。因为经济发展增速变慢，让人们心态也更平和。当然，从另一个角度来看疫情也给养老院和老年人增加了压力，增加了购买防护物资的成本，如果这个时候引入智慧养老产品，还会增加资金压力和护工培训压力。所以，如何更好地在疫情期间提供智慧养老服务或产品，这些问题也有待探索和时间的验证。

1.2 智慧养老服务需求及分类分析①

随着中国老龄化程度的提升和信息技术的普及,智慧养老越来越得到了政府、企业、老年人及其子女的关注。智慧养老服务能够在一定程度上克服时间和空间的局限,并且有效地将各种养老资源和 IT 融合,近年来获得蓬勃发展。为了促进智慧养老服务的设计、应用和发展,已经有不少文献以"智慧养老服务"为研究对象进行了研究。现有关于智慧养老服务的研究主要集中在供给侧的角度。然而,很多研究都提到,我国的养老服务仍然存在供需不平衡的问题。从需求侧,也就是从老年人角度分析智慧养老服务需求同样重要。

重视智慧养老服务的需求侧管理,与党中央的精神也是一致的。2020 年 12 月 11 日,中共中央政治局召开中央经济工作会议,分析研究 2021 年经济工作。会议强调供给侧结构性改革和需求侧改革并重。这是自 2015 年年底我国首次提出"加强供给侧结构性改革"以来,中央政治局会议首次强调"需求侧改革"。智慧养老服务也要重视需求侧的改革和相应的研究。

因此,本节以老年人的智慧养老需求为研究对象,建立老年人的智慧养老需求模型,同时分析使用不同类型智慧养老服务的老年人特征以及影响老年人智慧养老需求多样性的因素。我们从老年人的需求角度分析智慧养老服务,考虑 IT 在智慧养老服务中发挥的不同作用——使能作用(Enabled)或嵌入作用(Embedded)。同时,考虑老年人需求的多样性和紧迫性,得到影响老年人需求多样性的因素,为政府实现精准扶持、服务商实现定向宣传和产品研发提供理论和数据支持。

老年人的智慧养老服务需求受不同因素的影响。Calsyn & Winter 在参考 Andersen 提出的行为模型基础上,就老年人对养老服务的感知需求进行了预测,并将影响老年人感知服务需求的影响因素划分三类:①倾向性因素(Predisposing),主要包括年龄、性别、教育水平等社会人口学因素;②使能性因素(Enabling),主要包括社会、家庭等对个体使用

---

① 该部分内容曾以《智慧养老服务的需求与用户分析》(作者:左美云,雷东荧,尚进)为题发表在 2020 年 10 月的《中国信息界》期刊,收入本文时有扩充。

服务的支持,如收入、社会支持等;③健康因素(Health),主要包括心理健康和身体健康,如自理能力、感知孤独等。

根据前期的访谈和文献分析,我们确定了上述 3 个类型(倾向性因素、使能性因素和健康因素)共 12 种自变量作为可能影响老年人的智慧化养老服务需求的因素。自变量及取值如表 1.9 所示。其中,标注"(Cat)"的 3 个变量为分类变量,取值中标注"(Ref)"的为分类变量中的参考类别。

表 1.9 自变量及取值

类型	自 变 量	取值	含 义	样本数
倾向性因素	性别(Cat)	1(Ref)	性别男	36
		0	性别女	67
	年龄	1	低龄(年龄为 60~69 岁)	49
		2	中龄(年龄为 70~79 岁)	37
		3	高龄(年龄大于 80 岁)	17
	学历	1~7	代表学历从低到高	103
	退休前职业(Cat)	1(Ref)	职业稳定	87
		0	职业不稳定	16
使能性因素	月收入	1	月收入偏高(月收入≥2500 元)	74
		0	月收入偏低(月收入<2500 元)	29
	信息需求多样性	0~20	代表信息需求多样性从低到高	103
	信息获取能力多样性	0~8	代表信息获取能力从低到高	103
	信息支持	1~3	代表所获得的信息支持从低到高	103
	家庭情况(Cat)	1(Ref)	孤寡	2
		2	失独	2
		3	空巢	64
		4	正常	35

续表

类型	自变量	取值	含义	样本数
健康因素	自理能力	1	自理能力较低或完全不能自理	1
		2	半自理	9
		3	完全自理	93
	慢病数量	0～4	代表慢病数量从 0 到 3 个以上	103
	孤独感	1～3	代表孤独感从低到高	103

自变量中,"信息需求多样性"是通过问卷中老年人选择的信息需求类别计数获得。在老年人选择的信息需求中,"新闻、社会热点;天气预报;健康、养生;政府养老政策;文体休闲"是老年人需求最多的前 5 种信息类型。"信息获取能力多样性"同样是通过老年人选择的信息获取途径类别计数而来,在这些获取途径中"电视;与亲朋好友聊天;微信、微博等社交软件"是老年人使用最多的前 3 种信息获取方式。

在因变量的选择上,根据问卷调查,我们将老年人对于智慧养老服务的需求分为两部分:已使用的智慧养老服务需求,以及未来新增的智慧养老服务需求,将这两种需求多样性分别作为我们的因变量进行分析。

本节的数据采用问卷调查的方式于 2020 年 1 月左右获得。通过养老服务从业人员的帮助,接触到老年人样本,共收集 117 份问卷。在删除无效问卷后,保留有效问卷 103 份进行数据分析。

1.2.1 智慧养老服务需求模型

以往文献对于智慧养老服务的需求进行了较多的研究。例如从服务的产生场景分类,将智慧养老服务需求分为居家养老服务需求、社区养老服务需求和机构养老服务需求。比较常见的研究是参考马斯洛需求层次理论(Maslow's Hierarchy of Needs)对智慧养老服务需求进行分类。该理论是由美国著名学者马斯洛(Abraham Maslow)于 1943 年提出的,他指出人的需求是从低向高依次为生理、安全、社交、尊重和自我实现五类。Laurie 则将美国当前的智慧养老服务需求分为健康和保健(Health & Wellness)、安全和安保(Safety & Security)、沟通和接触(Communication & Engagement)、学习和贡献

(Learning & Contribution)四类。

有的学者从供给-需求角度,将智慧养老服务的模式分成了3类:DMP 模式、DtoP 模式和 PtoD 模式。其中,D 代表需求方(Demander),M 代表平台中介(Mediator),P 代表供给方(Provider)。其中,DMP 模式代表用平台作为中介的智慧养老模式,如各类养老信息综合平台;DtoP 模式代表以用户方主动下载 App 来接触服务商的服务模式,如"一号护工"App;PtoD 模式代表服务商主动获取老年人数据并主动提供服务的服务模式,如通过传感器、随身可穿戴设备提供的服务等。从资源整合的角度来讲,智慧养老服务模式还可以称为 O2O(Online to Offline 和 Offline to Online)线上线下结合模式。

根据马斯洛需求层次理论,老年人的需求也可以分成五类:生活需求、安全健康需求、社交需求、受尊重需求和自我实现需求。从 IT 在智慧养老服务的作用方式来看,如果从整个服务流程的开始到结束,IT 只在其中的某阶段起作用,流程中仍然需要人工服务的辅助,我们将这种智慧养老服务称为 IT 使能型(Enabled)服务。例如,对于"网上预约酒店"服务,在线上预约后需要老年人到酒店前台跟工作人员确认并入住后,预约服务才算彻底完成,因此该服务属于 IT 使能型服务;反之,如果从整个服务流程的开始到结束都借助 IT 手段,不需要人工服务的参与,则属于 IT 嵌入型(Embedded)服务。例如,对于"网上购票"服务,老年人在购票网站上购票后可以直接在自助取票机上取火车票,其中不涉及人工服务,因此该服务属于 IT 嵌入型服务。

根据对问卷数据的统计分析,可以得到如表 1.10 所示的智慧养老服务需求模型。其中,从需求层次角度将智慧养老服务需求分为 5 类,即生活需求、安全健康需求、社交需求、受尊重需求和自我实现需求;从 IT 在服务中的作用方式将智慧养老需求分为 2 类,即"IT 使能型"和"IT 嵌入型"需求。表格中▲代表已使用需求人数在总人数的 1/3 及以上的服务(34 人及以上);△代表已使用需求人数为总人数的 1/3 以下的服务(34 人以下),◆代表未来新增需求人数在总人数的 1/6 及以上的服务(17 人及以上);◇代表未来新增需求人数为总人数的 1/6 以下的服务(17 人以下);○代表目前没有老年人使用过该服务。每个需求层次的服务从第一列到第二列,从上到下,按照已使用与未来新增需求量之和从大到小排列。

表 1.10　基于马斯洛需求层次理论的智慧养老服务需求模型

需求	IT 使能型（Enabled）		IT 嵌入型（Embedded）	
生活需求	网上购买生活用品	▲	网上购票	△
	网上购买衣服	▲	网上支付	△
	网上约车	△		
	网上订餐	△		
	网上预约家电维修	△		
	网上预约家政服务	△		
	网上购买康护辅具	△		
	网上预约帮买帮送	△		
	网上预约餐厅	△		
	网上预订酒店	△		
	网上预约上门理发	○		
	网上购买娱乐用品	○		
安全健康需求	网上开药/购药	△	网上挂号	▲
	网上预约家庭医生	△	健康、养生信息推送	▲
	网上预约康复护理	△	体征监测	△
	网上预约陪同出行	○	网上咨询医生	△
			网上健康教育	△
			意外报警	△
			网上健康评估	△
			跌倒监测	○
			电子病历	△
			实时跟踪	○
			超出安全区域报警	○
社交需求	网上报名文体娱乐	△	网上聊天	▲
	网上预约社区活动室	△	网上游戏	△
	网上报名旅游	△	设置亲情号码	△
	网上预约心理咨询	△	网上再婚牵线	○
			网上视听娱乐	○
			网上陪聊	○
受尊重需求			网上查看敬老政策	▲
			查看孝老爱亲评选	△
自我实现需求	网上报名志愿服务	△	老年网上教育	△
			网上经验分享	△
			网上获取再就业信息	△

从表 1.10 可以看出,生活需求中已使用较多的是网上购买生活用品和网上购买衣服,未来新增较多的需求是网上约车、网上预约家电维修和网上预约家政服务。可以看出老年人现有的生活需求大多是网上购买日常用品,而未来则对于出行和家政方面需求较多。

安全健康需求中已使用较多的是网上挂号和健康、养生信息推送,未来新增较多的需求是网上预约家庭医生、网上挂号、体征监测、网上咨询医生、网上健康教育、意外报警、网上健康评估、跌倒监测和实施跟踪。可以看出未来老年人对于安全健康方面的需求种类比较多,且涵盖了健康和安全两方面,老年人对于未来自己的健康情况和安全情况比较重视。

社交需求中已使用较多的是网上聊天,未来新增需求较多的是网上报名文体娱乐,可能的原因是老年人在退休后的生活中对于社交和娱乐都比较重视。

受尊重需求中已使用较多的是网上查看敬老政策,未来新增较多的是网上查看敬老政策和网上查看孝老爱亲评选。

自我实现需求中未来新增需求较多的是老年网上教育和网上经验分享。可以看出自我实现需求中已使用的需求较少,因此需要加强对老年人自我实现需求使用的宣传,增强这方面产品的研制。

1.2.2　不同类型智慧养老服务的老年人用户特征分析

从智慧养老服务的 5 个层次来看,需求不同类型智慧养老服务的老年人占比如表 1.11 所示。表格中的比例代表需求某一类型服务的老年人中拥有某特征的人数占总样本拥有该特征人数的比例。例如,表 1.11 左上角中 78% 代表已使用生活需求服务的老年人中男性占总样本男性数量的比例。其中,加粗字体表示拥有某一人口统计学特征的老年人使用比例最高的马斯洛需求种类(纵向比较),或表示同一需求种类中比例最高的特征人群(横向比较)。

表 1.11　需求不同类型智慧养老服务的老年人占比

分　类		性别		年龄/岁		学历		退休前职业		月收入/元	
		男性	女性	>80	≤80	≥高中	<高中	稳定	不稳定	≥2500	<2500
已使用的需求	生活需求	**78%**	58%	41%	70%	**78%**	54%	67%	**56%**	69%	55%
	安全健康需求	61%	64%	24%	**71%**	**71%**	56%	68%	38%	70%	45%
	社交需求	**83%**	**78%**	65%	**83%**	**90%**	70%	**84%**	**56%**	**85%**	**66%**
	受尊重需求	50%	42%	41%	45%	**61%**	30%	49%	19%	57%	14%
	自我实现需求	39%	40%	24%	43%	**47%**	33%	40%	38%	46%	24%
	IT 使能型	81%	64%	47%	74%	**82%**	59%	74%	50%	78%	48%
	IT 嵌入型	92%	82%	71%	88%	**94%**	78%	89%	69%	91%	72%
未来新增需求	生活需求	58%	63%	59%	62%	**71%**	52%	60%	**69%**	62%	59%
	安全健康需求	**78%**	**75%**	**71%**	**77%**	**86%**	**67%**	**77%**	**69%**	**78%**	**69%**
	社交需求	53%	54%	53%	53%	48%	59%	53%	56%	49%	**66%**
	受尊重需求	36%	37%	29%	38%	33%	41%	36%	44%	31%	**52%**
	自我实现需求	**56%**	9%	35%	48%	51%	41%	46%	44%	47%	41%
	IT 使能型	69%	70%	65%	71%	**76%**	65%	70%	69%	72%	66%
	IT 嵌入型	**86%**	75%	76%	80%	**86%**	72%	80%	69%	81%	72%

1. 已使用智慧养老服务的老年人用户特征

对于已使用的智慧养老服务,我们有如下发现。

(1)总体来看各类人群已使用最多的服务大多是社交需求类服务,可能的原因是老年人在退休后非常需要增加生活中与他人的交流,增强日常生活的乐趣。同时由于身体和年龄的原因,愿意借助线上服务与他人进行社交。

(2)退休前职业不稳定的老年人使用生活需求较多,可能因为职业不稳定的老年人对于服务成本比较敏感,而线上购买很多情况下比线下要便宜。

(3)IT 嵌入型服务的使用要多于 IT 使能型,这说明老年人在使用智慧养老服务时更愿意选择完全借助 IT 手段实现的服务。而如果服务涉及人工,老年人则倾向于在服务的整个流程中都使用人工服务。

(4) 从每一类需求来看,使用最多的人群大多是学历在高中及以上的老年人。可能的原因是学历较高的老年人对于智慧养老的接触和理解较多,因此使用较多。

(5) 各类人群中男性使用生活需求较多,可能的原因是男性更不喜欢线下购物。

(6) 低龄老年人使用安全健康需求较多,可能的原因是低龄老年人更加重视自己的健康情况。

2. 未来新增智慧养老需求的老年人用户特征

对于未来新增需求,我们有如下发现。

(1) 总体来看各类人群未来新增需求最多的是安全健康需求,可以看出老年人对于自己未来的健康和自理情况最为担忧。

(2) 退休前职业不稳定的人群对于未来生活类服务需求相较职业稳定的人群大。

(3) 从 IT 作用模式来看,IT 嵌入型在各类人群中未来需求均大于 IT 使能型。

(4) 从每一类需求来看,对未来生活需求、安全健康需求、IT 使能型需求、IT 嵌入型服务需求较大的均为学历为高中及以上的老年人。

(5) 男性未来对于 IT 嵌入型的需求也较多,可能的原因是男性对于 IT 技术更为熟悉,并更愿意使用。

(6) 男性未来对于自我实现的需求也较多,可能的原因是男性更希望自己在未来可以老有所为。

(7) 未来对社交需求和自我实现需求新增较多的是低收入人群,可能的原因是由于社会刻板印象,低收入老年人更希望自己得到尊重。

1.2.3　不同类型老年人对智慧养老服务的需求分析

根据老年人的自理情况、年龄和家庭状况,以及需要关注和照顾的程度,可以将老年人分为以下四类,如表 1.12 所示。其中,将失独、孤寡老年人归为一类。

表 1.12　老年人分类表

自 理 情 况	年　　龄	家 庭 状 况
功能障碍（自理能力较低或完全不能自理）	高龄	失独、孤寡
半自理型	中龄	空巢
完全自理型	低龄	正常

☐ 代表第一类　　☐ 代表第二类　　☐ 代表第三类　　☐ 代表第四类

不同类型的老年人拥有不同的智慧养老服务需求特征，具体情况如表 1.13 所示。表格中的百分比代表对应类型老年人中拥有该需求的人数占比。其中，加粗表示拥有某类型老年人使用比例最高的马斯洛需求种类（纵向比较），浅灰色阴影和深灰色阴影分别表示在已使用/未来新增的需求中同一需求种类中比例最高的老年人类型（横向比较）。

表 1.13　不同类型老年人的需求特点

	第一类老年人		第二类老年人		第三类老年人		第四类老年人	
	（完全自理、低龄或家庭情况正常）		（中龄或空巢）		（半自理或失独、孤寡）		（功能障碍或高龄）	
	已用	新增	已用	新增	已用	新增	已用	新增
生活需求	68%	61%	64%	61%	46%	54%	39%	56%
安全健康需求	67%	**76%**	64%	**76%**	38%	**69%**	22%	**67%**
社交需求	**82%**	54%	**80%**	53%	**54%**	54%	**61%**	50%
受尊重需求	45%	38%	45%	43%	31%	23%	39%	28%
自我实现需求	40%	47%	40%	48%	23%	23%	22%	33%

总体来看，四类老年人已使用需求中需求最高的均为社交需求。可能的原因是老年人使用智能手机或者计算机大多用于网上聊天等社交活动。对于未来新增需求，四类老年人需求最高的均为安全健康需求。老年人对于自己未来的健康情况和自理情况担忧较多，希望可以通过线上的方式寻医问诊，因此会产生这样的结果。无论是已使用还是未来新增需求，四类老年人需求第二多的都包括了生活需求。可能的原因是老年人由于身体

原因和经济原因,更愿意在线购买生活服务。

从四类老年人的特点来看,第一类老年人为完全自理、低龄或家庭情况正常的老年人。第二类老年人为中龄或空巢老年人。可以看出对于已使用需求,第一类老年人拥有各类需求的比例都是最高的;对于未来新增需求,第一类老年人和第二类老年人的各类需求均为四类老年人中的最大值(除了第一类老年人的受尊重需求和自我实现需求,以及第二类老年人的社交需求,但数值上同最大值相差不多)。因此,这两类老年人应该是智慧养老服务应该重点关注的人群,可以对他们加强宣传,增加他们的服务购买。

第三类老年人为半自理或失独、孤寡老年人。第四类老年人为功能障碍或高龄老年人。第三类老年人在四类老年人中未来新增社交需求的比例最高,可能的原因是这类老年人没有子女且自理情况较差,因此希望未来能够实现在线社交。值得一提的是,第四类老年人未来新增需求中的受尊重需求要高于第三类老年人。可能的原因是第四类老年人由于社会的刻板印象,更希望自己受到尊重。

1.3 智慧养老服务需求的影响因素分析①

1.3.1 智慧养老服务需求多样性的影响因素

老年人的智慧养老服务需求受不同因素的影响。如前所述,我们将影响老年人感知服务需求的影响因素划分三类:倾向性因素,主要包括年龄、性别、教育水平等社会人口学因素;使能性因素,主要包括社会、家庭等对个体使用服务的支持,如收入、社会支持等;健康因素,主要包括心理健康和身体健康,如自理能力、感知孤独等。现有关于智慧养老需求影响因素的研究同样可以用以上三类来进行分析。

对于倾向性因素而言,很多研究都提到老年人的智慧养老服务需求在性别上有显著的差异。例如有的学者认为女性较男性的养老服务需求更大;女性对心理咨询、政策法律信息的需求较高,而男性更看重社区组织的公益活动和养老保险信息需求;女性在上门维修工作、法律咨询、老年活动中心上的需求大于男性,男性在养老保险信息上的需求大于

---

① 该部分内容节选自本人指导的硕士论文《智慧养老服务的需求分析与价值实现研究》(作者:雷东荧,中国人民大学信息学院智慧养老研究所),收入本节时有删改。

女性。许多研究认为老年人的养老服务的需求随着年龄的增高而上升。教育水平同样是影响老年人需求的因素之一,有学者发现教育水平越高老年人的需求越高。

在使能性因素中,现有研究通常认为收入高的老年人对养老服务的需求较高,且收入越高的老年人越愿意在网上进行消费。

健康因素一般分为身体健康和心理健康两方面的因素。现有研究认为,身体健康(包括自理能力和慢病等)对老年人的养老需求有显著的影响,身体状况越差的老年人需求越高。

综上所述,现有研究对于智慧养老服务的一般需求构成、影响因素都进行了较多的研究,但这些研究还停留在表面,研究不够深入。有哪些因素会影响老年人智慧养老服务需求的多样性? 我们试图对这个问题进行回答。

为了分析影响老年人智慧养老服务需求多样性的影响因素,本文使用 SPSS 25 为工具进行了二元 Logistic 回归分析。

对于已经使用过的智慧养老服务需求,问卷分析结果表明,其需求多样性分布的中位数为 5(即选择了 5 种需求类型)。因此,将已使用需求多样性≥5 的人群视为需求多样性较高人群,需求多样性<5 的人群视为需求多样性较低人群,进行二元 Logistic 回归。模型的预测准确率为 76.7%,准确率较好。

自变量中,年龄($B=-1.015,P<0.05$)、学历($B=0.496,P<0.05$)、信息获取能力多样性($B=0.520,P<0.05$) 和信息支持($B=0.710,P<0.05$)4 个变量对已经使用智慧养老服务需求多样性的影响是显著的,且根据 $Exp(B)$ 的大小,学历的影响力最大。数据表明,**年龄越高的老年人智慧养老服务需求类型的多样性越低,学历、信息获取能力多样性和信息支持越高的老年人智慧养老服务需求类型的多样性越高。**

根据回归分析结果我们得到了如下影响老年人已使用的智慧养老服务需求多样性方程:

$$D\_Variety\_Used = -2.572 - 1.103 \times (Gender=0) - 1.015 \times Age + 0.496 \times EduLevel +$$
$$0.550 \times (PreOccupation=0) + 0.300 \times M\_Income -$$
$$0.033 \times V\_InfoNeeds + 0.520 \times V\_InfoAcquisition +$$
$$0.710 \times InfoSupport - 1.108 \times (Family=1) -$$
$$2.791 \times (Family=2) - 0.890 \times (Family=3) +$$

$$0.132 \times \text{SelfCareAbility} + 0.350 \times \text{N\_ChronicDisease} +$$
$$0.217 \times \text{Aloneness}$$

各变量含义如下。

因变量：D_Variety_Used 为已使用智慧养老服务需求多样性。

自变量：Gender 为性别，Age 为年龄，EduLevel 为学历，PreOccupation 为退休前职业，M_Income 为月收入，V_InfoNeeds 为信息需求多样性，V_InfoAcquisition 为信息获取能力多样性，InfoSupport 为信息支持，Family 为家庭情况，SelfCareAbility 为自理能力，N_ChronicDisease 为慢病数量，Aloneness 为孤独感。

对于未来新增的智慧养老服务需求，数据分析表明，其中位数同样为 5。二元 Logistic 回归模型的预测准确率为 65.0%，准确率较好。自变量中，慢病数量（$B = 0.567$，$P < 0.01$）对未来新增智慧养老服务需求多样性的影响是显著的，也就是说，慢病种类越多的老年人未来新增智慧养老服务需求类型的多样性越高。

1.3.2　不同类别智慧养老服务需求的影响因素分析

我们按照马斯洛需求层次理论将智慧养老服务需求分为 5 类，同时按照 IT 的作用模式将智慧养老服务需求分为了 IT 使能型和 IT 嵌入型两类。以每个类别的需求多样性为因变量，使用二元 Logistic 回归对其进行分析。分析结果如表 1.14 所示，表格中展示的自变量为显著性水平为 0.05 的情况下结果显著的变量，数值代表自变量的系数，加粗的自变量为 Exp(B)值最大，即影响力最大的自变量。

表 1.14　不同类别的智慧养老服务需求多样性影响因素

		性别	年龄	学历	月收入	信息获取能力多样性	信息支持	慢病数量
生活需要	已使用	−1.260		**0.332**				
	新增							**0.527**
安全健康需要	已使用		−1.634		**1.966**		0.955	0.133
	新增					0.433	**0.754**	0.503
社交需要	已使用	−1.177		0.439		**0.540**		

续表

		性别	年龄	学历	月收入	信息获取能力多样性	信息支持	慢病数量
受尊重需要	已使用				−1.015		0.710	
	新增							0.581
自我实现需要	新增	−1.006						
IT 使能型	已使用	−1.099		0.362		0.458		
	新增							0.576
IT 嵌入型	已使用			−0.874			1.269	
	新增					0.439		

根据表 1.14,可以得出以下结果。在倾向性因素中,性别显著影响已使用生活需求、社交需求、IT 使能型需求多样性,以及未来新增自我实现需求多样性。男性对于这些种类的需求要显著高于女性。年龄显著影响已使用安全健康需求多样性,年龄越高的老年人已使用安全健康需求越低。学历显著影响已使用生活需求、社交需求、IT 使能型需求和 IT 嵌入型需求多样性,学历越高的老年人已使用生活需求、社交需求、IT 使能型需求越高,IT 嵌入型需求多样性越低。

在使能性因素中,月收入显著影响已使用安全健康需求和受尊重需求多样性,月收入越高的老年人已使用安全健康需求越高,已使用受尊重需求越低。信息获取能力多样性显著影响已使用社交需求、IT 使能型需求和未来新增安全健康需求、IT 嵌入型需求多样性;信息获取能力越高,则以上四类需求越大。信息支持显著影响已使用安全健康需求、受尊重需求、IT 嵌入型需求,以及未来新增安全健康需求;信息支持越多,以上四类需求越高。

在健康性因素中,慢病数量显著影响已使用安全健康需求,以及未来新增生活需求、安全健康需求、受尊重需求、IT 使能型需求;慢病数量越高,以上五类需求越高。

1.3.3 不同类别智慧养老服务需求的老年人画像

1. 不同智慧养老服务需求的老年人画像

通过对表 1.11 做归纳分析,即对各类智慧养老服务需求的人口统计学特征相比较,找到该特征(如性别)老年人中占多数的属性(如男性),如表 1.15 所示。

表 1.15　具有不同智慧养老服务需求老年人的特征

需 求 类 型			老年人人口统计学特征	
已使用的需求	生活需求	男性	年龄≤80 岁,学历高中及以上,退休前职业稳定,月收入≥2500 元	
	安全健康需求	女性		
	社交需求	女性		
	受尊重需求	男性		
	自我实现需求	女性		
	IT 使能型	男性		
	IT 嵌入型	男性		
未来新增需求	生活需求	女性	年龄＞80 岁	学历高中以下,退休前职业不稳定,退休前职业稳定,月收入＜2500 元
	安全健康需求	男性		
	社交需求	女性	年龄≤80 岁	学历高中以下,退休前职业不稳定,月收入＜2500 元
	受尊重需求	女性		
	自我实现需求	男性		学历高中及以上,退休前职业稳定,月收入≥2500 元
	IT 使能型	女性		
	IT 嵌入型	男性		

2. 不同类型老年人的智慧养老服务需求分析

不同类型的老年人拥有不同的智慧养老服务需求特点,具体情况如表 1.16 所示。表格中的百分比代表对应类型老年人中拥有该需求的人数占比。其中,加粗字体表示拥有某类型老年人使用比例最高的马斯洛需求种类(纵向比较),阴影字体表示同一需求种类中比例最高的老年人类型(横向比较)。

总体来看,四类老年人已使用需求中需求最高的均为社交需求。可能的原因是老年人使用智能手机或者计算机大多用于网上聊天等社交活动。**对于未来新增需求,四类老年人需求最高的均为安全健康需求。**老年人对于自己未来的健康情况和自理情况担忧较多,希望可以通过线上的方式寻医问诊,因此会产生这样的结果。**无论是已使用还是未来**

新增需求,四类老年人需求第二多的都是生活需求。可能的原因是老年人由于身体原因和经济原因,更愿意在线购买生活服务。从 IT 作用模式来看,无论是已使用还是未来新增需求,老年人对于 IT 嵌入型服务的需求都较高。

表 1.16　不同类型老年人智慧养老服务需求的特点

		第一类老年人 (完全自理、低龄或 家庭情况正常)	第二类老年人 (中龄或空巢)	第三类老年人 (半自理或 失独、孤寡)	第四类老年人 (功能障 碍或高龄)
已使用的需求	生活需求	68%	64%	46%	39%
	安全健康需求	67%	64%	38%	22%
	社交需求	**82%**	**80%**	**54%**	**61%**
	受尊重需求	45%	45%	31%	39%
	自我实现需求	40%	40%	23%	22%
	IT 使能型	72%	67%	54%	44%
	IT 嵌入型	89%	85%	54%	67%
未来新增需求	生活需求	61%	61%	54%	56%
	安全健康需求	**76%**	**76%**	**69%**	**67%**
	社交需求	54%	53%	54%	50%
	受尊重需求	38%	43%	23%	28%
	自我实现需求	47%	48%	23%	33%
	IT 使能型	70%	69%	62%	61%
	IT 嵌入型	79%	76%	69%	72%

从四类老年人的特点来看,第一类老年人为完全自理、低龄或者家庭情况正常的老年人。无论是已使用需求还是未来新增需求,第一类老年人拥有各类需求的比例都是最高的(除未来新增生活需求和自我实现需求,但数值上同最大值相差不多)。可以看出第一类老年人对于各类智慧养老服务的需求都比较高,是智慧养老服务应该重点关注的人群。

第二类老年人为中龄或者空巢老年人。这类老年人未来新增需求除社交需求外其余四种需求均为四类老年人中的最大值,说明这类老年人也应该是智慧养老服务提供商重点关注的人群,可以对他们加强宣传,增加第二类老年人未来的服务购买。

第三类老年人为半自理或失独、孤寡老年人。这类老年人在四类老年人中未来新增社交需求的比例最高,可能的原因是这类老年人没有子女且自理情况较差,因此希望未来能够实现在线社交。

第四类老年人为功能障碍或高龄老年人。值得一提的是,第四类老年人已使用需求中的社交需求、受尊重需求和未来新增需求中的受尊重需求、自我实现需求比例均要高于第三类老年人。可能的原因是第四类老年人由于社会的刻板印象,更希望自己受到尊重,并且在未来能够老有所为,帮助他人。

3. 智慧养老服务需求类型多的老年人用户画像

我们将学历为高中及以上的老年人定义为高学历老年人,学历为高中以下的老年人定义为低学历老年人。

信息需求多样性分布中位数是7,我们根据信息需求多样性将老年人分成两类,则信息需求多样性≥7的为信息需求多样性高的老年人,信息需求多样性<7的为信息需求多样性低的老年人。同样,信息获取能力多样性分布的中位数为4,则信息获取能力多样性≥4的为信息获取能力多样性高的老年人,信息获取能力多样性<4的为信息获取能力多样性低的老年人。

根据家庭情况将老年人分为孤寡、失独或空巢老年人,以及正常家庭老年人。根据自理情况将老年人分为自理老年人和非自理老年人。根据是否有慢病将老年人分为有慢病的老年人和没有慢病的老年人。

因变量上,使用同样的方法根据智慧养老服务需求多样性大小将老年人分成类型多和类型少两类。

根据卡方分析结果,得到智慧养老服务需求类型多的老年人的画像如表1.17所示。其中,百分比为已使用/新增需求较高的老年人中拥有相应特征的老年人比例。

由表1.17可知,已使用智慧养老服务需求类型多的老年人的画像,它们的群体特征包括:年龄60~69岁,学历为高中及以上,退休前职业稳定,月收入≥2500元,高信息需求多样性,高信息获取能力多样性以及偶尔获得信息支持。而未来新增智慧养老服务需求类型多的老年人的画像,其共同特征只有一个,即有慢性病。

表 1.17　智慧养老服务需求类型多的老年人画像

已使用需求较高的老年人	未来新增需求较高的老年人
年龄 60～69 岁(67.3%) 学历为高中及以上(73.5%) 退休前职业稳定(63.2%) 月收入≥2500 元(64.9%) 高信息需求多样性(68.5%) 高信息获取能力多样性(70.9%) 偶尔获得信息支持(73.3%)	有慢性病(61.3%)

为智慧养老服务需求类型多的老年人进行上述用户画像的目的是,从事智慧养老服务的企业可以针对具有上述特征的老年人做重点推广,请他们采纳和接受相应的智慧养老产品或服务。

本章使用问卷调查的方法,总结了老年人智慧养老需求模型并分析了影响智慧养老服务需求类型多样性的因素。总体来看,在当前使用的需求中需求最多的是社交类需求,其次是生活类需求;对于未来新增需求,老年人需求最多的是安全健康需求。自我实现需求当前使用的人数较低,政府应该加强对自我实现服务的宣传和扶持。IT 嵌入型服务的已使用和新增需求均要多于 IT 使能型。

通过对老年人分类的分析,智慧养老服务提供商应该重点关注第一类(完全自理、低龄或家庭情况正常)和第二类(中龄或空巢)老年人,因为第一类老年人对于各类智慧养老服务的需求都比较高,第二类老年人未来新增需求较高。对于第三类老年人(半自理或失独、孤寡老年人),服务商应该重点关注他们的社交需求。这类老年人没有子女且自理情况较差,因此希望未来能够实现在线社交。对于第四类老年人(半自理或失独、孤寡),这类老年人的受尊重需求要高于第三类老年人,可能的原因是第四类老年人由于社会的刻板印象,更希望自己受到尊重,因此第四类老年人的受尊重需求应该得到关注。

通过智慧养老服务需求影响因素的分析和对老年人的画像,我们发现信息获取能力多样性、信息支持、年龄、学历、性别、月收入等因素对已使用需求多样性有显著的影响,慢病数量等因素对未来新增需求有显著影响。智慧养老服务提供商在寻找目标客户时,应该关注低龄、高学历、退休前职业稳定、月收入较高、有慢性病的老年人,这些老年人对于

智慧养老服务的需求较大。同时,还需要注意高信息获取能力、高信息需求多样性和偶尔获得信息支持的老年人需求较大。

本章基于问卷调查的研究结论,首先丰富了智慧养老服务需求的研究,从需求层次(马斯洛需求层次理论)、IT作用(使能和嵌入)、需求紧迫性(已使用和未来新增)三个维度得到了老年人的智慧养老服务需求模型;其次丰富了有关老年人智慧养老需求影响因素的研究,从服务需求的多样性和不同服务分类的角度分析了影响老年人智慧养老需求的因素。实践贡献在于,首先对于政府而言,我们的研究结论可以帮助政府发现老年人目前亟须的智慧养老服务,制定政策扶持的优先目标;对于智慧养老服务提供商而言,我们的结论可以帮助它们更好地定位IT在智慧养老中的作用,更有效地推出产品;同时帮助智慧养老服务提供商更好地找到目标客户群体。

参考文献

[1] 李秋迪,左美云,何迎朝. 新型网络环境下社区为老服务的模式和机制研究[J]. 云南行政学院学报,2014,16(2):118-121.

[2] 刘满成,左美云,李秋迪. 基于社区服务的居家养老信息化需求研究[J]. 信息系统学报,2012(2):87-99.

[3] 宁丹萍. 智慧居家养老服务需求研究[D]. 长沙:湖南师范大学,2017.

[4] 余文雅. 北京市智能养老服务发展研究[D]. 合肥:安徽大学,2018.

[5] 左美云. 智慧养老:内涵与模式[M]. 北京:清华大学出版社,2018.

[6] CALSYN R J,JOEL P W. Predicting Four Types of Service Needs in Older Adults[J]. Evaluation and Program Planning,2001,24(2):157-166.

[7] LAURIE M O,PRINCIPAL A. 2020 Market Overview Technology for Aging[J/OL]. Aging and Health Technology Watch. https://www.ageinplacetech.com/page/technology-aging-2020-market-overview,2020.

[8] MASLOW A H. A theory of Human Motivation[J]. Psychological Review,1943(4):370-396.

第2章
智慧养老服务生态系统及其运营

　　"智慧养老不智慧"是一些学者调侃智慧养老平台由于缺乏线下服务出现"空心化"的情况。智慧养老服务的运营不能仅依托于线上的平台,还必须依托包括线下各种养老服务商共同组成的服务生态系统。因此,本章我们首先阐述智慧养老运营模式的问题与对策,然后介绍智慧养老服务生态系统的含义与构成,以及各主体之间互相协同实现价值共创,使生态系统中的各主体都有动力去参与智慧养老服务。智慧养老服务要真正大规模地运营好,供需之间光靠呼叫中心的服务人员根据记忆和经验去配对是远远不够的,必须要依靠智慧养老服务平台的智能化供需匹配算法。我们要清楚老年人和养老照料护理人员对于智慧养老服务的期望指标,在此基础上构建养老服务双边匹配模型。

2.1　智慧养老运营模式的问题与对策

当下我国养老有着老龄化、高龄化、空巢化、失能化、慢病化"五化"合一的发展趋势。智慧养老由于能够节约照护人力、降低管理成本、提高照护效率,更好地支持对养老服务的监管,从而提升老年人及相关干系人的满意度,越来越多地得到各级政府和养老服务机构的重视。大家期望智慧养老成为应对上述"五化"问题的一个有效方法。

然而,另外一种声音最近一两年也在逐渐响起,那就是认为"智慧养老不智慧"的问题,这些人认为智慧养老说得好、叫得响、投入也大,但是并没有一个很好的落地应用效果。我们认为,智慧养老"不智慧"这是一个调侃的说法,客观的说法应该是智慧养老不实用,或者说,还没有发挥有效的作用。

"智慧养老不智慧"的问题有两个主要原因:一是如第 1 章中所说,需求验证不充分。因为既然叫智慧养老,就有信息技术、大数据等的支持,一定有智能和智慧的含义和内容。但是,由于一些单位在做智慧养老建设时没有充分调研,没有充分地了解老年人和服务人员的需求,导致智慧养老工具或系统不好用、不实用、用不起,这些情况是有的。这也是从事智慧养老工作人员需要充分重视的。我们要强调的是,智慧养老不是一种独特的养老模式,而是与社区养老、居家养老、机构养老结合存在的,分别对应为智慧社区养老、智慧居家养老、智慧机构养老,前两者又可以合称为智慧社区居家养老。如果养老是实体,智慧技术则是为养老这个实体做支撑的,为养老现有的各种模式增值,因此必须对各种具体模式下的老年人的需求进行充分调研。

有人说,我们的智慧养老产品或平台做过充分的调研啊,不存在上述第一个原因。那么,"智慧养老不智慧"的问题则主要在于第二个原因,即智慧养老缺乏体系化运营。本节即重点探讨智慧养老体系化运营的具体含义、发展难点和相关建议。

2.1.1 智慧养老体系化运营的含义

许多智慧养老平台或系统已经能够采集到很多老年人的数据。然而,你拿到这些信息你怎么做,你有没有家政人员和护理人员跟上? 不同业务系统之间的数据和数据之间能不能互相融合? 例如许多健康管理 App 获得的数据有没有医院认可? 所以现在有人讲,智慧养老难的不是线上,而是线下;或者说,难的不是智慧技术平台,而是养老生态系统。

所谓智慧养老体系化运营,是指要构建一个协同运行的智慧养老服务生态系统,包括面向涉老人群的前端应用、对老年人的需求进行分析评估和管理的养老管家、线下的各种服务资源、联系前端应用和线下服务资源的智慧养老平台,以及政府或行业的第三方监管。只有这 5 方面协同发展,形成一个生态系统,然后智慧养老平台作为核心,进行体系化运营,智慧养老才能真正落到实处,发挥作用。

其中,面向涉老人群的前端应用一般是指养老各环节涉及人群(如老年人、照护人员、巡视人员、家属等)与智慧养老平台产生接触的物理媒介,如智能音箱、智能手环、智能拐杖、智能马桶、智能床垫、智能手机、健康管理设备等。既包括各种产品终端,也包括各种智能手机上安装的 App。

线下的服务资源是指支持智慧养老平台运作并且平台可以调用的资源,如养老照料人员、医护人员,以及各种养老服务设施、志愿服务队伍等。

养老管家是智慧养老平台和老年人之间的对接媒介,其主要功能是将老年人的个性化特点及其需求对接至智慧养老平台,从而产生具有针对性的解决方案。养老管家能够对老年人的各种身体、心理、社会需求进行评估,然后给出一个整合的需求清单提供给平台,在平台提供可能的服务后,又能代表智慧养老平台为各类上门服务人员"背书"或担保,让老年人信任来自平台派出的不同服务提供方的各种照护人员。

简而言之,智慧养老运营模式,是通过"前端应用＋服务平台＋服务资源＋养老管家＋服务监管"来提供养老服务的模式。

2.1.2　智慧养老体系化运营的主要问题

"智慧养老不智慧",很重要的原因是运营智慧养老平台的企业没有构造一个好的生态系统,难以做到体系化运营,当下存在的主要问题如图 2.1 所示[①]。

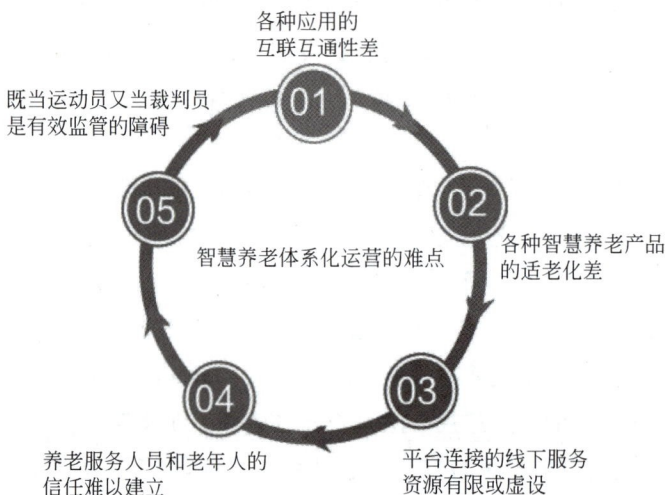

图 2.1　智慧养老体系化运营的难点

1. 各种应用的互联互通性差

当下智慧养老发展的现状是,大多数前端应用都是模块化产品、集成性差,难以独立提供服务。换句话说,市场上有很多的模块化的应用,但是如何集成、互联互通、互相认可这些问题都是需要重视并尽快解决的。对于由不同的企业主体生产的智慧养老产品,其间可能存在软件程序接口不一致、业务规则标准不一等问题,从而给产品间的数据联动与交换带来困难。

例如对于来自不同企业的产品,若老年人要使用 A 和 B 两款分别用来测量血压和监测睡眠质量的健康软件,由于 A 和 B 未达成一致的数据互联协议,用户(老年人)需要将

---

① 本部分内容曾以《智慧养老需要体系化运营》(作者:左美云,潘思璇,李梓童)为题发表在 2019 年第 10 期的《中国信息界》期刊,收入本文时有扩充。

自己的基本信息分别输入这两个软件中,导致数据的重复采集,并且,数据还有可能测量基准的不同造成不一致,导致老年人对智慧养老产品的不信任。

另外,由于企业和医疗机构的数据标准不同,普通厂家生产的产品采集的健康数据往往不被医院认可。以智能手环测血压为例,与测量血压的医疗器械相比,国家对医疗器械有强制要求:如医院使用,每隔 6 个月必须去专业机构做一次检验;如果是家用,说明书上也都会建议定期去做校准。然而,由于智能手环不是医疗器械,专业机构并不做检定。同时有实验发现,有些智能手环检测到的血压虽然在工业生产的允许误差范围内,该测量值和标准医疗器械检测到的血压之间的差值较大。因此,医生往往不会采用智能手环的数据作为医院内部养老用品的输入数据,可见产品间互联互通性欠佳。

2. 各种智慧养老产品的适老化差

许多新推出的养老产品由原本的普适型智能设备生产厂商转型生产得到,主要来自原本面向大众的设计需求,对老年人和普通用户间的差异认识不充分,从而存在很多不便于老年人使用的缺点,例如没有考虑到老年人健忘对设备充电的影响,视力下降对界面颜色、字体大小、行间距的要求等。

例如,近年来的智能音箱产品琳琅满目,在很多养老机构中有一定的应用。但在老龄群体的现实生活中,智能音箱的有效使用却是不甚理想。究其原因,是智能音箱在设计时,并未充分考虑老年人乡音难改、说话不清、重复、慢速、犹豫等因素,没有针对老年人的语言特点对产品进行修改。因此,增加了智能音箱使用难度,降低了这些智能设备的使用效果,让老年人不愿使用。

又如,智能感应灯也是一款常见的智能养老设备。其设计目的是将感应灯布置在卧室床边、厕所等处,为老年人起夜提供方便。但是该产品多数在设计时没有充分考虑老年人行动慢、如厕时间长等情况,因此具有灭得很快或者亮得时间不够长的问题,导致老年人还没到达目的地或还在卫生间里,灯就已经灭了,用户使用体验不佳,这些方面都为老年人的使用带来了困难。

3. 平台连接的线下服务资源有限或虚设

服务平台是指利用互联网等信息技术建设的软件系统,可以实现涉老信息管理、订单处理、服务推荐、服务评价、决策支持、服务监管等功能。存在的问题主要包括如下。

（1）平台空心化。许多线上的智慧养老平台没有整合足够的线下服务资源，"一键呼"或呼叫中心接到老年人或家属的服务请求后，后续线下服务却跟不上，不能派出对应的服务人员，导致平台缺乏实质性的服务内容，即"平台空心化"。又如智能手环，每天测得的数据给谁用，数据出现了异常谁来处理等问题没有得到很好的解决。

（2）平台演示化。与平台空心化相关，但不完全相同。大多数平台只是完成了涉老信息的接入和统计，可以采用各种炫丽的图表进行演示（特别是有些单位热衷于"大屏展示"），实际上只解决了养老的"信息化"问题，离实现供需精准匹配以及提供个性化服务的"智慧化"还有很远距离。

（3）服务不规范。许多智慧养老平台由于资金不够充分，在吸纳养老服务商和各类养老服务人员后，后续没有做到有效的培训和帮助，导致这些服务商特别是兼职人员不熟悉平台的功能，对于服务规范的执行也形同虚设。

（4）"跳单"常发生。由于一些智慧养老平台抽提平台管理费较高，如 20％～25％，导致服务人员认为自己挣的苦力钱还被抽提一大块，在和老年人接触上后就自行脱离平台或让老年人脱离平台，出现"跳单"的行为，进一步导致养老行业人才的短缺。

4. 养老服务人员和老年人的信任难以建立

存在的问题主要包括如下。

（1）智慧养老平台虽然收集了大量老年人与服务人员的资料，但却未能将老年人的个性化需求和服务人员自身特点对应结合。老年人的个性化需求和服务人员自身的诉求和偏好没有得到平台的重视。因此，老年人对服务人员的满意度、服务人员对老年人的双向满意度都不太高。另外，兼职养老服务人员与线上平台之间没有很好地互相发现和利用，导致养老服务人员严重短缺。

（2）老年人不一定能清楚表达自己的需求，表达出来的需求不一定是自己的真实需求，迫切需要一个代理如养老管家来对老年人进行需求评估和分析，在此基础上，提出一个有针对性的集成解决服务方案。如前所述，养老管家是指在智慧养老平台和老年人之间的桥梁角色，养老管家通过评估老年人的状态，识别老年人各方面的需求，然后与平台对接，设计一套个性化的服务方案。

（3）智慧养老服务平台派出的服务人员来自不同的线下服务商或兼职服务人员，老年人对生人上门是有戒心的,需要一个稳定的代理即养老管家作为中介,通过养老管家派出相应的服务人员,逐渐建立起老年人对平台的信任。当前,养老管家的角色不清晰,并且这一类复合型人才极度短缺,导致了老年人接入平台难、服务人员和老年人双向不满意等问题。

5. 既当运动员又当裁判员是有效监管的障碍

服务监管是指政府、市场和行业协会对智慧养老平台提供的服务进行监管。目前的问题主要是政府监管角色发挥不充分,老年人隐私数据保护力度不够、部分补贴所对应的养老业务真实性存疑等。市场和行业协会的监管还在发育中。

由于我国正处于智慧养老模式建设的探索阶段,缺乏经验,因而政府经常冲在第一线,既当运动员又当裁判员,投资或主导各种智慧养老平台的建设,甚至是这些平台的运营。导致市场上的主体对于政府的动机有一定的怀疑,因而在数据的分享、规则的执行上都有一定的抵触,导致政府的监管未能得到良好的发挥。目前我国智慧养老的企业多为中小企业,行业协会对这一类的业务并未没有形成成熟的监管服务体系,仍在摸索中积累经验。

除以上方面的问题外,针对老年人提供的服务还不完整。目前的养老服务主要体现在帮助老年人的"智慧助老"方面,而涉及精神层面的"智慧孝老"(如心理咨询、家庭问题协助、精神慰藉)和涉及老有所为的"智慧用老"(如老年志愿服务或再就业)的服务开发得不够。即便是智慧助老,也主要集中在生活照料(如订餐、家政)方面,在医疗护理(如陪同就医、用药咨询、居家照护)方面做得不够,医养结合还有需要大力发展。

2.1.3 智慧养老体系化运营问题的原因分析

由于当前智慧养老运营存在诸多问题,结果是"叫好不叫座"。出现这些问题的根源主要包括供给侧和需求侧两方面。

1. 供给侧的问题

平台建设方重项目重形象、轻运营和推广。由于国家及相关部门重视智慧养老建设,有些地方政府急于求成、争先恐后地建设了一系列名称各异的智慧养老平台,尤其注重建设可用于形象展示的数字大屏。由于政府实行年度预算制,因此对于项目建设的一次性经费容易列支,而对于培育推广的长期费用则较难列支。另外,一些为老服务企业的理念是跑马圈地,设立项目以便融资,将平台的建设、前端应用设备的发放数量作为业绩和标志性成果,但对老年人和服务人员信息素养提升、智慧养老模式理念推广则很不足。

另外,养老服务提供商现在面临的最大问题就是在运营初期能否靠足够的消费量生存下来。在服务过程当中,服务提供商必须面对的一个难题是服务的规范性和个性化矛盾。在上门服务或专业的护理服务当中,服务人员的服务水平是难以控制的,这些人员的专业化程度如何保证以及个性化服务是否提供都是值得考虑的问题。如果服务规范,那么服务质量更容易得到保证,成本也会低廉,但是如果不能提供个性化服务,难以获得老年人较高的满意度。因此,服务提供商如何平衡好规范化和个性化之间的关系,是供给侧一个必须面对的难题。

2. 需求侧的问题

一方面,现在需要养老服务的老年人主体总体上购买养老服务的消费意识不强。部分老年人购买物质性商品的消费意识尚可,但是购买养老服务的意识仍然较低。另外,一些助老商品和服务使用不够方便或者定价偏高,与老年人的期望有一定差异,也同样使老年人选择不购买服务。

另一方面,平台的用户类型众多、老年人信息素养总体较低。不同养老服务的数据都被各自主体拥有,数据类型、数据格式、存储方式、业务规则等可能不一样,导致兼容性差、系统集成和数据融合的难度大。服务对象是老年人,其个人信息素养参差不齐,特别是当下急需养老服务的老年人多出生于 20 世纪三四十年代,对于互联网、智能手机等信息技术比较陌生。

2021 年是奋进"十四五"、逐梦新征程的开局之年。在 2020 年年底举行的中央经济工作会议上为构建新发展格局和 2021 年的工作进行了谋划。在本次会议上,给出了两个重要的新提法:"要紧紧扭住供给侧结构性改革这条主线,注重需求侧管理""形成需求牵引供给、供给创造需求的更高水平动态平衡",这为我们今后的养老服务,特别是通过智慧养老平台提供的养老服务的发展提出了重要的方向。

智慧养老运营体系一方面是要瞄准老年人的真需求,特别是有支付能力的需求,牵引养老服务供给的优化和完善;另一方面,智慧养老服务涉及很多的新产品和服务样式,需要老年人试用和体验,需要示范和推广,是"供给创造需求"的重要应用领域和市场增长点。

2.1.4 智慧养老体系化运营的对策建议

针对上述问题及原因,下面分别从理念先行、以老为本、价值激励、激活服务和数据驱动 5 个影响智慧养老运营模式绩效的关键因素出发,提出如下对策建议。

1. 理念先行,普及智慧健康养老的生活方式

建议各类媒体增设类似"老年人与我"的栏目,宣传现代退休生活方式和养老方式。以央视为例,CCTV4 中文国际频道《走遍中国》栏目曾播出《旅居养老乐在途中》节目,记录了辽宁抚顺的中老年朋友在扬州旅居养老的过程。节目中展示了一种新潮的现代退休生活方式,老年人通过旅行养老实现"老有所乐"。同时,新华网养老频道开办的大型高端视频对话栏目《天下养老》也是一档面向大众以养老产业话题为切入点的节目,结合政策探讨涉老企业走向,针对中国当下的养老情势,以智慧养老为目标,讲述我国新型养老模式。

官方媒体(如中央电视台)可以面向民众开办新的涉老栏目(而不是专门的老年栏目,如《夕阳红》),节目中老年人与各年龄段人群一同参与,这样既可提升涉老年人群的信息素养,也利于公众认知老龄社会,一方面引导厂家为老年人设计更适合老年人使用的产品,另一方面鼓励年轻人、中年人在老年人使用智能产品时提供帮助,从而创建一个让老年人更易与时俱进的友好型信息社会。

开设新的大众栏目,而非仅限于老年人的栏目,可以通过老年人之间互动、老年人与年轻人(含子女、孙子和孙女、青年志愿者等)互动,老年人与养老服务人员之间的互动,来示范普及健康养老、积极养老、智慧养老、全生命期养老等理念,普及"今天的老年人就是明天的自己"的意识。栏目也可以介绍老年人防骗和合理理财的案例,介绍适老化的产品、集成化的智慧养老平台案例,以及优秀的智慧养老平台服务者和使用者,从需求侧倡导针对养老服务的合理消费,为智慧养老的运营推广奠定一个好的客户基础。栏目还可以吸引更多的特别是兼职养老服务人员注册为各类智慧养老平台的从业者,从而为智慧养老的体系化运营提供一个好的社会环境支撑。

对于一些健康监测设备、智慧家居设备,老年人虽有需求,但由于消费意识不强,且担心产品质量和后续服务问题,通常持观望态度,难以付诸购买行动。针对这个问题,产品或服务提供商应该灵活运用多种定价策略和促销方式,引导消费者转变消费观念。请老年人先试用,试用后购买;产品免费而服务或产品的更新升级收费等方式都是可以考虑的定价策略。在销售促进策略方面,为老提供商可以请老年人试用产品后,将老年人获得助老服务达到满意效果的成功案例录制成视频在各类媒体上进行宣传,突出产品在实际生活中解决老年人面临的问题及为老年人带来的便利,帮助老年人对产品功能产生正面认知,促进老年人形成消费意识,引导老年人在购买为老服务上合理消费。

2. 以老为本,大力发展养老管家队伍

养老管家,即国外的 Case Manager,又称为养老规划师。随着医养结合的加深,有些将会与老年人的家庭医生职能结合,成为健养管家或医养管家。例如,上海市 2018 年在"养老服务包"探索试点的基础上,进一步推出"养老顾问"制度,即利用各类社会服务设施、机构和人员等资源,为老年人寻找养老服务提供各类信息,让"养老顾问"帮助老年人评估分析自己需要什么样的服务,以及到哪里能找到相应合适的服务,使养老供需信息对称、养老资源分配优化。

要做到以老年人为本,需要各地养老行业的社团或协会开展养老管家的培训和资质评定,大力发展养老管家队伍。养老管家与平台的交互有助于消除服务人员和老年人之间的信息不对称。好的养老管家应该在老年人与智慧养老平台之间对接,基于老年人的健康水平、经济能力、居住地点和家庭情况等属性来评估和分析老年人的真实需求,给出有针对性的集成服务需求方案,在智慧养老平台提供服务时,能作为平台的代言人和老年人实现长期的单点接触,培养老年人对平台的忠诚度。通过养老管家的介绍,平台推荐的各类养老服务人员走到老年人的家庭或身边。

3. 价值激励,线上线下协同为老年人和服务商获利助力

要设计一个好的运营机制,合理地进行价值分配,吸引更多的养老管家、养老服务商和养老服务人员加入平台提供服务,并避免这些人员的"跳单"行为,同时吸引更多的老年人及其子女注册成为平台的用户,成为平台有黏性的用户,鼓励越来越多的用户成为平台的义务宣传员。如果一个老年人满意、服务人员满意、平台健康发展、政府有序监管的养

老服务生态系统建立起来,那么,智慧养老的体系化运营就成功了。那时大家会说,智慧养老真的"智慧",既有智慧技术,也有智慧思想!

为较便捷地使服务人员在工作中有标准可依,政府可以组织录制服务工作教学视频放到平台上,供服务人员线上免费观摩学习。服务提供商可要求员工必须在教学视频网络平台上完成一定量学习内容方可上岗工作,通过统一的服务工作标准提升服务人员的总体素质,增强服务人员的竞争力,从而创造更多的价值。

不同自理能力、不同偏好的老年人需求可能不同。在智慧养老服务平台上,老年人可在预订服务时将自己的个性化需求告知服务提供商,评价时可分规范性服务质量和个性化服务质量两方面,服务商分别收取这两方面费用,使规范性和个性化的服务可根据老年人需求定制,最终实现老年人比较高的满意度。

现有的养老服务提供商,有相当一部分体量较小,服务项目专一。对这些服务提供商来说,线上线下协同的智慧养老平台可以帮助他们拓展服务范围,争取实现规模经济。由此可帮助养老服务提供商获得足够的服务辐射范围,使其在平台上运营可以获得更多的利益。

随着移动技术的发展,老年人使用在线社交工具(如微信)的便利性大增。当子女长期不在身边时,老年人可以参与智慧养老平台的互动板块,线上交流、线下活动,有条件的还可以鼓励线上线下互助结伴养老。每位老年人在平台覆盖的线下社区内被多位老年人关注,这些关注他/她的老年人同时也成为其照顾者,当老年人生病或有需求时,关注他/她的老年人将成为最先响应者,为老年人遇到紧急情况施加帮助提供可能。

很多老年人在退休后有学习新技能和继续发挥余热的愿望,希望使自己的智慧和经验贡献出来。智慧养老平台也可以从互联网上分门别类地整理一批老年人感兴趣的技能教学视频链接供在线观看,老年人足不出户就可以学习自己感兴趣的内容。未来老年人也可以将自己擅长的技能制作成视频上传供他人学习,从而在网站上赚取学习积分或者报酬,有助于老年人获得成就感。例如北京市团结湖街道制作了网上虚拟展览厅,虚拟房间的墙壁展出了老年人的国画、书法等作品,对作品感兴趣的人甚至可联系购买其作品。

只有更好地让平台上的老年人和服务商等参与,并且各方都有较大的获得感,这个平台才能成为一个生态系统,有效地持续运行下去。

4. 激活服务，建立智慧养老服务平台的评估体系

街道或社区在引入智慧养老服务时非常想知道：如何衡量不同智慧养老平台提供的服务，到底哪一家的好？养老服务机构在提供服务的过程中往往也会有困惑：我们通过平台提供的智慧养老服务处于什么阶段？怎么才算提供了好的智慧养老服务？上述问题的解决需要学术界尽快研究一套规范的智慧养老服务评价指标体系和一个通用的智慧化养老服务成熟度模型。

在此基础上，建议各地政府开展智慧养老平台的评价工作，引导智慧养老平台及服务的健康发展，从而真正起到对智慧养老行业的监管作用。政府可以委托第三方对智慧养老运营平台（项目）进行星级评估。对不同星级提出明确的养老管家数量要求。评估内容主要包括平台的兼容性和适老化、提供养老服务的完整性和涉老主体的满意度。政府和行业依据评估结果加强监管。在测评的基础上对各类养老服务组织进行星级评定，然后对高星级的组织进行扶持推广，从供给侧引导平台建设方克服重形象展示的问题，着力提升平台的实际运营效果。

建议国家相关部门发布重点扶持的养老服务目录；建议国家设立"基于区块链技术的养老服务（涵盖服务记录、时间银行等）"等重大研发计划专项，研究并建设养老区块链。以痛点服务为抓手，针对失能失智老年人的助餐、助浴、助医、陪伴等痛点服务实施按服务次数和质量进行奖励，发布《养老服务优先支持目录》，引导开展老年人急需的养老服务。鼓励采用区块链技术，将服务记录上链管理，同时引导兼职服务人员和志愿者上链开展养老服务；另一方面，从"补砖头""补床头"和"补人头"的粗放式管理逐步过渡到对区块链上不可篡改、不可伪造的服务记录有针对性地进行补贴（即"补服务"），从而解决平台空心化和演示化的问题。积极采纳人工智能和大数据技术，实现基于老年人个性化需求的精准匹配，从供给侧引导养老智慧化的健康发展。

5. 数据驱动，实现平台"信息化"到"智慧化"的跨越

建议在中央相关决策部门下组建涉老大数据治理委员会，以数据融合为抓手，发布养老数据标准，建设养老基础数据国家开放平台，强化数据驱动的监管。涉老部委众多，只有建立一个高级别委员会，涉老数据才可能真正融合并发挥作用。制定医养数据互认制度和相应标准，鼓励医院按不同安全等级要求开放老年人健康监测数据的接口，从数据底

层促进医养结合。鼓励智慧养老平台跨行政区提供服务,促进医保、养老金跨区结算,引导老年人的合理流动和文化旅游消费。

要使智慧养老平台做到有效的体系化运营,平台也得"打铁还得自身硬",真正实现"信息化"到"智慧化"的跨越。大多数养老平台的服务系统只是对养老信息进行了收集接入和简单的统计,虽然可以采用各种视觉进行演示,但实际上仍停留在信息系统发展的初级阶段,即"信息化",离实现供需精准匹配以及提供个性化服务的"智慧化"还有很远距离。

2.2 智慧养老服务生态系统的构建与价值共创

在 2.1 节中我们讲到智慧养老体系化运营,需要构建一个协同运行的智慧养老服务生态系统,并从组成生态系统的要素角度,如面向涉老人群的前端应用、对老年人的需求进行分析评估和管理的养老管家、线下的各种服务资源、联系前端应用和线下服务资源的智慧养老平台,以及政府或行业的第三方监管 5 方面进行了探讨。本节我们将从智慧养老服务生态系统的构成主体角度探讨,都有哪些主体? 其中的核心主体如何通过智慧养老服务平台实现边界跨越从而实现各自的价值主张?

2.2.1 智慧养老服务生态系统的含义与构成[①]

智慧养老服务生态系统是以智慧养老服务平台为核心和基础载体,涉及的主体可分为三大层面——组织层面、政府层面和个人层面。组织层面主要是服务的供给方,即提供各项养老服务的组织机构,包括文化教育机构、医疗卫生机构、福利保障机构、第三方服务商(如居家服务提供商、设备供应商、应急救助机构等);政府层面主要是起监管作用的政府机关,包括卫生保健部门(如卫健委)、公安部门、监管部门等;个体层面主要是服务的需求者,包括老年人及其家属。智慧养老服务生态系统中的主体示例如图 2.2 所示。

然而,现行各地的养老服务生态系统许多主体之间还是一种非共享、低协作的状态,

---

① 本部分内容节选自笔者指导的硕士论文《智慧养老服务平台数据标准内容与设计研究——基于生态系统视角》(作者: 邵红琳,中国人民大学信息学院智慧养老研究所),收入本节时有修改和完善。

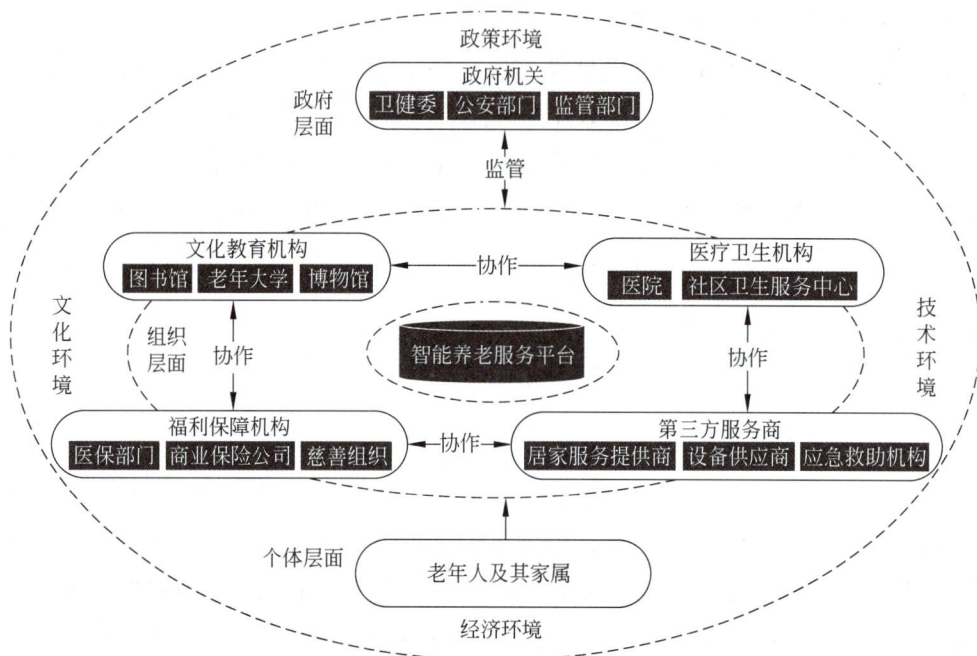

图 2.2　智慧养老服务生态系统中的主体示例

不同主体通过各自的平台系统独立运行。有的主体甚至没有信息化平台,仅仅是通过线下渠道运行自己的业务,不同主体之间缺少信息交互、资源整合。造成这种现状的重要原因是各主体之间缺乏统一的行业标准和数据标准。而智慧化的养老服务生态系统则是借助于信息技术,是一种线上线下相结合的服务模式,通过线上平台将各主体的信息进行聚合,并对老年人的养老服务需求进行智能匹配,实现线下分散的服务资源的有效配置和利用,实现养老服务分散化走向集约化的智能管理转型,最终实现不同主体之间的价值共创。

　　从智慧养老服务生态系统所能提供的服务内容的角度出发,本节刻画了智慧养老服务生态系统中涉及的服务技术、服务主体和相关数据,如图 2.3 所示。其中,服务主体是图 2.2 中各大类主体的细分项,服务技术对应该服务内容所必备的技术。

服务内容	服务技术	服务主体	相关数据
日常照料服务如助行、助食等	网络化平台、资源智能化匹配	加盟平台的养老服务商、社区服务中心等	服务需求数据、服务匹配数据、服务过程数据等
健康动态信息实时监测	连接平台的智能健康产品、统计分析技术	设备供应商、社区服务中心等	设备数据、健康监测数据
在线问诊、远程咨询、线上疾病诊断等	网络化平台、决策支持及专家问答系统等	医疗服务机构、专业咨询机构	电子病历、健康档案、诊疗数据等
安全预警服务、紧急求助服务等	连接平台的智能设备、GPS定位等	设备供应商、紧急援助机构等	紧急信息等
老年教育、社会娱乐等	网络化平台、虚拟社区等	老年大学、专业人士等	社交数据等
政务信息查询	网络化平台	政府部门	政策资讯等

（左侧纵向标注：智慧养老服务生态系统）

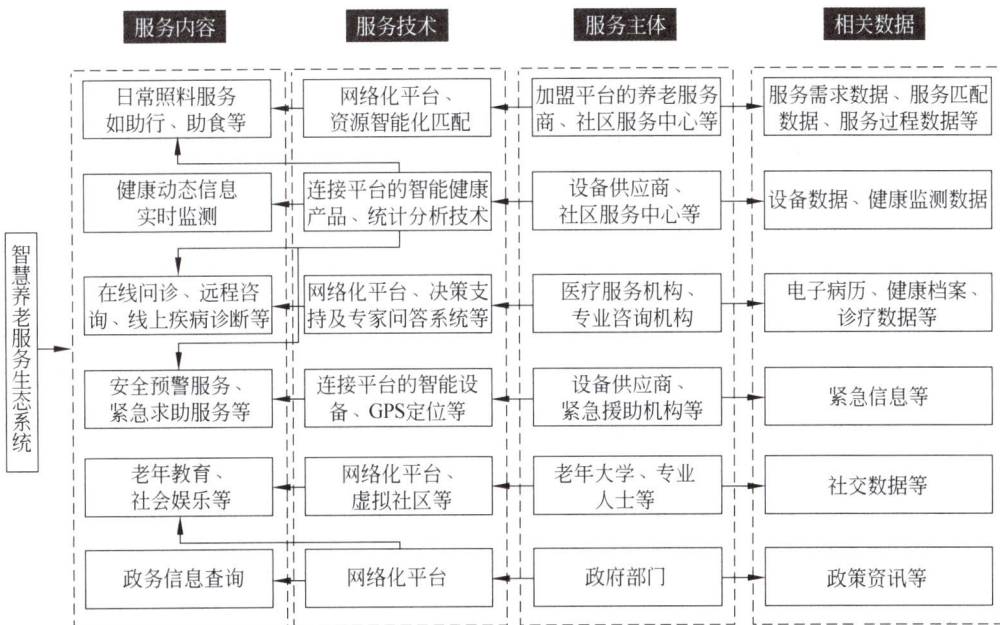

图 2.3 智慧养老生态系统的主要组成要素

从图 2.3 中我们可以看出,智慧养老服务生态系统为老年人提供的每种服务、实现的每种价值都离不开服务技术,即智慧养老服务平台这一载体,都需要平台作为支撑,由此可见建设一个智慧养老服务平台对于一个完善的生态系统的意义。此外,在生态系统中,各类主体相对独立运作,在实现各自价值的同时又互相协作,为系统共创价值。例如智能穿戴设备供应商可以连接到平台,通过智能设备实时监测老年人的动态生理数据,一旦发现数据异常,便可通过平台进行预警处理,同时,该类数据也可以提供给居家养老服务商,根据这些数据为老年人个性化定制餐食;又如,政府可以录制办理养老保险或涉老法律的视频,作为老年教育的内容通过网络化平台提供给老年人观看。这样,不同主体之间可以发挥 $1+1>2$ 的价值。

2.2.2　智慧养老服务生态系统的价值共创

1. 赋能、价值共创与智慧养老生态系统

20世纪80年代,赋能(Empowerment)被正式引入社会工作研究,迅速在社会学、心理学、经济学、管理学、公共健康及老年学等领域得到广泛使用,并产生了如工作赋能、心理赋能及健康赋能等诸多领域词汇。

信息技术的发展与普及加速了信息技术赋能相关的研究。"数字公平"(Digital Equity)与"包容性社会"(Inclusive Society)的理念驱使人们关注信息技术对传统弱势群体(如偏远地区、残障人士、妇女、儿童及老年人)的赋能。尤其是信息技术对老年人的支持,得到了较多的关注。

云计算、大数据技术及人工智能等技术的迅猛发展及在养老服务业中的渗透,推动了智慧化赋能养老服务理念的产生。基于智慧养老服务平台整合养老服务资源,面向老年人提供医养结合的综合服务有助于缓解我国养老面临的问题。

智慧化赋能养老服务的过程可以看作通过运用人工智能等智慧化技术,借助智慧养老服务平台将各种类型的养老服务机构、照护人员、老年人、政府等主体,以及日常照护、健康医疗及心理慰藉等多种服务资源进行整合或集成,从而形成一个价值共创的服务生态系统。简而言之,智慧化赋能养老服务的结果是形成了实现服务创新的智慧养老服务生态系统。

服务创新自20世纪80年代开始被关注之后,一直是创新研究的热点问题。服务主导学派是服务创新研究的热门流派,其兴起与流行得益于Vargo与Lusch两位学者的系列研究。他们首先提出了服务主导逻辑(Service-Dominant Logic,SDL)的理论,认为价值是由企业和顾客共同创造的。后来,这两位学者又提出了服务生态系统的概念。他们认为服务生态系统中不同的社会和经济行动主体基于自发感知和响应,根据各自的价值主张,通过共同互动来创造价值。

服务生态系统的价值共创(Value Co-creation)提出了4个理论逻辑来解释服务创新的过程。一是角色网络(Actor-to-Actor Networks),即系统中的角色(例如涉老的各类主体)处于网络中,这些角色是知识与创造力的源泉,也是服务创新和服务价值的源泉。二是资源液化(Resource Liquefaction),即基于信息技术的赋能,传统的资源(例如养老服务

资源)以数字信息的形式存在于计算机及信息系统中,可以像液体一样便捷地进行存储、传输及处理。三是资源密度(Resource Density),即以有效果、有效率的方式为特定的时间、地点及人物快速组织并调动资源(即强的资源密度)。四是资源集成(Resource Integration),即任何资源都不是孤立的,而是与其他资源一起组合使用。基于上述 4 个逻辑,不同角色通过彼此之间的互动、内部流程的调整及活动的透明化来集成各类服务资源,从而协同产生创新与价值。

价值是智慧养老服务生态系统存在的基础和条件。我们参照赵金梅等学者提出的核心价值模型,构建了智慧技术赋能养老服务生态系统的价值共创模型,如图 2.4 所示①。其中,S 代表 Shared,即共享价值,指核心平台通过数据共享、知识共享、技术共享等来增强平台自身的竞争力,还可以通过信息共享激发老年人更多的需求,从而创造价值;C 代表 Conformity,即集约价值,指以约束和高效为价值取向,充分合理利用现代信息技术,统筹规划资源从而增加投入产出比,实现价值共创;I 代表 Innovative,即创新价值,指通过新产品、新技术等的投入开拓养老服务新市场,进而获取新的服务价值;G 代表 Growth,即成长价值,指随着各主体服务能力的提升和服务边界的拓展,获得更好的收益。

图 2.4 中的共享价值和集约价值主要依赖于智慧养老服务平台实现,因而我们称之为内敛价值;创新价值和成长价值则是各主体依靠智慧养老服务平台不断创新,提升能力和扩张边界,因而我们称之为外溢价值。实际上,各个价值之间有所交叉,共同构成智慧养老服务生态系统的核心价值。

(1)共享价值。共享价值是智慧养老服务生态系统存在的基础,是内敛价值中的基础价值。首先,生态系统能够通过智慧养老服务平台实现技术共享、知识共享和数据共享。智慧养老服务平台具备强大的软硬件基础设施、智能的分析计算能力及领先的业务运营能力,能够将各个主体的养老服务供求信息汇聚到线上,使各类服务主体在平台所提供的同等的技术和服务条件下公平竞争,避免供求多方的信息不对称,并且能够实现供与求的智能化匹配,提升多方满意度。其次,生态系统有利于单边需求扩展到共创需求,实现需求互相激发和信息共享。现有的养老服务需求大多由老年人单方提出,平台根据老

---

① 本部分内容节选自本人指导的硕士论文《智慧养老服务平台数据标准内容与设计研究——基于生态系统视角》(作者:邵红琳,中国人民大学信息学院智慧养老研究所),收入本节时有较大修改和完善。

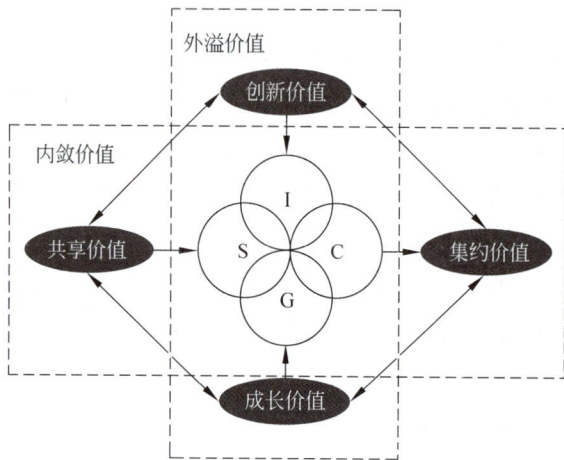

图 2.4 智慧技术赋能养老服务生态系统的价值共创模型

年人要求进行匹配服务资源。但是实际生活中,服务人员在服务过程中经常能够发现老年人存在的一些其他隐性需求,例如提供日常照料服务的人员在老年人家中发现老年人家中电路老化,存在安全隐患,那么在征得老年人的同意下便可将该条需求信息通过平台发布,及时为老年人匹配服务机构解决问题。同时这将为老年人和整个服务生态带来新的价值。

(2)集约价值。集约价值是内敛价值中的整合价值,智慧养老服务生态系统形成的过程就是养老服务各相关主体由分散到集约的过程。随着养老服务的市场化,涌现了很多养老服务商,提供各类专业的养老服务,进而逐渐形成养老服务主体集群;同时,养老服务主体集群与其他生态集群,如医保系统、文化教育类系统等交叉融合,形成智慧养老服务生态系统。互联网的发展使各类信息汇聚到线上,对生态系统中闲置和过剩的服务进行有效配置。例如,统计调查某段时间图书馆的利用率较低,那么则可通过平台发布信息,在某个时间段为老年人举办专场老年教育活动。

(3)创新价值。创新价值是智慧养老服务生态系统的发展动力,是外溢价值中的增值价值。智慧养老生态系统是一个开放的系统,随着新技术和新产品不断涌现,生态系统中各主体也不段自我完善与创新,为老年人提供新的养老服务。智慧养老服务生态系统依托各种智能化技术和设备实现产品创新,依托平台的智能化匹配、共创需求的理念实现服务创新,依托与时俱进的政策文件实现制度创新,进而不断提高智慧养老服务生态系统的竞争力。

(4)成长价值。成长价值是智慧养老服务生态系统向外扩张的根本,是外溢价值中的扩张价值。首先,随着生态系统中各主体能力的成长,新增的服务需求者能够在智慧养老服务生态系统中快速、有效地申请和获得各类养老服务,增强老年人与时俱进的时代感及获得感。其次,各生态系统中主体能力的成长,将会带来服务规模的扩张和服务边界的开拓,从而以更低的成本服务更多的老年人。最后,生态系统中各类信息共享,更容易发现优质的养老服务商,能够使各类养老服务资源优先流向老年人,这些资源得到更高效地利用,从而改进整个养老服务体系的效益。

2. 边界跨越、价值共创与智慧养老生态系统[①]

智慧养老服务生态系统中不同主体之间存在清晰的边界,如何跨越边界,为老年人提供适合的服务,实现各方的价值共创是平台的运营者需要考虑的。因为只有各方实现了各自的价值主张,才会有动力在生态系统中持续地参与。

边界跨越理论研究的是组织之间或者组织内部如何进行资源、信息或者人员的交互,从而实现更好的绩效,这个理论可以很好地用于探讨智慧养老生态系统中各个角色的协作。组织边界跨越中有几个重要的概念,包括边界跨越主体,也称边界跨越者(Boundary Spanner)、边界跨越动力(Boundary Spanning Motivation)、边界跨越载体(Boundary Object)和边界跨越障碍。这里的边界跨越者指有信息交流意愿的组织或个人。

从智慧养老服务平台运营的角度,我们可以主要研究智慧养老生态系统中的 4 种主要角色,即平台方、老年人、服务商/服务人员、政府,如图 2.5 所示。

(1)平台方:即智慧养老服务平台的运营企业本身,作为边界跨越的中心,平台需要与老年人、服务商和政府进行边界跨越,以获取老年人的需求,扩大自己的服务能力,提升自己的服务效率,并获得有效的服务资源,将适合的服务传递给老年人。

(2)老年人:作为智慧养老服务平台的服务对象,老年人是智慧养老生态系统中最重

---

① 本部分内容节选自笔者指导的硕士论文《智慧养老服务的需求分析与价值实现研究》(作者:雷东荧,中国人民大学信息学院智慧养老研究所),收入本节时有较多的删改。

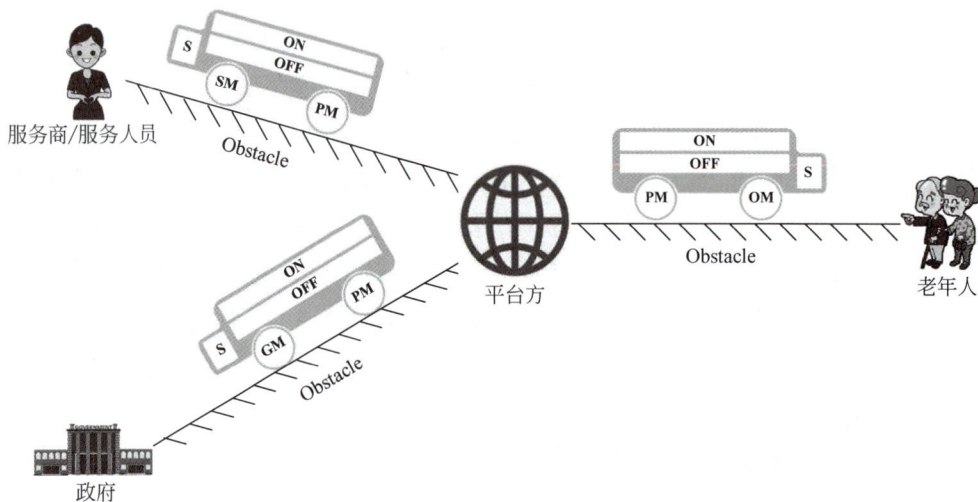

图 2.5　智慧养老服务生态系统核心主体之间边界跨越运作模型

要的角色。

（3）服务商/服务人员：养老服务商/服务人员负责直接满足老年人的养老服务需求。平台方通过鼓励或引导服务商或服务人员的边界跨越，可以整合服务资源，扩大自身的业务范围，从而为老年人提供精准、高效的服务。

（4）政府：政府也是智慧养老服务生态系统中的重要角色之一。政府负责制定政策和规则，平台方与政府的良好协作可以使平台获得政策和资源的支持，政府也可借助平台的力量更好地建立养老服务的生态和行业环境，从而更好地为辖区内的老年人提供养老服务。

因此，智慧养老服务生态系统核心主体的边界跨越就是以平台方为中心，与老年人、服务商/服务人员和政府三方进行边界跨越的模式。图 2.5 中的每一辆车代表了边界跨越的模式，其图例如图 2.6 所示。

图 2.5 与图 2.6 中的字母或缩写对应的含义如下。

（1）S 代表 Boundary Spanner，即小车车头中的边界跨越者。

（2）ON 代表 Online Boundary Object，即线上边界跨越载体，放置于车厢箱体的上

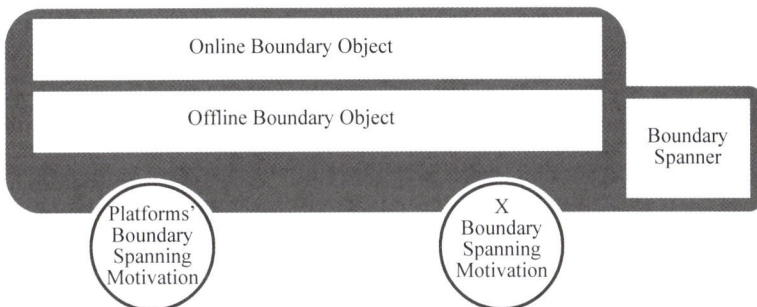

图 2.6　边界跨越模型图例

部;OFF 代表 Offline Boundary Object,即线下边界跨越载体,放置于车厢箱体的下部。

（3）PM 代表 Platforms' Boundary Spanning Motivation,即平台方的边界跨越动力;OM 代表 the Older Adults' Boundary Spanning Motivation,即老年人的边界跨越动力;SM 代表 Service Providers' Boundary Spanning Motivation,即服务商/服务人员的边界跨越动力;GM 代表 Government's Boundary Spanning Motivation,即政府的边界跨越动力。对于汽车而言,提供动力的驱动轮一般在后轮;而为老年人提供服务从而进行的边界跨越一般是由平台方主动发起,因此我们将平台方的边界跨越动力 PM 统一放在车的后轮位置。图 2.6 中前轮中的 X 代指老年人（OM）、服务商/服务人员（SM）、政府（GM）中的任意一种主体的边界跨越动力,暗含参与平台各主体对边界跨越的牵引动力。

（4）Obstacle 代表边界跨越障碍,即双方发生边界跨越时的障碍因素,与具体的情境相关。

下面对图 2.5 中的三组跨越分别进行具体分析。

1）平台方与老年人之间的边界跨越

智慧养老服务平台运营方可以通过养老管家实现与老年人的交互或跨越（见图 2.7）,因而这里的跨越者是养老管家（Case Manager,CM）。跨越载体包括线上的信息平台和应用小程序（App）、集成到平台的呼叫中心,以及线下的养老驿站及平台运营方在线下举办的各种活动。

对于平台方来说,可以获得的价值主要体现为规模经济的效益和品牌价值。对于平台方而言,与老年人进行的边界跨越会使平台产生规模经济效应。平台方通过平台的运

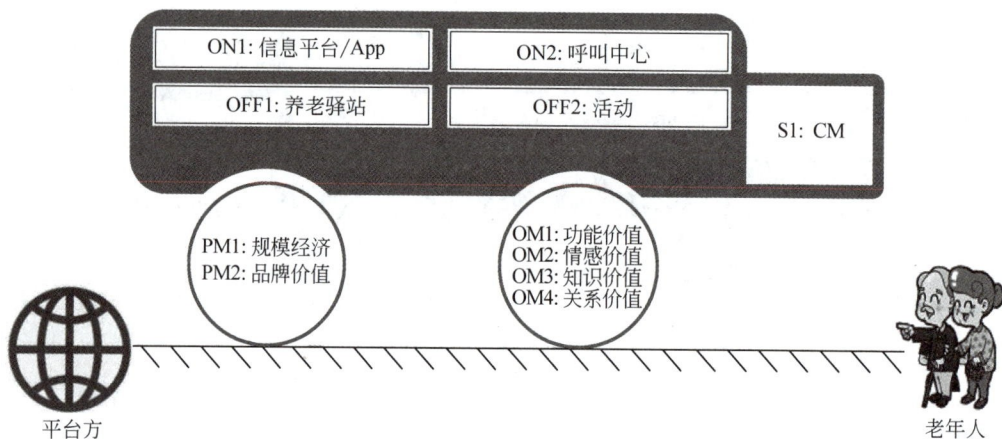

图 2.7　平台方到老年人的边界跨越运作模型

作可以触及地理位置分散的服务人员和老年人,从而实现规模经济;另一方面,平台通过服务的规范化和标准化,可以在同样的时间服务更多的老年人,从而获得规模经济效益。通过平台的推广和运作,运营方被更多的服务商、服务人员和老年人所认知,智慧养老服务平台的品牌知名度不断提高,从而提升其品牌价值。

对于老年人来说,在使用智慧养老服务平台的过程中可以收获服务带来的效用,即使用价值,具体包括功能价值、情感价值、知识价值和关系价值等。这些价值主张也是老年人参与到养老服务边界跨越的动力源泉。

对老年人而言,使用智慧养老服务所预期的或者可以感知到的价值中最主要的是功能价值,包括扩大信息获取途径、感知和改善健康状况等。以扩大信息获取途径为例,老年人的技术水平相对较低,因此信息搜集和信息获取能力相对较差。平台方通过线上和线下的边界跨越载体可以汇总服务相关的信息并方便地传达给老年人,从而为老年人拓宽了信息获取途径。

通过边界跨越的方式让老年人与平台方进行交互,可以方便老年人接受服务。精神娱乐是老年人使用智慧养老服务平台的目的之一,智慧养老服务平台一般都会提供社交类的模块和互动性的内容,老年人在其中可以享受到快乐,从而获得情感价值,例如孤独感的减少、幸福感的增强等。老年人还可以通过智慧养老服务平台来获得知识,从而为老年人带来与时俱进感及能力的提升。老年人使用智慧养老服务平台还会带来关系价值，老年人会与养老照护人员及子女等形成信息时代的新关系，沟通更加方便，诉求的提出更加合理，因而在互动网络中老年人的位置会获得提升。

2）平台方与服务商/服务人员之间的边界跨越

智慧养老服务平台运营方和服务商之间可以通过双方领导（Leader）、信息中心主任（Information Officer，IO）、部门经理或主任（Business Officer，BO）实现交互或跨越，与服务人员则可以通过养老管家（Case Manager，CM）实现交互或跨越（见图2.8）。跨越载体包括线上的信息平台和应用小程序（App）、集成到平台的呼叫中心；以及线下举行的工作交流会议及签署的合同文件。当然，随着远程办公的推行，也会有部分会议转移到线上举行。

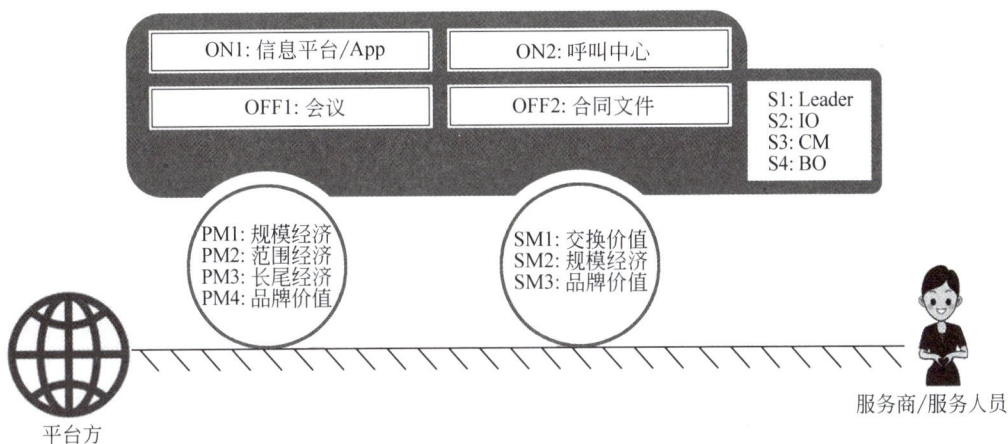

图2.8　平台方到服务商/服务人员的边界跨越运作模型

对于平台方来说，可以获得的价值主要体现为规模经济、范围经济和长尾经济的效益以及品牌价值。其中品牌价值和规模经济在上面与老年人的边界跨越中已经阐述，这里解释下范围经济和长尾经济。平台方通过与不同领域的服务商合作，平台可以在保持获客成本总体稳定的前提下扩大业务范围，从而实现范围经济。例如，把基础的养老照料服务做好之后，就可以整合医疗、旅游、保险甚至是理财产品。

长尾经济是指可以通过整合不同层次和类型技能的服务人员，服务好老年人分散且小众的需求(即需求曲线类似长尾巴拖地的量少分散的个性化需求)。这些交易可能是一个服务商不能提供服务的,要么专门人员稀缺,要么服务成本很高,但是通过平台积聚起来这些特殊的服务,就可以实现这些少量但可能是高附加值的个性化需求。

实际上,范围经济和长尾经济的效益在平台方和老年人之间的跨越中也存在,这是因为通过整合养老服务商和养老服务人员实现的,因而主要放在这部分平台方和服务商/服务人员的边界跨越运作模型中。

对于服务商/服务人员来说,获得的价值主要是交换价值、规模经济和品牌价值。服务商通过与平台方合作使自身的产品、服务和时间产生可以用金钱衡量的价值,即实现了时间增值和获得客户。平台方帮助服务商释放生产力,充分利用服务人员的时间,让服务人员的时间产生更多的价值,还可以实现时间增值,获得更大的交换价值。

另外,服务商和服务人员可以通过平台获得更多的老年人用户,提供更多的服务,从而实现规模经济效益。服务商和服务人员还可以通过平台的推广和运作,实现服务商品牌和服务人员个人品牌价值的提升,实现品牌价值。

3) 平台方与政府之间的边界跨越

智慧养老服务平台运营方和政府之间可以通过双方领导、信息中心主任实现交互或跨越(见图 2.9)。跨越载体包括用于线上平台交互的数据标准,以及线下举行的工作交流

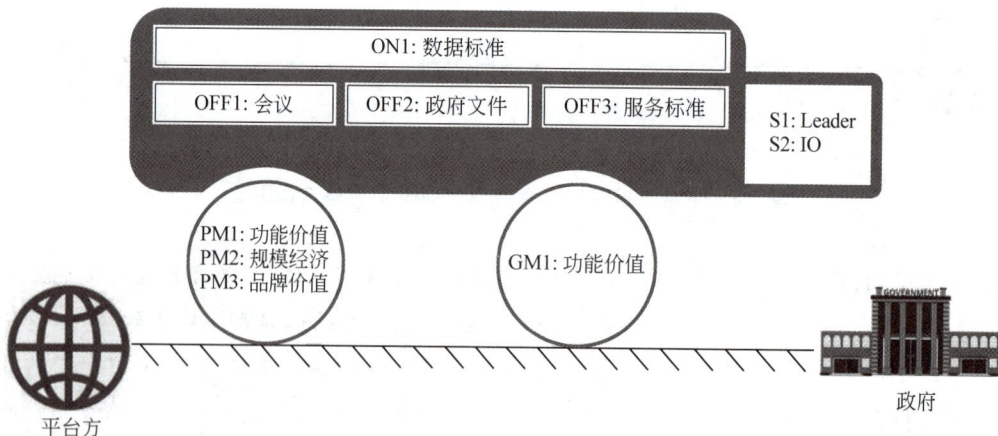

图 2.9 平台方到政府的边界跨越运作模型

会议、政府文件及政府或第三方发布的各种服务标准。如前所说,随着远程办公的推行,政府和平台方的部分会议也会转移到线上举行。

对于平台方来说,可以获得的价值主要体现为功能价值、规模经济和品牌价值。平台方在与政府合作的过程中可以获得很多功能价值,包括政策支持、数据/信息的支持以及借鉴其他地方的平台运作经验。平台方还可以通过政府的推广和扶持,获得更多地区(如城区、街道或社区等)老年人的使用,从而获得规模经济的效益。另外,平台方在与政府建立合作关系之后,平台方会努力工作,主动获取政府的信任,从而提升自身的口碑,进一步确立自己的品牌价值。

对于政府来说,可以获得的价值主要是功能价值,最直接的收益就是获得政绩,即政府的职能得以实现,更好地服务于辖区的老年人,也能更好地指导辖区内养老服务行业的发展。

总的来说,平台方是智慧养老服务生态系统中的核心主体。在实现与老年人、服务商/服务人员和政府的边界跨越过程中,平台方除了关注自身的价值实现之外,也一定要关注对方的价值,实现价值共创,从而调动对方边界跨越的动力,更好地服务于老年人。

2.3 智慧养老服务平台的供需匹配算法[①]

智慧养老生态系统中各类主体通过智慧养老服务平台实现信息交换和资源整合。智慧养老服务平台要运营好,做好养老服务供需双方的匹配是非常重要的。

养老服务供给不足,老年人和养老照料护理人员(以下简称照护人员)双方满意度均不高制约了养老服务业的发展。本节以智慧养老服务平台为中介,提出了旨在解决老年人与照护人员双边匹配问题的模型。首先,我们对老年人和照护人员的期望指标体系进行了探索,提出了照护人员的多期望方案;其次,根据匹配双方的多属性评价特征通过多属性决策方法进行了满意度计算;再次,基于双边匹配的稳定性和公平性,构建了老年人与照护人员的多目标双边匹配模型;然后,基于模型多约束性条件的背景,在 NSGA-Ⅱ算

---

① 本部分内容节选自在 2020 中国信息经济学会学术年会会议上报告的论文《智慧养老服务平台双边匹配模型》(作者:左美云、李芳菲、邵红琳,中国人民大学信息学院智慧养老研究所),收入本节时有较大的删改。

法（Non-Dominant Sorting Genetic Algorithm with Elite Strategy，带精英策略的非支配排序遗传算法）的基础上对生成解的处理做了探讨和优化，发现将可行解生成法与种群多样性处理相结合用于 NSGA-Ⅱ算法中的约束性条件处理具有最好的表现；最后，基于算例证明了算法改进的可行性与有效性。

2.3.1　老年人和照护人员的期望指标体系

随着信息技术和"互联网＋"在各领域的渗透，养老领域也在逐渐接纳和使用各种智慧养老服务平台。然而，现在大多数平台主要是完成了养老服务数据的录入、统计分析工作，有服务需要响应时，主要是根据平台工作人员基于经验的任务指派，很少有平台做到了根据算法对服务需求与照护对象的匹配。

另外，当前很多智慧养老服务平台出现空心化的局面，表象是老年人有需求，但没有照护人员服务，即养老服务供给不足，老年人对平台不满意的局面。其实问题的根源有很多，如照护人员社会地位不高、经济收入低、照料老年人不像照料婴幼儿那样每天有蓬勃的生气和成长的喜悦。但是作为平台来讲，主要是基于让老年人满意的角度进行匹配计算，这可能导致一些照护人员感觉不够满意，进而出现对平台不满甚至离开平台的局面。这种匹配会导致照护人才流失、照护服务匹配不饱和等问题。因此，我们首先要将服务匹配双方的期望均纳入考虑，需要了解老年人和照护人员的各自期望，以及他们自身的状况信息，本节主要阐述提出的相关匹配指标描述以及满意度计算方法。

1. 双边匹配满意的含义

在介绍多指标和满意度计算的方法之前，需要对多指标、满意度和双边匹配之间的关系做一个简单的介绍。双边匹配问题存在关于多属性决策问题的研究，多属性决策问题分为双边主体具有相同指标体系和不同指标体系两种类型。

关于相同指标体系的一个例子是婚姻匹配，相亲网站中男女双方需要填写的评价指标是同一套体系，其中包含个人基本信息，如年龄、学历等；而本节研究的老年人与照护人员之间的双边匹配问题是双方主体各自拥有不同的指标体系。因为老年人和照护人员在匹配中需要满足不同的期望，如老年人看重服务人员的服务水平、学历程度等，而照护人员更加看重老年人的自理能力、自己的薪酬水平等。

图 2.10 为多属性决策不同指标体系的示意图,图 2.10 中 L 与 H 分别代表老年人与照护人员两边主体的集合,其中,L 与 H 的评价指标体系分别表示为 P 与 Q。从图 2.4 中可以看出,老年人与照护人员各自拥有不同的指标体系,双边主体需要分别给出自身指标体系下的期望信息和对方指标体系下的实际信息。而满意度通过计算期望信息和实际信息之间的差距得到,见式(2-1)和式(2-2)。

$$\alpha_{ij} = \sum_{k=1}^{p} W_k(L_i(P_k) - H_j(P_k)) \tag{2-1}$$

$$\beta_{xy} = \sum_{k=1}^{q} M_k(H_x(Q_k) - L_y(Q_k)) \tag{2-2}$$

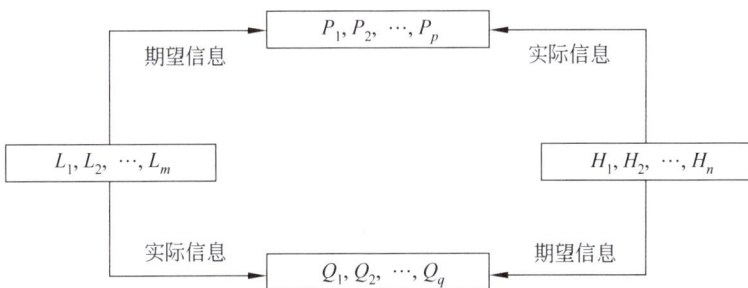

图 2.10 不同指标体系

如式(2-1) 所示,α_{ij} 表示老年人 L_i 对照护人员 H_j 的满意度,W 为老年人 L_i 对于指标体系下不同指标的看重程度(即权重),W 之和为 1,$L_i(P_k) - H_j(P_k)$ 表示在指标 P_k 下老年人 L_i 的期望信息 $L_i(p_k)$ 与照护人员 H_j 的实际信息 $H_j(P_k)$ 之间的差值。β_{xy} 表示照护人员 H_x 对老年人 L_y 的满意度,关于其他参数的理解与 α_{ij} 同理。

在介绍完评价指标体系与满意度的关系之后,关于差值的计算,由于不同指标具有各自的属性,如实数、区间数等,需要用到多属性决策方法进行计算得到满意度。而满意度作为双边匹配的优化目标具有重要的作用。

我们对正在运行的照护平台(如爱侬、阿姨帮等)中的服务选择指标进行了调研和比较,结合现有文献中重点提及的指标,形成了下文的指标体系。双边主体分别拥有两套评价指标体系,并且每套指标总体分为满意性指标和约束性指标两类。

2. 老年人评价指标体系

在老年人与照护人员的双边匹配中,老年人的满意度主要来自所匹配到的照护人员是否符合其需求。因此,老年人在其评价指标体系下的期望信息是对理想照护人员的描述,每位待匹配的照护人员需要在该指标体系下给出自身的实际信息,从而得到每位老年人对应每位照护人员的满意度。

如表 2.1 所示,老年人评价指标大体分为 7 类,在表中列出了每个指标的类型及其含义,"抽象化表示方法"是该指标的属性形式,用于后面多属性决策的满意度计算。在表 2.1 中,指标 P_1 是约束性指标,使用集合 F 表示照护人员的服务内容分类,$F = \{F^1, F^2, \cdots, F^t\}$,为 0-1 变量,表示照护人员或老年人是否具备或需要此项服务。只有实际提供服务内容满足老年人所需的服务内容的照护人员才能够与老年人进行匹配,供需服务内容不符的不能达成匹配;其余指标为满意性指标,用于后续满意度计算。

表 2.1　老年人评价指标

指标名称	指标类型	指标含义	抽象化表示方法
所需服务内容 P_1	约束性	老年人对照护人员的服务需求,分为助餐、助浴、助洁、助急、助医、助行 6 种	0-1 变量
照护人员级别 P_2	满意性	照护人员的服务专业程度,分为见习、初级、中级、高级、技师 5 种	语言变量
照护人员年龄 P_3	满意性	照护人员的年龄	区间数
照护人员学历 P_4	满意性	照护人员的学历,分为文盲、小学、初中、高中、专科/高职、本科及以上 6 种	区间数
照护人员性别 P_5	满意性	照护人员的性别,分为男性和女性	0-1 变量
照护人员口碑 P_6	满意性	照护人员的服务好评情况,包括对其服务质量如勤快、脾气等的评价情况。本节分为一般、良好、好 3 种	语言变量
照护人员籍贯 P_7	满意性	照护人员的籍贯,可以分为华北、东北、华东、华南、西北、华中、西南	0-1 变量

3. 照护人员评价指标体系

与老年人评价指标类似,照护人员的满意度主要来自所匹配到的老年人是否符合其需求,因此照护人员在其评价指标体系下的期望信息是对理想老年人的描述(见表 2.2),每位待匹配的老年人需要在该指标体系下给出自身的实际信息,从而得到每位照护人员对应每位老年人的满意度。

表 2.2　照护人员评价指标

指 标 名 称	指标类型	指 标 含 义	抽象化表示方法
服务时薪 Q_1	满意性	照护人员服务单位时间(1 小时)的期望薪资	实数
是否食宿 Q_2	满意性	照护人员是否需要在老年人家里用餐和留宿	0-1 变量
老年人年龄 Q_3	满意性	老年人的年龄	区间数
自理情况 Q_4	满意性	老年人的自理程度,分为自理、半自理和无自理	语言变量
服务数量 Q_5	满意性	照护人员所提供的服务内容数量,分为助餐、助浴、助洁、助急、助医、助行中的 1~6 种	实数
服务时间 Q_6	约束性	照护人员可提供服务的时间,分为从周一到周日的 7 段时间	0-1 变量

如表 2.1 和表 2.2 中下画线标注的指标所示,对于本节的双边匹配,最基本的约束性条件,也就是必须满足的条件是服务内容和服务时间的匹配。以一周七天为单位,老年人需要照护人员进行工作的时间必须与照护人员的空闲时间相匹配,定义时间集合为 $T = \{T_1, T_2, \cdots, T_7\}$,为 0-1 变量,表示照护人员或老年人在某天是否有空闲或需要服务。除了服务内容和服务时间这两个约束性指标,还有一系列服务满意性指标需要考虑。

设老年人需要考虑的指标集合为 $P = \{P_1, P_2, \cdots, P_7\}$,包括所需服务内容、照护人员级别、照护人员年龄、照护人员学历、照护人员性别、照护人员口碑和照护人员籍贯,且需要给出相应指标下的期望信息及权重,相应地,平台让参与匹配的照护人员给出在这些指标下的实际值。设照护人员需要考虑的指标集合为 $Q = \{Q_1, Q_2, \cdots, Q_6\}$,包括服务时薪、是否食宿、老年人年龄、自理情况、服务数量和服务时间,且需要给出相应指标的期望信息及权重,而平台会让参与匹配的老年人给出这些指标的实际信息。

考虑到老年人所需要的服务内容(技能)数较多,且会按照自身的自理能力对服务内容和数量有不同要求,我们考虑照护人员具有多种技能的情况,如果仅让照护人员提出一种预期方案,拥有较多技能的照护人员所提出的预期薪酬区间较大,这种情况下进行匹配可能会影响公平性,例如护理能力较强的照护人员既可以为无自理能力又可以为半自理能力的老年人服务,但是由于提供的服务技能数量和服务对象类型的差异,相应的预期价格可能会存在差异。因此,此处提出这样一种解决方案,即照护人员可以根据对自己能力的判断,制定两个(或多个)可以提供服务的方案,其中可以依据老年人的自理能力、需求服务技能个数或者老年人年龄段的不同,相应调整自己的预期薪资区间,使匹配结果更加公平精确。

4. 匹配双方满意度的计算

在参考已有文献的研究基础上,我们考虑根据双方在各自满意性评价指标下的实际值和期望值之间的差异来代表满意度。满意度越高,匹配概率越大,使用多属性决策法进行满意值计算,不同指标信息有不同的属性形式,需要根据不同属性的性质分别进行满意度计算。而本节涉及的指标属性形式分为实数、0-1 变量(组)、区间数和语言变量四类。

1) 实数

在指标中存在实数的形式,如服务时薪、服务数量等。我们使用 e(即期望值 Expected Value)来表示一方主体对某一属性的要求值,使用 a(即实际值 Actual Value)来表示一方主体对某一属性的实际值。

对于服务时薪来说,以实数形式表示,照护人员提出自身期望最低要求时薪,老年人提出自己实际承诺支付的时薪,老年人 L_i 能够支付的实际时薪 a_i,a^u 为所有老年人所承诺时薪中的最大值,照护人员 H_j 的期望最低工资为 e_j。

所以照护人员的薪资满意度 λ_{ij} 见式(2-3):

$$\lambda_{ij} = \begin{cases} 0.5 \times \dfrac{a_i}{e_j}, & e_j > a_i \\ 0.5 + 0.5 \times \dfrac{a_i - e_j}{a^u - e_j}, & e_j \leqslant a_i \end{cases} \qquad (2\text{-}3)$$

对于服务数量来说,以实数形式表示,照护人员提出自身最大服务技能数量,老年人提出自己实际需要的服务技能数量,老年人 L_i 实际需要服务数量为 a_i,a^l 为所有老年人实际需要服务数量的最小值,照护人员 H_j 提供的最大服务技能数为 e_j。

所以老年人的服务数量满意度 n_{ij} 见式(2-4):

$$n_{ij} = \begin{cases} 0.5 + 0.5 \times \dfrac{e_j - a_i}{e_j - a^l}, & e_j > a_i \\ 0.5 \times \dfrac{e_j}{a_i}, & e_j \leqslant a_i \end{cases} \qquad (2\text{-}4)$$

2) 0-1 变量(组)

在指标中存在 0-1 变量(组)的形式,如性别、地区和食宿等变量。性别向量可以表示为 $\boldsymbol{x}_i = (x_1, x_2)$,其中,$x_1$、$x_2$ 的值为 0 或 1,设 $x_1 = 1$ 表示男性,$x_2 = 1$ 表示女性。地区向量可以表示为 $\boldsymbol{x}_i = (x_1, x_2, x_3, x_4, x_5, x_6, x_7)$,其中,$x_1 \sim x_7$ 的值为 0 或 1,设 $x_1 = 1$ 表示照护人员来自华北,其余同理。食宿向量可以表示为 $\boldsymbol{x}_i = (x_1, x_2)$,设 $x_1 = 1$ 表示需要在老年人家吃饭,$x_2 = 1$ 表示需要在老年人家住宿。

对于 0-1 向量组而言,我们将期望向量用 $\boldsymbol{e}$ 来表示,实际向量用 $\boldsymbol{a}$ 来表示,将向量 $\boldsymbol{e}$ 表示为权重向量,每一向量的权重之和为 1,用来表示一方主体对指标的偏好程度;向量 $\boldsymbol{a}$ 表示为 0-1 向量组。

以食宿向量为例,对于老年人(L_i)来说,实际提供食宿向量表示为 $\boldsymbol{a}_i = (a_1, a_2)$,照护人员($H_j$)的食宿权重向量表示为 $\boldsymbol{e}_j = (e_1, e_2)$,$e_1$ 和 e_2 分别表示照护人员对"包吃"和"包住"的看重程度。存在照护人员会对老年人提供的食宿情况有期望,且 H_j 的食宿权重向量的表示有条件限制:$e_1 + e_2 = 1$。所以 H_j 对 L_i 的食宿满意值计算式为

$$\lambda_{ij} = e_1 a_1 + e_2 a_2, \lambda_{ij} \in [0,1] \tag{2-5}$$

3) 区间数

在指标中存在区间数的形式,如年龄、学历等,考察的满意值取决于期望区间和实际区间的覆盖程度,覆盖程度越大,满意度越大。

对于年龄的考察存在这样一种情况,如照护人员对老年人年龄的满意度计算中:因为老年人的年龄只是固定值,因此只包括在区间内和不在区间内两种情况,满意值计算只有 0 和 1 两种,但是在实际情况中,如果老年人的年龄实际值不在照护人员的期望区间以内,那么相比于所有其他不在期望区间内的老年人而言,照护人员对于距离该照护人员的期望年龄区间越近的老年人满意值相对来说应该更大,因此,已知 (a^L, a^U) 为总的老年人实际年龄上下限区间,老年人 L_i 实际年龄为 a_i,(e_j^l, e_j^u) 为照护人员 H_j 期望年龄区间,则满意度计算见式(2-6):

$$\lambda_{ij} = \begin{cases} 1, & a_i \in (e_j^l, e_j^u) \\ \dfrac{a_i - a^L}{e_j^l - a^L}, & a_i \in (a^L, e_j^l) \\ \dfrac{a_i - a^U}{e_j^u - a^U}, & a_i \in (e_j^u, a^U) \end{cases} \tag{2-6}$$

对于学历来说,老年人 L_i 对照护人员 H_j 的学历满意值主要存在以下两种位置关系,各自的满意度计算如表 2.3 所示。

表 2.3　学历满意度计算

$a_j^l > e_i^u$ 或 $e_i^l > a_j^u$ 满意度:0	$e_i^l \leqslant a_j \leqslant e_i^u$ 满意度:1

4)语言变量

在一些属性指标中,有时无法使用具体的数值表达自身的期望或者实际情况,如个人好评程度、自理能力、照护级别等,其往往需要一个对应的短语集合来代表相应分量,例如个人好评程度按照程度由低到高形成语言术语集合:{低,一般,良,好,优秀},这样的短语集合叫作语言术语集,我们用 S 来表示,$\{S = s_a | a = 0,1,2,\cdots,n\}$,其中,$n+1$ 叫作语言集的粒度,如前面的个人好评程度就是一个 5 粒度的集合。语言术语集合的粒度一般为单数。

然后可以将语言变量转换成相应的三角模糊数,再代入相应公式求得满意度,语言集合 S 中语言分量 s_a 对应的三角模糊数的表示形式为 $s_a = (r^1, r^2, r^3)$,比如可以得到 3 粒度语言术语集合所对应的三角模糊数如表 2.4 所示。

表 2.4　3 粒度语言术语集合所对应的三角模糊数

3 粒度语言术语集合	三角模糊数
弱	0,0,0.5
中	0,0.5,1
强	0.5,1,1

对于 A、B 两大双边主体而言,主体 A_i 的关于语言术语集指标 x 的三角模糊数期望值 e_i^x 和主体 B_j 关于指标 x 的实际值 a_j^x 存在 3 种位置关系:e_i^x 在 a_j^x 左侧,e_i^x 在 a_j^x 右侧,e_i^x 与 a_j^x 重合。通过二者之间的位置关系,可以求得主体 A_i 在语言术语集指标 x 下对主体 B_j 的满意度,相应满意度计算见式(2-7):

$$\lambda_{ij} = \begin{cases} 1 - \sqrt{\dfrac{(e_i^{xl} - a_j^{xl})^2 + (e_i^{xh} - a_j^{xh})^2 + (e_i^{xu} - a_j^{xu})^2}{3}}, & e_i^{xh} > a_j^{xh} \\ 1, & e_i^{xh} \leqslant a_j^{xh} \end{cases} \quad (2\text{-}7)$$

在介绍完上述指标满意度的具体计算方式后,接着可以在上述各指标下分别进行满意度计算,然后通过式(2-6)和式(2-7)得到双边主体相互的满意度值,得到满意度值之后,就可以进行双边匹配模型构建,其中,满意度值作为匹配优化目标的重要参数。

2.3.2 养老服务双边匹配模型的构建

1. 双边匹配现有研究的启示

美国学者 Gale 和 Shapley 最早提出"双边匹配"的思想,他们关注了大学录取和婚姻匹配等问题,提出了以他们姓氏首字母缩写为名称的经典 G-S 算法。简而言之,双边匹配就是需要对双边市场的两类主体进行合理匹配的问题。目前,国内外已经有许多学者对双边匹配问题进行了大量的研究,如残疾员工的工作匹配问题、家政服务人员与雇主的双边匹配问题等。

对于双边匹配的目标,一些学者采用了基于匹配双方满意度的稳定性和公平性指标。其中,双边匹配的稳定性指的是双边的满意度之和最大,公平性指的是双边满意度差值之和最小。显然,实现双边匹配的稳定性和公平性是一个多目标优化问题。关于多目标优化问题,现有的研究分为两种方式进行处理:一是将多目标优化问题通过加权直接转换为单目标最优问题。虽然通过加权法转化为单目标会简化问题,但是这种做法过于武断,因为权重的大小设置因人而异,所得到的最终结果不能够令人信服;二是通过多目标遗传算法等智能优化算法进行求解,最后得到帕累托解集而不是转化为单目标后的唯一解,更具有合理性和灵活性。

尽管上述关于双边匹配的研究在方法选取和目标确定的层面给了我们很好的参考和启示。但是迄今为止,还未发现在养老服务领域考虑照护人员和老年人双边都能满意的研究。随着老龄化社会的到来,如何发展智慧养老服务平台实现养老服务的规模扩张、成本降低和效率提高,已经成为一个重要的实践问题。因此,对于这样一个重要的应用领域,如何基于老年人和照护人员的偏好属性,让双方都满意,从而使平台保持稳定和公平运行就是一个重要的科学问题。因此,我们在前面给出专门面对老年人和照护人员的多指标描述的基础上,提出了分别描述老年人和照护人员需求的多期望方案,通过多指标决策方法进行双方的满意值求解,接下来我们将构建一个针对老年人和照护方、同时考虑稳定性和公平性的双边匹配模型。

以往研究发现,NSGA-Ⅱ算法(带精英策略的非支配排序遗传算法)在低维度多目标的问题优化中具有良好性能。由于本节的双边匹配模型是一个包含三个目标(两个满意度、一个公平性)的优化问题,符合上述条件,因而我们选择使用 NSGA-Ⅱ算法进行问题求解。本节除了是一个多目标优化问题之外,还是一个含有多约束条件的优化问题(如照护人员为不同老年人提供服务的时间不能重合,照护人员为老年人提供的服务类型必须满足老年人的需求等),需要探索 NSGA-Ⅱ算法中适合的约束条件处理方式,我们提出了一种约束条件处理的方法,并取得了不错的效果。

2. 双边匹配模型的构建

在计算了双边主体的满意度之后,就需要建立双边匹配模型,作为求解优化的对象和目标。我们主要以稳定性和公平性为目标来衡量双边匹配方案。稳定性指的是匹配方案中双边主体满意度均最大化,因为如果存在匹配主体对当前匹配不满意,并且匹配双边主体进行新的匹配时各方的满意度均比原匹配更大的话,则原匹配方案是不稳定的;公平性指的是匹配方案中双边主体的满意度差异最小化,因为匹配需要考虑到双边满意度的平衡,不宜出现一方满意度过高,另外一方满意度过低等满意度差异过大的现象。

因为考虑的是双边具有不同评价指标体系的双边匹配问题,因此其中 L 代表老年人集合,H 代表照护人员集合,P 代表老年人满意性指标集合,Q 代表照护人员满意性指标集合,S 代表照护人员多期望方案集合,W_p 为老年人的期望属性权重,m_q 为照护人员的期望属性权重,α_{ijs}^p 代表老年人 L_i 对照护人员 H_j 的期望方案 s 在属性 p 下的满意度,β_{ijs}^q 代表照护人员 H_j 的期望方案 s 对老年人 L_i 在属性 q 下的满意度,其中决策变量 x_{ijs} 为 0-1 变量,0 表示老年人 L_i 与照护人员 H_j 的期望方案 s 不匹配,反之则匹配。

$$\text{MAX } Z_1 = \sum_{i \in L} \sum_{j \in H} \sum_{s \in S} \sum_{p \in P} W_p \alpha_{ijs}^p x_{ijs} \qquad (2\text{-}8)$$

$$\text{MAX } Z_2 = \sum_{i \in L} \sum_{j \in H} \sum_{s \in S} \sum_{q \in Q} m_q \beta_{ijs}^q x_{ijs} \qquad (2\text{-}9)$$

$$\text{MAX } Z_3 = \sum_{i \in L} \sum_{j \in H} \sum_{s \in S} \sum_{p \in P} \sum_{q \in Q} (W_p \alpha_{ijs}^p - m_q \beta_{ijs}^q) x_{ijs} \qquad (2\text{-}10)$$

s.t:

$$\sum_{i \in L} \sum_{s \in S} x_{ijs} \leqslant 7, \quad \forall j \in H \qquad (2\text{-}11)$$

$$\sum_{j \in H} \sum_{s \in S} x_{ijs} \leqslant 1, \quad \forall i \in L \qquad (2\text{-}12)$$

$$\sum_{p \in P} m_p = 1, m_p \geqslant 0, \quad \forall p \in P \qquad (2\text{-}13)$$

$$\sum_{q \in Q} W_q = 1, W_q \geqslant 0, \quad \forall q \in Q \qquad (2\text{-}14)$$

$$x_{ijs} = 1 \text{ 或 } 0, \quad \forall i \in L, \forall j \in H, \forall s \in S \qquad (2\text{-}15)$$

其中,式(2-8)~式(2-10)为目标函数,式(2-8)和式(2-9)表示为达到匹配稳定性,双方匹配满意度均最大化;式(2-10)表示为达到公平性,双方匹配满意度差值最小;式(2-11)表示每个照护人员在一周内的服务时间天数不能超过 7 天;式(2-12)表示一个老年人最多匹配到一名照护人员;式(2-13)和式(2-14)分别表示双方各自所有属性指标权重之和为1;式(2-15)表示决策变量 x_{ijs} 为 0-1 变量。

在前面双边匹配模型的基础上可以得到匹配方案,我们把一个匹配方案叫作一组生成解,生成解中包含对双边主体的一组分配方案。设一组生成解为 A,其中包含 x_{ijs} 为 1 的解,代表老年人 L_i 与照护人员 H_j 的第 s 个期望方案进行匹配。

除了双边匹配模型中所提及的约束条件以外,在前面关于多指标描述中已经指出,双边匹配模型中指标分为满意性指标与约束性指标。其中,满意性指标用于满意度计算,约束性指标用于判断匹配方案中的生成解是否为可行解,在双边主体各自的满意度评价指标体系中各有一个约束性指标,总共形成 3 条约束性条件。

在生成解中,如果存在 $x_{ijs} = 1, \forall s \in S$ 不满足下列情况之一,则该生成解为不可行解。

(1) $L_i(T) \in H_j(T)$。

(2) 如果存在 $x_{kjs}=1, x_{rjs}=1, \forall s \in S$，则 $L_k(T) \bigcap L_r(T) = \varnothing$。

(3) $L_i(F) \in H_j(F)$。

上述 3 条约束性条件，前两条为时间约束，第三条为服务内容约束。T 代表服务时间，F 代表服务内容，条件(1)代表老年人 L_i 所需要服务的时间必须在所匹配到的照护人员 H_j 的空闲时间以内，如果照护人员在老年人所需要服务的时间内没有时间，就不能形成匹配。条件(2)代表如果同一照护人员 H_j 匹配到了两位或多位老年人 L_k 与 L_r，那么该照护人员所服务的老年人所需要服务的时间不能重合。条件(3)代表照护人员 H_j 所能提供的服务内容必须能够满足老年人 L_i 的需求，否则不能形成匹配。

在进行匹配模型优化求解的过程中，除了充分最优化目标函数之外，还需要对生成解进行判断，满足约束性条件的生成解即为可行解；反之则为不可行解，不可行解不能形成最后的匹配方案，关于多约束性条件下的生成解处理方式将会在后面的章节具体介绍。

2.3.3　养老服务双边匹配模型的求解

NSGA-Ⅱ算法的含义是带精英策略的非支配排序遗传算法，是遗传算法中专门用于多目标优化问题的经典算法，在结合低维的问题时有较好的效果。由于我们是一个三目标（两个满意度、一个公平性）的优化问题，符合低维度的特征，因此适合使用 NSGA-Ⅱ算法进行双边匹配模型求解，本节主要介绍 NSGA-Ⅱ算法以及在此基础上所做的多约束性条件处理的算法改进。

1. 算法流程

在遗传算法中，种群中的每个个体也叫作染色体。我们采取的染色体编码方式为整数编码，染色体的长度为待匹配的老年人数量，染色体的顺位序数代表老年人的排列编号，染色体上的整数代表老年人所匹配到的照护人员的方案序数，并且为了后续计算的方便，每位照护人员提出的多期望方案数设为 2。如表 2.5 所示，为一条染色体编码的示例，可以看出，总共待匹配的老年人共 8 名，其中，第 1 位的 9 表示编号为 1 的老年人匹配到的照护期望方案为 9（即编号为 5 的照护人员的第一个方案）的照护人员，其余位以此类推。

表 2.5　染色体编码

9	11	2	4	6	3	9	7

图 2.11 为基本 NSGA-Ⅱ算法流程图,算法主要分为以下 5 个步骤。

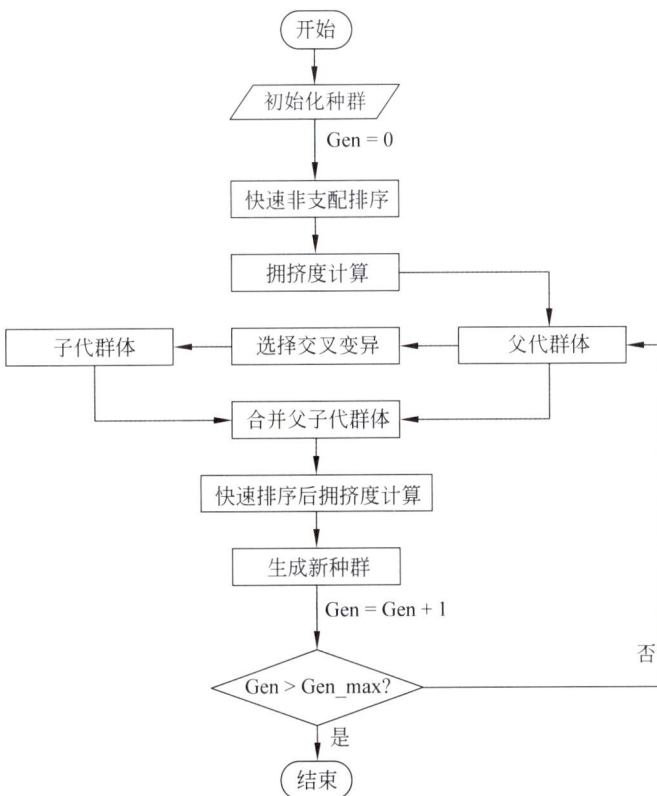

图 2.11　NSGA-Ⅱ流程图

　　步骤 1：对一些基本参数的初始化,其中包括交叉概率、变异概率、迭代次数与种群规模等,通过一定方式进行种群解的初始化,形成最初的种群。

　　步骤 2：对初始化种群进行快速非支配排序,将种群按照适应度值的优劣进行分层,表现越好的个体所在的层次越高,层次越高的个体后续被选择交叉变异的概率越大。

步骤 3：在快速排序的基础上对种群个体进行拥挤度计算，拥挤度计算主要是基于每个个体临近个体的距离而决定的，总的来说，对于同一层级的个体，分布密度越稀疏的个体被选择交叉变异的概率越大，这是为了保证种群个体的多样性。

步骤 4：通过步骤 2 与步骤 3，确定了父代群体的优先顺序，使用竞标赛选择策略在父代中进行随机二选一，保留两个父代个体中优先顺序更高的一个，然后在选择出的父代基础上进行交叉变异操作，生成子代群体。

步骤 5：将生成的子代群体和父代群体进行合并，并对整体进行快速非支配排序和拥挤度计算，按照优先顺序排序选择出种群规模大小的个体生成新种群，生成新种群后，判断是否达到最大迭代次数（Gen_max），如果没有，将新种群作为父代种群，返回步骤 4 继续操作；反之，则结束循环，输出种群解。

2. 约束条件处理

上面已经提出了我们的双边匹配模型所存在的判断是否为可行解的 3 大约束性条件，对于带约束条件的多目标遗传算法来说，主要的约束条件处理方法分为三类：一是搜索空间限定法，适用于简单约束条件，如 $a < x < b$ 等实数编码限定范围；二是罚函数法，它主要是对非可行解计算适应度并处以罚函数 $P(x)$，从而降低个体适应度，使该个体被遗传到下一代群体中的机会减少；三是可行解变换法，使生成解产生的个体能通过变换转化成解空间的可行解。由于此处的约束条件不是简单的实数限定范围约束，因此本节对搜索空间限定法不做探讨。

为了探索 NSGA-Ⅱ算法中不同约束条件处理方法对最终解的影响，本节分别在 NSGA-Ⅱ算法中应用罚函数法、可行解变换法、罚函数法＋可行解变换法对最终生成解的效果进行探索。

2.3.4 养老服务双边匹配模型的算例分析

1. 算例介绍

假设某智慧养老服务平台现有 6 位可供选择的照护人员（$H_1, H_2, H_3, H_4, H_5, H_6$）和 8 位待匹配的老年人（$L_1, L_2, L_3, L_4, L_5, L_6, L_7, L_8$），平台在收集到双方的个人信息和需求信息之后开始对双方进行匹配。

照护人员的满意度评价指标集合为 $Q=\{Q_1,Q_2,Q_3,Q_4,Q_5,Q_6\}$，这些指标依次代表的内容是服务时薪、是否食宿、老年人年龄、自理情况、服务数量、服务时间。需要考虑的服务技能个数区间为 $[1,6]$，其中的服务技能分别为助餐、助浴、助洁、助急、助医、助行。

老年人的满意度评价指标集合为 $P=\{P_1,P_2,P_3,P_4,P_5,P_6,P_7\}$，这些指标依次代表的内容是照护人员级别、照护人员年龄、照护人员学历、照护人员性别、照护人员口碑、照护人员籍贯和所需服务内容。照护人员级别分为"见习、初级、中级、高级和技师"，照护人员学历分为"文盲＝0,小学＝1,初中＝2,高中＝3,专科/高职＝4,本科及以上＝5"，性别分为男、女，照护人员口碑分为一般、良和好，籍贯按照地域划分为华北、东北、华东、华南、西北、华中和西南。在照护人员满意度评价指标体系下，照护人员的期望信息如表 2.6所示，老年人的实际信息如表 2.7 所示。在老年人满意度评价指标体系下，老年人的期望信息如表 2.8 所示，照护人员的实际信息如表 2.9 所示。

表 2.6　照护人员的期望信息

照护人员	方案数	指标					
		服务时薪/元	是否食宿	老年人年龄/岁	自理情况	服务数量	服务时间
H_1	1	25	包吃	60~69	半自理	3	0,1,1,1,1,0,1
	2	20		60~69	自理	2	
H_2	3	40	包吃	70~79	无自理	4	1,1,1,0,0,1,1
	4	20		60~69	半自理	2	
H_3	5	35	包住	70~79	半自理	4	1,1,1,1,1,1,1
	6	30		60~69	自理	3	
H_4	7	50	包住	70~79	半自理	4	1,1,1,1,1,1,1
	8	60		60~89	无自理	5	
H_5	9	25	包吃住	60~69	半自理	3	1,1,1,1,1,1,1
	10	20		60~69	自理	2	
H_6	11	35	包吃住	70~79	无自理	4	1,1,1,1,1,1,1
	12	20		60~69	半自理	3	

表 2.7 老年人的实际信息

老年人	指标					
	服务时薪/元	是否食宿	老年人年龄/岁	自理情况	服务数量	服务时间
L_1	25	包吃	65	半自理	3	0,0,1,0,1,0,0
L_2	50	包吃	80	无自理	5	0,0,0,1,0,0,0
L_3	35	包住	70	半自理	2	0,1,0,0,0,1,0
L_4	35	包住	68	半自理	3	1,0,1,0,0,0,1
L_5	25	包吃住	73	半自理	3	0,0,0,0,1,1,0
L_6	50	包吃住	85	无自理	5	0,0,0,0,0,0,1
L_7	25	包吃住	79	半自理	2	0,0,0,0,1,0,0
L_8	50	包吃住	90	无自理	4	0,0,0,0,0,1,0

表 2.8 老年人的期望信息

老年人	指标						
	照护人员级别	照护人员年龄/岁	照护人员学历	照护人员性别	照护人员口碑	照护人员籍贯	所需服务内容
L_1	见习	20~45	[1,4]	女	良	(1,1,0,0,0,0,1)	(1,1,1,0,0,0)
L_2	高级	20~45	[0,3]	女	好	(0,1,1,0,0,1,0)	(1,1,1,0,1,1)
L_3	中级	35~45	[2,5]	女	好	(1,0,0,0,0,0,0)	(1,1,0,0,0,0)
L_4	中级	30~40	[3,5]	男	良	(1,0,0,0,1,0,0)	(1,0,1,0,1,0)
L_5	初级	30~55	[1,3]	女	一般	(10,0,0,0,1,0)	(1,1,0,0,1,0)
L_6	技师	30~45	[0,5]	女	良	(0,0,0,1,0,0,1)	(1,1,1,0,1,1)
L_7	见习	20~50	[2,5]	男	良	(0,1,0,0,0,0,1)	(1,1,0,0,0,0)
L_8	中级	25~45	[3,4]	女	好	(0,0,0,0,1,0,1)	(1,0,1,0,1,1)

　　为了计算方便,对应双边主体满意度评价指标体系的满意性指标数量,我们分别给老年人和照护人员设立了统一默认权重。根据表 2.6~表 2.9 和前述满意度计算方法计算不同指标下的满意度,再根据权重值整合得到双边主体整体满意度表 2.10 和表 2.11。

表 2.9 照护人员的实际信息

照护人员	指　标						
	照护人员级别	照护人员年龄/岁	照护人员学历	照护人员性别	照护人员口碑	照护人员籍贯	提供服务内容
H_1	见习	35	3	男	良	(0,0,0,0,0,1,0)	(1,1,1,0,0,0)
H_2	高级	32	1	女	好	(0,1,0,0,0,0,0)	(1,1,1,0,0,1)
H_3	技师	45	2	女	好	(0,0,0,1,0,0,0)	(1,1,0,1,1,0)
H_4	中级	37	5	男	一般	(0,1,0,0,0,0,0)	(1,1,1,1,1,1)
H_5	初级	30	0	女	良	(1,0,0,0,0,0,0)	(1,1,0,0,1,0)
H_6	中级	43	4	女	良	(0,0,1,0,0,0,0)	(1,1,0,0,1,1)

表 2.10 照护人员满意度

照护人员	方案数	老　年　人							
		L_1	L_2	L_3	L_4	L_5	L_6	L_7	L_8
H_1	1	0.65	0.689 175	0.68	0.63	0.62	0.639 175	0.61	0.596 675
	2	0.625 842	0.649 289	0.609 175	0.633 333	0.595 842	0.599 289	0.552 509	0.554 289
H_2	3	0.4	0.84	0.575	0.47	0.6	0.74	0.625	0.65
	4	0.666 667	0.679 175	0.65	0.633 333	0.636 667	0.629 175	0.593 333	0.584 175
H_3	5	0.317 857	0.699 175	0.7	0.595	0.617 857	0.699 175	0.642 857	0.609 175
	6	0.475 842	0.559 289	0.709 175	0.7	0.545 842	0.609 289	0.535 842	0.566 789
H_4	7	0.275	0.499 175	0.64	0.535	0.575	0.499 175	0.6	0.409 175
	8	0.466 667	0.516 667	0.616 667	0.6	0.566 667	0.616 667	0.583 333	0.633 333
H_5	9	0.59	0.629 175	0.74	0.69	0.62	0.639 175	0.61	0.596 675
	10	0.565 842	0.589 289	0.669 175	0.693 333	0.595 842	0.599 289	0.552 509	0.554 289
H_6	11	0.387 857	0.81	0.63	0.525	0.617 857	0.74	0.642 857	0.65
	12	0.653 333	0.659 175	0.73	0.68	0.653 333	0.639 175	0.643 333	0.596 675

表 2.11　老年人满意度

老年人	照 护 人 员					
	H_1	H_2	H_3	H_4	H_5	H_6
L_1	0.7	1	0.6	0.759 175	0.9	0.68
L_2	0.656 074	1	0.6	0.654 289	0.609 175	0.664 175
L_3	0.529 271	0.58	0.8	0.629 289	0.584 175	0.759 175
L_4	0.670 096	0.6	0.4	0.759 175	0.725	0.58
L_5	0.838 763	0.8	0.8	0.6	0.9	0.7
L_6	0.447 512	0.738 763	1	0.529 271	0.596 899	0.670 096
L_7	0.8	0.8	0.7	0.959 175	0.6	0.7
L_8	0.529 271	0.7	0.7	0.529 289	0.584 175	0.759 175

大家可以想象,如果是靠养老管家手工派单,要从表2.10和表2.11找到相互满意的匹配单非常难。这还是只有8个老年人和6个照护人员的情况,实际平台运行过程中,老年人可能有成千上万个,照护人员可能也有成百上千个,计算量非常大,这时就一定要考虑采用相应的算法让平台来进行智能匹配,从而实现智慧养老平台从信息化到智能化的转变。

2. NSGA-Ⅱ算法求解

基于算例计算得到双边主体的满意度之后,需要将满意度数值代入双边匹配模型,使用NSGA-Ⅱ算法进行优化求解。算法中基本设置为:迭代次数为1000,种群规模为200,交叉概率为0.1,变异概率为0.9,之所以将变异概率设得偏大,是因为相比于大幅度进行染色体的首尾交叉而言,直接进行染色体上某一位的变异而得到更好表现的可能性更大。

NSGA-Ⅱ算法的缺点之一是容易出现重复个体而陷入早熟的情况,因而我们设计了关于增加种群多样性(Diversity)的机制,具体步骤是先找到重复解,然后将其随机转化为其他不同染色体,从而增加种群的多样性。

实验表明,将我们提出的可行解生成法与种群多样性处理相结合用于NSGA-Ⅱ算法中的约束性条件处理具有最好的表现,不论是在可行非劣解生成的质量、数量还是时间上来说都比传统的罚函数法具有更优的性能。

对于本节的算例来说,最优解的对应染色体如表 2.12 所示。该染色体对应的表示第一名老年人匹配期望方案编号为 1 的照护人员,第二名老年人不匹配任何照护人员(这是因为方案 13 是不存在的,算例中只有 6 位照护人员,每位照护人员 2 个方案,共 12 个方案),后续该老年人可以通过调整相关需求重新进行匹配(由于这只是众多非劣解中离原点最近的一个解,用来评估算法求解效果,若需要保证所有老年人都得到服务匹配,则在非劣解集合中寻找符合条件的解即可),第三名老年人匹配期望方案编号为 3 的照护人员,其余以此类推。

表 2.12　最优解染色体

1	13	3	13	12	7	9	8

对于第一名老年人来说,匹配到的是编号为 1(即第一名照护人员的第一个方案),从表 2.13 与表 2.14 可以看出,二者在各自的指标体系下的要求和实际信息对比来看,是大致相符的,只有表 2.14 中,所匹配到的照护人员性别与老年人所需不符,其他内容均吻合,因为前文为了计算方便设置了统一的权重值,后续实际匹配中,如果老年人对照护人员的性别尤为看重的话可以相应调高该部分的权重值以保证匹配到满意的结果。

表 2.13　最优解照护人员评价指标对照

类　别	Q_1 服务时薪	Q_2 是否食宿	Q_3 老年人年龄/岁	Q_4 自理情况	Q_5 服务数量	Q_6 服务时间
H_1 照护人员 1	25	包吃	60~69	半自理	3	0,1,1,1,1,0,1
L_1 老年人 1	25	包吃	65	半自理	3	0,0,1,0,1,0,0

表 2.14　最优解老年人评价指标对照

类　别	P_1 照护人员级别	P_2 照护人员年龄/岁	P_3 照护人员学历	P_4 照护人员性别	P_5 照护人员口碑	P_6 照护人员籍贯	P_7 服务内容
L_1 老年人 1	见习	20~40	[1,4]	女	良	(1,1,0,0,0,0,1)	(1,1,1,0,0,0)
H_1 照护人员 1	见习	35	3	男	良	(0,0,0,0,0,1,0)	(1,1,1,0,0,0)

其他老年人的匹配情况可以做类似的对比分析,可以看出,我们所提出的双边匹配模

型取得了不错的结果。

老龄社会正在加速到来,让照护人员更加满意,从而促进养老服务的供给,或者把现有的照护资源用好用足,智慧养老平台在服务运营过程中都需要做好养老服务的双边匹配工作。本节提出的算法有助于为智慧养老服务平台得到使双方满意、稳定且公平的匹配方案,同时还具有如下理论贡献:首先,针对老年人所需服务内容多样等特点,我们提出了照护人员的多期望方案;其次,针对本节特有的多约束条件的问题提出了随机可行解的生成方案;最后,通过一系列对比实验,发现对于多约束性条件的双边匹配情况而言,使用可行解生成与种群多样性处理相结合的 NSGA-Ⅱ算法在性能上具有优越性。当然,由于我们研究对实际匹配情况做了一些简化(如照护人员的多期望方案设为 2 个),在实际平台运作中还应该实现期望方案多对多的双边匹配。

参考文献

[1] 樊治平,乐琦. 考虑稳定匹配条件的双边满意匹配决策方法[J]. 中国管理科学,2014,22(4):112-118.

[2] 何迎朝. 线上线下协同养老的价值创造机理研究[D]. 北京:中国人民大学,2016.

[3] 纪楠. 家政服务人员与雇主的双边匹配决策方法研究[D]. 沈阳:东北大学,2014.

[4] 袁铎宁,姜艳萍. 择期手术患者与手术医生的稳定双边匹配模型[J]. 系统工程理论与实践,2019,39(7):1752-1762.

[5] 赵金梅."互联网+"下税收征管共享模式构建——基于税务共享服务生态圈[J]. 财会月刊,2018,(23):167-171.

[6] ANCONA D,CALDWELL D. Bridging the Boundary:External Activity and Performance in Organizational Teams[J]. Administrative Science Quarterly,1992,37:634-665.

[7] CHRISTOPH R,KARLHEINZ K. Organizational Boundary Spanning and Brokering as Business Innovation—An Empirical Analysis of a Software Development Company[J]. Journal of Investigative Psychology & Offender Profiling,2015,13(1):3-21.

[8] CONGER J A,KANUNGO R N. The Empowerment Process:Integrating Theory and Practice[J]. Academy of Management Review,1988,3:471-482.

[9] DEB K,PRATAP A,AGARWAL S,et al. A Fast and Elitist Multiobjective Genetic Algorithm:NSGA-Ⅱ[J]. IEEE Transactions on Evolutionary Computation,2002,6(2):0-197.

［10］ DU W,PAN S L . Boundary Spanning by Design：Toward Aligning Boundary-Spanning Capacity and Strategy in IT Outsourcing［J］. Engineering Management IEEE Transactions on,2013,60(1)：59-76.

［11］ GALE D,SHAPLEY L S. College Admissions and the Stability of Marriage［J］. American Mathematical Monthly,69(1)：9-15.

［12］ LUSCH R F, VARGO S L. Service-Dominant Logic：Premises, Perspectives, Possibilities［M］. New York：Cambridge University Press,2014.

［13］ VARGO S L,LUSCH R F. Evolving to A New Dominant Logic for Marketing［J］. Journal of Marketing,2004,68(6)：1-17.

［14］ ZOER I,DE G L,KUIJER P P,et al. Matching Work Capacities and Demands at Job Placement in Employees with Disabilities［J］. Work,2012,42(2)：205.

第3章
智慧养老数据标准与数据共享

　　医养结合是我们国家积极应对人口老龄化的策略之一,然而,"医养结合两张皮"的现象经常发生。第2章我们强调了养老服务生态系统建设对智慧养老运营的重要性,要使生态系统中的各主体(如医疗机构和养老机构、养老机构和养老机构、医疗机构和医疗机构等)之间实现数据互联互通,进而做到数据融合,首要的就是要确立智慧养老的数据标准。因此,本章中我们首先介绍智慧养老服务标准的构建及其框架,在此基础上对智慧养老服务的数据进行标准化;然后给出了数据标准的应用示例,如智慧养老服务平台的数据字典设计和接口设计。为了做到数据融合,我们首先需要不同主体之间的数据能够共享。智慧医养平台是一类很重要的智慧养老服务平台。尽管目前已经有不少智慧医养平台,但是不同主体之间的数据还是互相割裂的,原因是老年人隐私泄露的担心。为了促进数据共享,我们引入区块链技术,设计了智慧医养平台的数据共享架构,并给出了权限控制和数据访问智能合约的设计思路。只有做好了数据共享,智慧养老服务生态系统中的各参与主体才能更加有效地协同和共创价值,实现各自更好的运营。

3.1 涉老数据的多样性与智慧养老数据标准

3.1.1 基于鱼骨图的政府部门涉老数据展示

养老服务生态系统涉及非常多的主体,每个主体中都有涉及老年人的相关数据。我们以北京市"2017 年老龄委成员单位履职情况报告"为基础,对北京市老龄化工作委员会各成员单位报告履职情况中涉及老年人的业务进行了分析,在此基础上,利用鱼骨分析法得到了养老数据和这些养老数据来源及使用情况的总体概览,如图 3.1 和图 3.2 所示[①]。

在图 3.1 中,我们站在老年人的角度,将与老年人相关的数据进行了分析。鱼骨头的最右侧是智慧养老数据,中间的鱼骨显示了一个数据随年龄增长的情况,从左边的 60 岁过渡到 80 岁及以上涉及的相关数据。然后,我们把涉老数据按照"老有所养""老有所医""老有所保""老有所学/教""老有所乐/为"分成了若干数据分支,再在每个分支上细分了业务内容和相关的涉老部门和数据。

在图 3.2 中,站在为老年人服务的角度,将涉老相关数据进行了分析。我们把涉老数据按照"养老机构"和"养老产品"分成了若干数据分支,再在每个分支上细分了业务内容和相关的涉老部门和数据。

从图 3.1 和图 3.2 可知,涉老相关的政府部门非常多,几乎涵盖了政府的各个部门。

---

① 本部分的内容曾经是北京老龄居养老促进中心和中国人民大学智慧养老所共同承担的北京市老龄工作委员会委托课题"'互联网＋养老'北京模式 2018 年进展"的结题报告之一"北京市各区养老信息综合平台功能比较和数据共享分析报告"的一部分,收录本书时进行了完善。

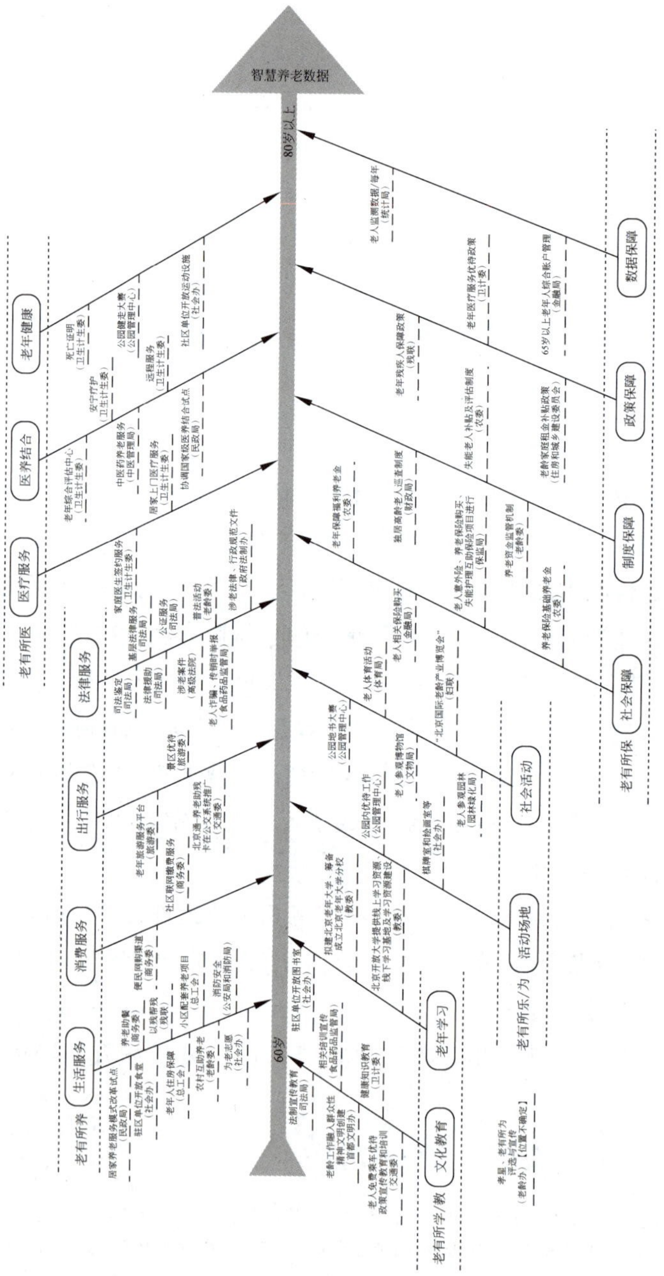

图 3.1 与老年人相关的数据涉老部门的鱼骨图

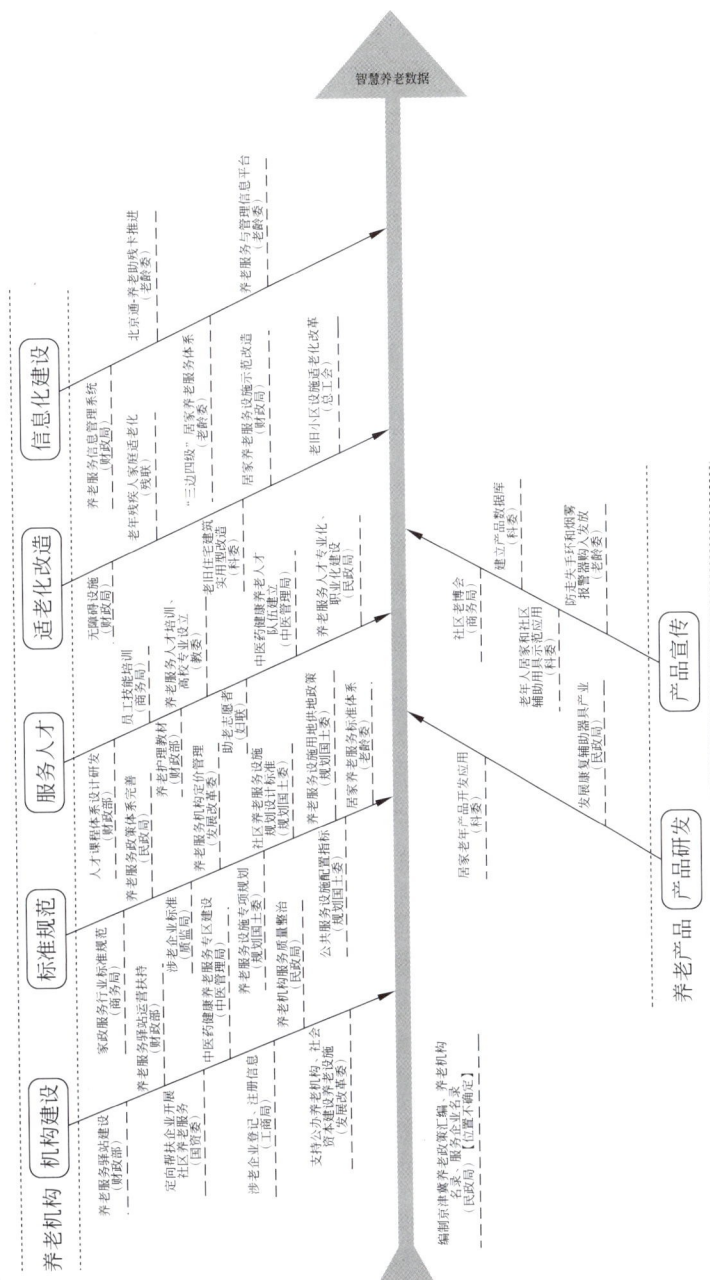

图 3-2　与老年人服务相关的数据涉老部门的鱼骨图

这体现出老年人是人群的一个分层的特点,从人群横向分层的角度可以和政府的各个部门建立联系,相应地,政府各部门也会出台与老年人相关的政策。

当然,地方政府每年会根据国家的养老政策和规划,结合本地的实际情况,调整当年相应的工作安排,相应的涉老问题也会有少量的调整。因而图 3.1 和图 3.2 只是一个参考框架,实际使用可以根据每年的业务运行情况进行调整和优化。

图 3.1 和图 3.2 只是养老服务生态系统中的一类主体,即政府部门的涉老数据关系图,养老服务生态系统中其他主体如养老机构、医疗机构等也拥有大量的涉老数据,需要互联互通,以实现整合后的效果,更好地服务于老年人。

3.1.2 智慧养老数据标准构建的 5S 原则[①]

1. 智慧养老生态系统中存在的数据不一致问题

我们调研了不同政府部门的涉老系统,以及养老服务生态系统中不同主体拥有的信息系统,我们发现各系统或平台间的数据标准不一,严重阻碍了不同系统之间的互联互通和数据共享。主要发现以下问题。

(1) 不同名同义:不同的字段名称有相同的含义,例如,A 平台的"设备序列号"和 B 平台的 IMEI,不同的名称表示,但均用来表示设备的唯一识别值。

(2) 同名不同义:相同的字段名称有不同的含义,例如,"状态"在 A 平台中表示智能设备的在线/离线状态,在 B 平台中却用来表示佩戴智能设备者的运动状态。

(3) 值域/取值范围/数据类型等属性不一致:同名同义的字段某些属性存在不一致,例如,"运动速率"在 A 平台中的数值单位为 m/s(米/秒),在 B 平台中的数值单位却为 km/h(千米/时)。以上标准不一的混杂局面将影响各平台间数据有效的传递和利用。

因此,在智慧养老的背景下,如何利用新兴信息技术为老年人提供养老与健康医疗、生活消费、文化教育等集成的服务,建立资源互补、数据共享的智慧养老服务生态系统,以及如何构建统一的数据标准尤为重要。

[①] 以下与智慧养老服务数据标准化相关的内容节选自笔者指导的硕士论文《智慧养老服务平台数据标准内容与设计研究——基于生态系统视角》(作者:邵红琳,中国人民大学信息学院智慧养老研究所),收入本书时有较多的删改和完善。

2. 智慧养老数据标准构建的 5S 原则

目前养老领域尚未形成较为规范的标准化设计流程,但由于各个组织的重点和目标不同,现有标准的应用范围多存在彼此交叉的情况。标准化的方法主要涉及标准化框架的构建方法,以及构建具体的标准时所用到的方法。由于本章研究对象——智慧养老标准侧重于数据标准,在此只针对数据标准的构建方法进行总结,相关方法的介绍如表 3.1 所示。

表 3.1　标准化方法总结

类　　型	方　　法	特点/应用范围
标准体系框架构建方法	二维结构	简洁、直观,各领域均有应用
	魏尔曼三维结构	适用于标准要素错综复杂的情形。目前已应用在医疗健康、物联网、公共管理等多个领域
数据标准构建方法	HL7 标准化方法	常用于卫生健康领域的信息系统建设
	ISO/IEC 11179 信息技术:元数据注册法	常用于形成人-机之间可以共享的数据的表示及含义等,能够形成各类数据的通用标准框架

数据标准一直是国内外研究热点,在各行各业都有研究。与老年人有关的标准在国际上也得到了越来越多的关注和重视,步入老龄化较早的几个国家标准化发展较成熟。相较于国外,我国在养老服务标准化建设方面较为滞后。虽然政府宏观引导我国养老服务标准的制定,但养老服务业的发展离不开市场的力量。智慧养老服务平台运作中存在着一些实际的困难,如不同的平台数据标准混乱、各地制定的智慧健康养老数据标准尚不统一、养老和医疗系统的标准不一致,等等。

我国标准性文件中规定了标准体系框架构建原则,我们将其用三个英文单词概括:Systematic(系统性)、Specific(明晰的)、Stratified(可分层)。由于我们研究的是养老服务领域的数据标准体系,属于新兴领域,尚没有可参照的权威标准构建指南。因此,在上述原则之上我们增添了两条原则:方法科学、易于扩展,用两个英文单词来表示即为Scientific(科学性)、Scalable(可扩展)。因此,我们按照重要程度依次将构建智慧养老数据标准体系所遵循的原则概括为 5S 原则,即科学性、系统性、明晰的、可分层、可扩展,具体含义如下。

（1）Scientific：指构建过程要遵循科学性的方法和规则。在构建过程中，将主要参照国家规范性文件和经过科学验证的理论逐步进行。

（2）Systematic：指内容系统完整。为了构建平台的标准体系框架，将在第 2 章智慧养老服务生态系统基础上，识别需要与平台进行对接的主要主体和数据，在此基础上构建的标准体系框架则较为系统。

（3）Specific：指目标明确。构建标准体系的目标在于清晰地描绘出智慧养老服务平台相关标准之间的内在联系，并分析标准的发展状况，找出体系框架中亟须更新、完善和填补的标准。

（4）Stratified：指体系层次分明。智慧养老服务平台涉及多种新兴领域，为了更加清晰、层次分明地描绘标准体系，拟采用三维体系结构。

（5）Scalable：指内容可扩展。所构建的智慧养老服务平台的标准体系框架不仅应该能够反映目前标准的发展成果，还应该具有一定程度的预见性，未来可补充尚未制定但将会制定的相关标准。

在养老服务领域，数据标准体系构建是当下难点和热点之一。针对智慧养老服务平台，现有文献介绍较多的是功能架构，目前来看，关于平台数据的标准化研究等问题，尚未得到充分关注。我们此处是给出智慧养老数据标准构建的一些基本原则和框架，供有志于养老数据标准制定的政策部门或实践单位参考。

3.1.3　智慧养老数据标准体系框架

由于智慧养老生态系统的运营中，智慧养老服务平台是联系各主体的重要载体，因此我们将智慧养老数据标准落脚到智慧养老服务平台的标准建设。将标准三要素——领域、内容和级别分别作为三维直角坐标系的 X、Y、Z 轴所形成的空间，被称为"标准化空间"。智慧养老服务平台标准体系的构建将借鉴标准化空间理论和魏尔曼的三维结构思想进行设计。我们从技术、内容、级别三个维度构建，如图 3.3 所示。每个维度包含几个一级节点，一级节点之下又可以进行细分。下面针对每一个维度的构建方法和对应含义等进行说明。

1. X——技术维

技术维对应着标准化空间理论中的领域维，主要是针对研究对象在专业领域层次上

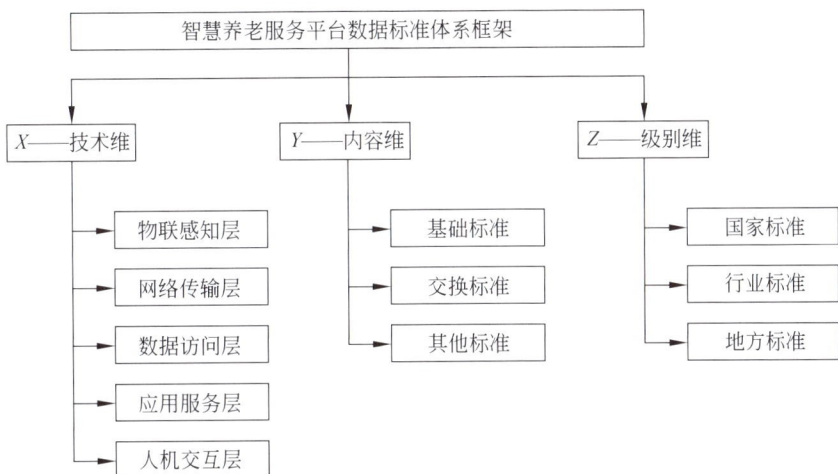

图 3.3　智慧养老服务平台数据标准体系框架

进行划分。我们的研究对象是智慧养老服务平台,主要依照平台的层次架构进行划分,传统的信息系统架构层次为三层:表现层(人机交互层)、业务层(应用服务层)和数据层(数据访问层)。但是,随着物联网等技术在平台开发中的应用,传统的层次架构无法满足,因此越来越多的学者在原先三层架构的基础上,探究了多层次的平台架构。对于智慧养老服务平台,大多将其划分为 5 个层次。尽管这些平台各层次的名称不一,但是内涵都是类似的,基本上都是在原有三层体系中增加了物联感知层和网络传输层两层。因此,基于以上发展现状,我们将智慧养老服务平台层次结构划分为 5 层,架构图见图 3.3。

相应地,依据平台层次架构图,将技术维依次划分为 5 个子类,对应着智慧养老服务平台层次架构图,如图 3.4 所示,每个层次我们都给出了相应子类的一些举例。

(1)物联感知层:是平台的最底层,包括各类智能硬件设备,如传感器、智能健康产品等,主要用于收集老年人的体征数据和居家环境数据等。传统养老服务信息系统中并不包括这一层次结构,主要是由于物联网的发展和相关设备在老年人中的推广,才逐渐出现在平台的架构体系中。该层次主要涉及设备标准、接入平台标准等。

(2)网络传输层:该层主要是根据物联设备不同的传输需求,将所收集数据通过各种渠道安全、准确、快捷地传输至数据层,主要涉及通信协议、数据传输标准等。

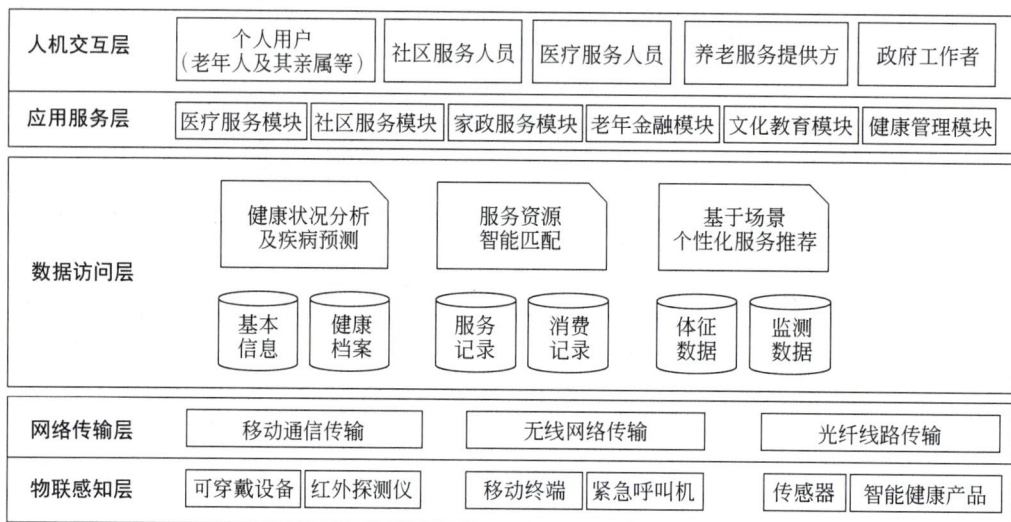

图 3.4 智慧养老服务平台层次架构图

（3）数据访问层：主要用来接收数据并对其统一化管理，包括提供存储区和进行实时计算等，并提供数据上传及分享的接口，主要涉及接口标准和基础标准等。

（4）应用服务层：主要是根据用户的请求和访问层返回的结果提供各项养老服务信息，该层可以服务多类对象，设计多个模块，如老年人和医疗服务机构使用的医疗服务模块、社区使用的社区服务模块等。该层次主要涉及平台业务数据标准等。

（5）人机交互层：包括个体用户（老年人及其亲属）、社区服务机构、医疗机构等，各主体通过该层的各种终端设备（如针对老年人设计的老年机、服务人员专用服务设备等）上的统一服务平台进行互动，形成高效运行的智慧养老服务体系，涉及设备标准、符号标准等。

2. Y——内容维

内容维对应着标准化空间理论中的内容维，但一级节点有所不同。由于智慧养老服务平台涉及智能硬件的范畴，因此应涵盖其相关的标准。此外，还应该包括与智慧养老服务相关的业务数据标准。我们调研了多个标准化文件对标准的分类，如服务业主要划分为基础标准、保障标准和提供标准三类，卫生信息领域划分为基础标准、管理标准、数据类标准及技术类标准。通过调研我们发现，大多分类是划分为三种：基础类、管理类及技术类（将数据类纳入基础类之中）。在此基础上，我们参考已有文献，总结为了基础标准、交换标准和其他标准三类,将其应用到本节的内容维划分中,各子类描述及分类如表 3.2 所示。

表 3.2　内容维各子类描述及分类

内容维	描　　述	分　　类
基础标准	主要包括统一的信息表达和数据描述等	基础术语、语义标准、分类标准、元数据框架等
交换标准	规定了不同平台间数据传输规范、接口标准格式等,有助于实现平台间的通信	接口标准、数据交换标准等
其他标准	除上述两种之外的其他标准	数据安全标准等

3. Z——级别维

级别维对应着标准化空间理论中的级别维,按照我国实际情况,主要划分为国家标准、行业标准、地方标准和其他标准(如学术团体标准)。

参照魏尔曼的三维空间模型,智慧养老服务平台标准体系的三维矩阵如图 3.5 所示,

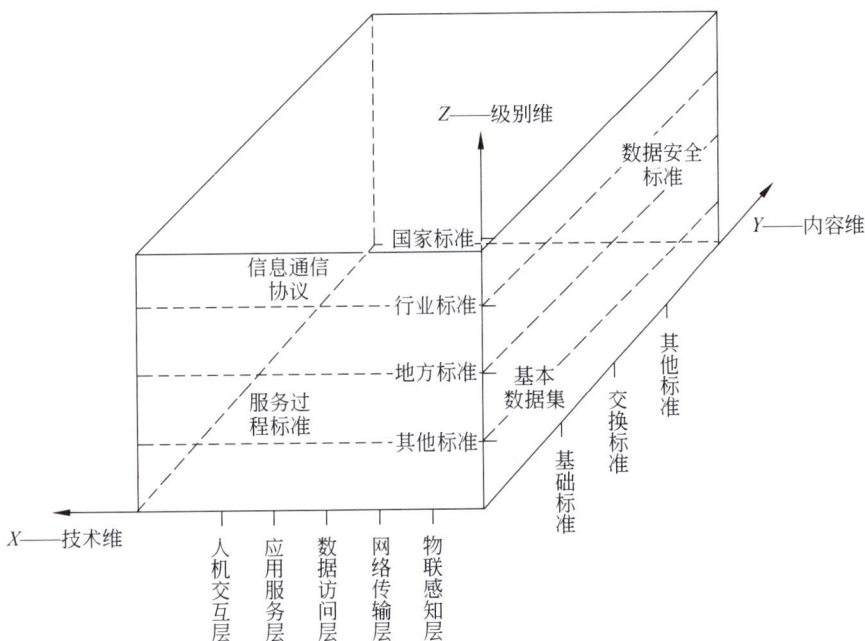

图 3.5　智慧养老服务平台三维标准体系空间模型

X 轴对应技术维、Y 轴对应内容维、Z 轴对应级别维。由于图中空间有限,为了展示方便,模型中仅列举了部分标准进行示意。

3.2 智慧养老数据标准化探索及数据共享

3.2.1 智慧养老服务的数据标准化示例

智慧养老服务的数据标准化是一个很严肃、很严谨的工作过程,一般来讲,需要学术界、产业界和政府部门通力合作才能完成。学术界主要是做到完备和规范的过程,相关学术团体如中国老年学和中国老年医学学会智慧医养分会就可以在智慧养老服务的数据标准制定中发挥学术引领和支撑作用;产业界则要提供现有的各种智慧养老服务平台的数据字典,如果有企业标准,也特别欢迎行业内的龙头企业提供自己公司内部用的各种数据的企业标准或规范;政府则是保证标准的起草是公平公正,并有利于行业发展和各方特别是老年人的利益,如果有地方标准,还应该吸纳到更高一级标准的研制中。

尽管标准的制定需要各方协力完成,然而学术界还是可以有所作为的。至少,我们可以提供一个基础或靶子,为未来的智慧养老服务数据标准的研制做一些参考。正是基于这样的愿景,本节我们对智慧养老服务的数据标准做了一些初步的探讨,希望感兴趣的企业后续可以和我们一起研讨更能被广泛接受的数据标准,并能得到行业或国家的认可。

根据国家标准性文件的指引和科学性的理论,我们将智慧养老服务的数据标准化过程划分为两大步:数据元提取和元数据规范化。数据元提取主要是从各类智慧养老服务平台中提取出我们所需标准化的数据元,包括名称、属性等;元数据规范化则是基于提取结果,按照一定的规则进一步标准化最终规范。智慧养老服务平台数据标准化设计的流程如图 3.6 所示,首先对现有不同类型的智慧养老服务平台的业务功能进行整合优化;其次提取出数据项并分类整理;然后基于数据项提取类并定义属性,参考相关文件确定数据类型及值域;最后对元数据进行规范化处理最终形成元数据规范。

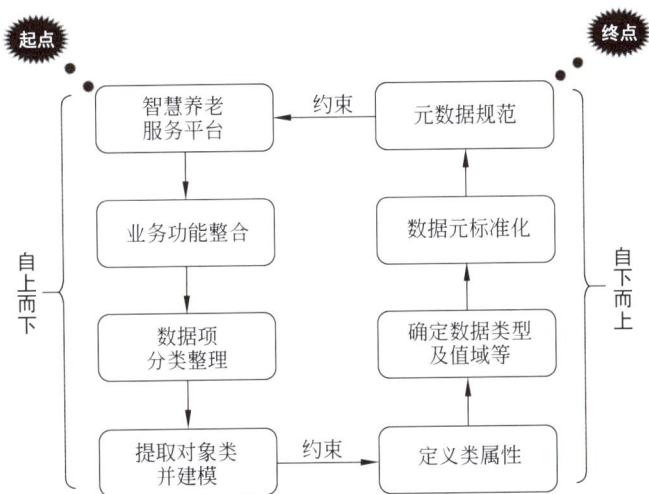

图 3.6　智慧养老服务平台数据标准化设计的流程

　　首先,我们从老年人需求出发,对现有典型智慧养老服务平台业务功能进行分析,在此基础上提取了数据项,我们将平台上的养老服务数据分为九类,具体内容如表 3.3 所示。

表 3.3　智慧养老服务平台中的数据分类

一 级 分 类	二 级 分 类	一 级 分 类	二 级 分 类
老年人数据	基础信息	日常照料服务数据	服务对象基础信息
	人员类型		服务人员基础信息
	生存状况		服务过程信息
	健康信息		服务价格
	服务需求		服务评价
	子女信息		服务推荐信息

续表

一级分类	二级分类	一级分类	二级分类
服务单位数据	单位类型	健康管理服务数据	服务对象基础信息
	基础信息		健康采集信息
	审批信息		健康动态评估数据
	工商登记		健康预警数据
	诚信信息	安全守护服务数据	服务对象基础信息
	服务项目		设备基础信息
	营业时间		运动数据
	服务时长		电子围栏设置数据
服务人员数据	基础信息		预警数据
	人员类型	医疗护理服务数据	服务对象基础信息
	所属单位		服务人员基础信息
	提供服务类型		健康档案数据
	从业时间		电子病历
	累计服务时长		问诊记录
	服务评价	精神慰藉服务数据	社交数据
设备数据	设备基础信息		文化教育数据
	设备用户信息		政务信息
	设备采集数据		咨询数据

对于这些养老数据项,我们刻画了智慧养老服务平台的一个整体的数据概念模型,如图 3.7 所示。平台中的数据可以抽象为四个大类(如图中虚线框内部分所示):个体、养老服务组织、智能养老设备和养老服务,其中前三类为实体的子类,最后一类为活动的子类,每一个子类之下又可以向下细分,如个体类之下又可以划分为老年人、养老从业人员等多个类。

刻画完数据模型后,我们对所要标准化的数据有了一个整体的了解,若将所有的数据都进行标准化,那么将是十分庞大的工程。因此,我们选取了平台核心的数据类进行编

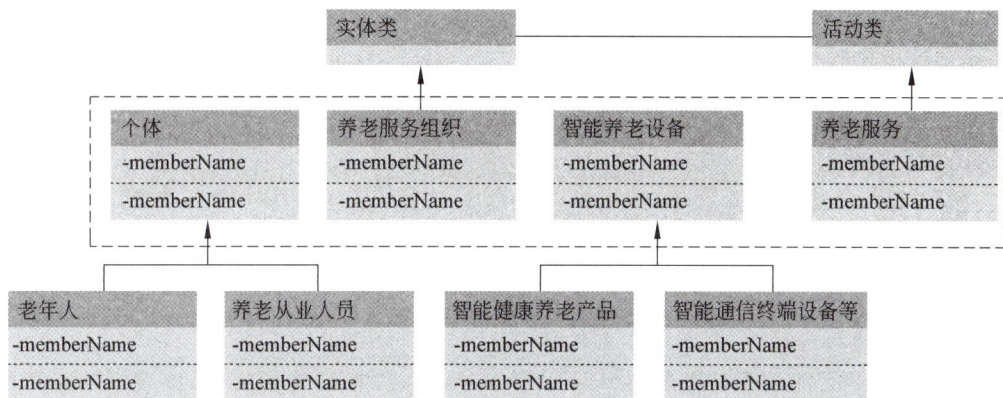

图 3.7　智慧养老服务平台数据概念模型

制。我们针对"老年人""智能健康养老产品""日常照料服务""安全守护服务""健康管理服务"这五类数据进行了研究,编制了元数据规范目录,形成了初步的数据标准化结果。

在遵循通用的数据库字段编码规范的基础之上,本节构造的字段名英文编码将由三部分组成,不仅具有一定的扩展性、兼容性,还较为简便易懂。英文编码规则说明如表 3.4 所示。

表 3.4　英文编码规则说明

示　　例	XXXX	_	xxxx 或 is_xxx
含　义	数据元所属类别英文	连接符	数据元英文名称

表 3.4 中第 2 列代表数据元所属的类别,即英文编码的第一部分,通常用大小写混合的英文单词、短语或其缩写构成。本节共构建了五小类数据集,其中,老年人信息子集用 Elderly 表示,缩写为 E;智能健康养老产品信息子集用 HealthProduct 表示,缩写为 HP;日常照料服务信息子集用 DailyCare 表示,缩写为 DC;安全守护服务信息子集用 SafetyCare 表示,缩写为 SC;健康管理服务信息子集用 HealthCare 表示,缩写为 HC。

表 3.4 中第 3 列是连接符,即英文编码的第一部分,通常用下画线表示,用于连接编码的第一部分和第三部分。

表 3.4 中第 4 列代表数据元的具体含义,即英文编码的第三部分,通常用小写英文单词、短语或其缩写构成,如"姓名"用 name 表示,"状态"用 state 表示等。同时,为了区分同一数据子集中出现的同含义但不同对象的数据元,将在英文单词前加上具有特定含义的英文缩写表示,如对于"姓名(name)"而言,若同时出现"服务人员姓名"和"预约人员姓名",将分别用 sname(s 代表 service)和 oname(o 代表 order)加以区分。特别地,若该数据元的数据类型为布尔型,那么用 is_xxx 表示,如"是否患病"用 is_illness 表示。

例如,老年人信息数据子集中的"姓名"的编码为 E_name,智能健康养老产品信息子集中的"紧急联系人姓名"的编码为 HP_cname(c 代表 conact)。

在表 3.6 的智能健康养老产品(HealthProduct)数据标准化子集中,该表中的监测指标如心率、血压等,均用医学中常用的英文缩写表示。

另外,表 3.5~表 3.9 中"表示格式"一列中的符号代表如下含义。

(1) A:特指字母字符。A3:3 位字母字符,定长。A..30:最多为 30 位的字母字符。

(2) N:特指数字字符。N1:1 位数字字符,定长。N..3:最多为 3 位的数字字符。"N3..4,1"含义:数字字符形式,内容长度可变,3~4 位,可有 1 位小数位。

(3) AN:字母和数字字符。AN3:3 位字母数字字符,定长。AN..500:最多为 500 位的字母数字字符。

(4) DT8:按年、月、日的顺序排列,格式为 8 位定长,全数字表示为 YYYYMMDD。

表 3.5~表 3.9 中有些数据元的数据类型为字符型,但是表示格式为 N,这里要专门解释一下。以"性别"为例,它的取值可能是"男"或"女",所以数据类型为字符型,但是表示格式一般不直接用"男/女",在国家标准 GB/T 2261.1 中,用 1 代表男,2 代表女,0 代表未知的性别,9 代表未说明的性别。这样的话,意味着我们还需要专门制定一个这些拥有默认候选取值的字段的表格,这样就更一目了然。

在这些表中有些数据类型为布尔型,是指其取值只有 0、1 两种逻辑类型(真或假),另外表中最后一列"数据元允许值"中已经有相应标准的,我们给出了可以参考的标准文件。

需要说明的是,表 3.5~表 3.9 的数据集只是智慧养老服务平台核心的数据类。在未来要真正制定相应国家/行业/地方/学术团体标准时,这些初步的数据标准化结果可以作为一个起草的基础和参考。

表 3.5　老年人(Elderly)信息数据标准化子集

序号	数据元名称	英文编码	定　义	数据类型	表示格式	数据元允许值
1	姓名	E_name	老年人的姓名	字符型	A..10	
2	身份证件号码	E_id	身份证上的唯一法定标识符	字符型	AN..18	
3	性别	E_sex	老年人的性别	字符型	N1	参照 GB/T 2261.1
4	年龄	E_age	老年人的年龄	数值型	N..3	
5	出生日期	E_birthdate	老年人的出生日期	日期型	DT8	
6	民族	E_nation	老年人户籍上的民族名称	字符型	N2	参照 GB/T 3304
7	籍贯	E_birthplace	老年人的籍贯	字符型	AN..50	
8	婚姻状况	E_marriage	老年人当前的婚姻状态	字符型	N2	参照 GB/T 2261.2
9	文化程度	E_education	老年人经认证的最高学历说明	字符型	N2	参照 GB/T 4658
10	联系电话	E_tel	老年人的电话号码	字符型	AN..18	
11	现居地址	E_address	老年人当前的居住地址	字符型	AN..500	
12	紧急联系人	E_cname	老年人紧急联系人的姓名	字符型	A..30	
13	紧急联系人电话	E_ctel	老年人紧急联系人的电话号码	字符型	AN..18	
14	是否独居	E_is_livealone	老年人是否独自一人居住	布尔型	N1	0：是。1：否
15	养老方式	E_pension	老年人的养老方式	字符型	N1	

续表

序号	数据元名称	英文编码	定 义	数据类型	表示格式	数据元允许值
16	健康状况	E_health	老年人当前的健康状况	字符型	N1	参照 GB/T 2261.3
17	残疾状况	E_body	老年人当前的残疾情况	字符型	N1	参照 GB/T 2261.3
18	患病种类	E_disease	老年人当前所患疾病	字符型	AN..500	
19	家族遗传史	E_geneticdisease	老年人家族遗传史	字符型	AN..500	
20	药物不良反应	E_adr	老年人对药物的不良反应	字符型	AN..500	
21	药物过敏史	E_allergy	老年人药物过敏史	字符型	AN..500	
22	是否传染病患者	E_is_infection	老年人当前是否患有传染病	布尔型	N1	0：是。1：否
23	是否精神病患者	E_is_psychosis	老年人当前是否患有精神病	布尔型	N1	0：是。1：否
24	是否失能	E_is_disability	老年人是否失去了生活能力	布尔型	N1	0：是。1：否
25	生活能力	E_viability	老年人的生活能力情况	字符型	N1	
26	是否失智	E_is_dementia	老年人是否失去了认知等功能	布尔型	N1	0：是。1：否
27	精神状态	E_mentality	老年人的精神状态等级	字符型	N1	

表 3.6　智能健康养老产品（HealthProduct）数据标准化子集

序号	数据元名称 （计量单位）	英文编码	定　　义	数据类型	表示格式	数据元允许值
1	设备名称	HP_name	设备名称的描述	字符型	AN..40	
2	设备标识	HP_id	设备的唯一标识	字符型	AN	参照 GB/T 17969.1—2015
3	设备分类	HP_category	设备在特定分类体系中的分类代码	字符型	AN	参照 GB/T 37035—2018
4	设备版本号	HP_edition	设备当前的版本号	字符型	AN..16	
5	设备状态	HP_state	设备当前的状态	字符型	N1	
6	设备描述	HP_description	对设备的描述	字符型	AN	
7	系统时间	HP_time	设备当前的系统时间	日期时间型	DT15	
8	姓名	HP_ename	设备使用者的真实姓名	字符型	A..10	
9	性别	HP_esex	设备使用者的性别	字符型	N1	参照 GB/T 2261.1
10	年龄	HP_eage	设备使用者的年龄	数值型	N..3	
11	身份证号	HP_eid	设备使用者身份证上的唯一法定标识符	字符型	AN..18	参照 GB 11643
12	联系方式	HP_etel	设备使用者在该台设备上绑定的电话号码	字符型	AN..18	
13	紧急联系人方式	HP_ctel	紧急联系人的手机号码	字符型	AN..18	
14	紧急联系人姓名	HP_cname	紧急联系人的姓名	字符型	A..10	

续表

序号	数据元名称 （计量单位）	英文编码	定　义	数据类型	表示格式	数据元允许值
15	心率/(次/min)	HP_hr	设备使用者心率的测量值	数值型	N..3	
16	收缩压/mmHg	HP_sbp	设备使用者收缩压的测量值	数值型	N2..3	
17	舒张压/mmHg	HP_dbp	设备使用者舒张压的测量值	数值型	N2..3	
18	血糖/(mmol/L)	HP_glu	设备使用者血液中葡萄糖定量检测结果值	数值型	N3..4,1	
19	血氧/%	HP_sao	设备使用者血液中的含氧量	数值型	N3..4,1	
20	体重/kg	HP_wt	设备使用者体重的测量值	数值型	N3..5,1	
21	身高/cm	HP_ht	设备使用者身高的测量值	数值型	N3..4,1	
22	体温/(°)	HP_temp	设备使用者体温的测量值	数值型	N3,1	
23	体脂率/%	HP_bfr	设备使用者体脂的测量值	数值型	N2..3,1	
24	脉率/(次/min)	HP_kpr	设备使用者脉率的测量值	数值型	N..3	
25	呼吸率/(次/min)	HP_rrpm	设备使用者呼吸频率的测量值	数值型	N..3	
26	入睡时间	HP_sleeptime	设备记录的用户进入睡眠状态时,系统显示的当前时间点	日期时间型	DT15	

续表

序号	数据元名称 (计量单位)	英文编码	定　义	数据类型	表示格式	数据元允许值
27	苏醒时间	HP_waketime	设备记录的用户苏醒状态时，系统显示的当前时间点	日期时间型	DT15	
28	睡眠时长/min	HP_sleep	设备记录的用户当天睡眠时长	数值型	N..4	
29	深度睡眠时长/min	HP_deepsleep	设备记录的用户处于深度睡眠状态的时间周期	数值型	N..4	
30	实际能量消耗/kcal	HP_aee	设备记录的截至当前时间点用户当天实际消耗的能量值	数值型	N..4	
31	运动步数/步	HP_step	设备记录的当天截至某个时间点的运动步数	字符型	AN..50	
32	运动距离/m	HP_distance	设备记录的当天截至某个时间点的运动距离	数值型	N..6	
33	运动轨迹点	HP_trace	设备记录的所在位置的经纬度	字符型	AN..20	示例：（10°2′N，16°4′E）
34	运动速率/(m/s)	HP_velocity	设备记录的某个时间点的运动速率	数值型	N..4,1	
35	通话开始时间	HP_callstarting	设备记录的开始通话的时间点	日期时间型	DT15	
36	通话结束时间	HP_callending	设备记录的结束通话的时间点	日期时间型	DT15	

序号	数据元名称 (计量单位)	英文编码	定 义	数据类型	表示格式	数据元允许值
37	通话号码	HP_callnum	通话号码	字符型	AN..18	
38	通话方式	HP_callway	记录通话的方式是接入还是拨出	字符型	N1	0：接入。1：拨出
39	来电标识	HP_callidentification	来电显示除号码外的其他信息	字符型	AN..30	
40	未接电话号码	HP_missednum	记录该台设备没有接听到的电话号码	字符型	AN..18	
41	未接电话条数	HP_missedamount	记录截至当前时间点该设备没有接听到的电话条数	数值型	N..3	

表3.7 日常照料服务(DailyCare)数据标准化子集

序号	数据元名称 (计量单位)	英文编码	定 义	数据类型	表示格式	数据元允许值
1	服务对象姓名	DC_ename	服务对象的姓名	字符型	A..10	
2	服务对象身份证号	DC_eid	服务对象身份证上的唯一法定标识符	字符型	AN..18	
3	服务对象联系方式	DC_etel	服务对象的电话号码	字符型	AN..18	
4	紧急联系人姓名	DC_cname	服务对象设置的紧急联系人的姓名	字符型	A..10	
5	紧急联系方式	DC_ctel	服务对象设置的紧急联系人的电话号码	字符型	AN..18	

续表

序号	数据元名称 (计量单位)	英文编码	定　义	数据类型	表示格式	数据元允许值
6	服务工单编号	DC_id	服务工单的编号	数值型	AN..20	
7	服务人员姓名	DC_sname	服务人员的姓名	字符型	A..10	
8	服务机构名称	DC_scompany	服务人员所处机构的名称	字符型	AN..50	
9	预约人姓名	DC_oname	服务预约者的姓名	字符型	A..10	
10	预约人联系方式	DC_otel	预约服务者的联系方式	字符型	AN..18	
11	服务预约时间	DC_otime	服务预约的时间	日期型	DT8	
12	服务受理时间	DC_dotime	确认服务接受的时间	日期时间型	DT15	
13	服务项目	DC_item	服务项目	字符型	N2	
14	服务地址	DC_address	进行服务的地址	字符型	AN..500	
15	服务开始时间	DC_starting	开始服务的时间	日期时间型	DT15	
16	服务结束时间	DC_ending	结束服务的时间	日期时间型	DT15	
17	服务具体内容	DC_content	服务内容的具体描述	字符型	AN..500	
18	服务评价	DC_evaluation	服务对象对服务的评价	字符型	AN..100	
19	服务回访单号	DC_rid	服务回访的编号	字符型	AN..20	
20	服务回访人姓名	DC_rname	服务回访人的姓名	字符型	A..10	
21	服务回访时间	DC_rtime	进行服务回访的时间	日期时间型	DT15	

续表

序号	数据元名称 （计量单位）	英文编码	定　义	数据类型	表示格式	数据元允许值
22	服务回访内容	DC_rcontent	服务回访内容的描述	字符型	AN..500	
23	服务投诉单号	DC_cid	服务投诉的编号	字符型	AN..20	
24	服务投诉内容	DC_ccontent	服务投诉的内容	字符型	AN..500	
25	投诉处理人姓名	DC_cname	处理投诉的人员姓名	字符型	A..10	
26	服务投诉是否终止	DC_is_ending	服务投诉是否已经终止	布尔型	N1	1：是。0：否
27	服务时长/h	DC_hour	服务的总时长	数值型	N..3,1	
28	服务单价/（元/h）	DC_up	单位服务时长的价格	数值型	N..4	
29	服务结算金额/元	DC_ap	服务结算的价格	数值型	N..4,1	
30	服务结算方式	DC_payway	服务结算的方式	字符型	N1	
31	服务补贴金额/元	DC_sp	服务的补贴金额	数值型	N..4,1	
32	健康状况	DC_ehealth	对服务对象健康状况的评估	字符型	N1	0：良。1：中。2：差
33	精神状态	DC_ementality	对服务对象精神状态的评估	字符型	N1	0：良。1：中。2：差
34	安全情况	DC_esafety	对服务对象安全情况的评估	字符型	N1	0：良。1：中。2：差
35	卫生状况	DC_ehygiene	对服务对象卫生状态的评估	字符型	N1	0：良。1：中。2：差
36	居住环境	DC_elife	对服务对象居住环境的评估	字符型	N1	0：良。1：中。2：差
37	推荐服务	DC_recommen-dation	综合评估后为服务对象推荐的服务项目	字符型	AN..100	

表 3.8 安全守护服务(SafetyCare)数据标准化子集

序号	数据元名称 (计量单位)	英文编码	定 义	数据类型	表示格式	数据元允许值
1	服务对象姓名	SC_ename	服务对象的姓名	字符型	A..10	
2	服务对象身份证号	SC_eid	服务对象身份证上的唯一法定标识符	字符型	AN..18	
3	服务对象联系方式	SC_etel	服务对象的电话号码	字符型	AN..18	
4	紧急联系人姓名	SC_cname	服务对象设置的紧急联系人的姓名	字符型	A..10	
5	紧急联系方式	SC_ctel	服务对象设置的紧急联系人的电话号码	字符型	AN..18	
6	设备标识	SC_pid	与该服务相连的设备的唯一标识	字符型	AN..50	参照 GB/T 17969.1—2015
7	设备状态	SC_pstate	与该服务相连的设备当前的状态	字符型	N1	
8	运动轨迹点	SC_pstep	设备记录的所在位置的经纬度	字符型	AN..20	示例值：(3°5′N, 16°24′E)
9	运动步数/步	SC_ptrace	设备记录的截至当前的当日运动步数	数值型	N..6	
10	运动距离/m	SC_pdistance	设备记录的截至当前的当日运动距离	数值型	N..6,1	
11	运动速率/(m/s)	SC_pvelocity	设备记录的当前的运动速率	数值型	N..2,1	
12	电子围栏名称	SC_fname	电子围栏的名称	字符型	AN..20	

序号	数据元名称 （计量单位）	英文编码	定　　义	数据类型	表示格式	数据元允许值
13	安全区域范围_ 经度上限	SC_lul	自定义设置的允许设备使用者活动的经度上限	字符型	AN..20	示例值,39°E
14	安全区域范围_ 经度下限	SC_lll	自定义设置的允许设备使用者活动的经度下限	字符型	AN..20	示例值,5°E
15	安全区域范围_ 纬度上限	SC_dul	自定义设置的允许设备使用者活动的纬度上限	字符型	AN..20	示例值,40°N
16	安全区域范围_ 纬度下限	SC_dll	自定义设置的允许设备使用者活动的纬度下限	字符型	AN..20	示例值,20°N
17	安全预警时间	SC_wtime	设备发生预警状态时的系统时间	日期时间型	DT15	
18	安全预警位置	SC_waddress	设备发生预警状态时所处的地理位置	字符型	AN..300	
19	求助时间	SC_htime	老年人求助时的时间	日期时间型	DT15	
20	求助位置	SC_hsaddress	老年人求助时所处的地理位置	字符型	AN..500	
21	求助受理人	SC_hacceptor	老年人发生求助时的受理服务人的姓名	字符型	A..30	

表 3.9　健康管理服务(HealthCare)数据标准化子集

序号	数据元名称（计量单位）	英文编码	定　义	数据类型	表示格式	数据元允许值
1	服务对象姓名	HC_ename	服务对象的姓名	字符型	A..10	
2	服务对象身份证号	HC_eid	服务对象身份证上的唯一法定标识符	字符型	AN..18	
3	服务对象联系方式	HC_etel	服务对象的电话号码	字符型	AN..18	
4	紧急联系人姓名	HC_cname	服务对象设置的紧急联系人的姓名	字符型	A..10	
5	紧急联系方式	HC_ctel	服务对象设置的紧急联系人的电话号码	字符型	AN..18	
6	设备标识	HC_pid	与该服务相连的设备的唯一标识	字符型	AN..50	参照 GB/T 17969.1—2015
7	设备状态	HC_pstate	与该服务相连的设备当前的状态	字符型	N1	
8	是否异常	HC_is_unusual	设备动态采集的健康信息是否有异常	布尔型	N1	0：是。1：否
9	异常项目	HC_uitem	设备动态采集的异常项目名称	字符型	AN..50	
10	健康程度	HC_health	设备根据最新测量指标对用户的健康情况给出的综合评估	字符型	N1	0：健康。1：亚健康。2：不健康
11	基础代谢能量消耗/kcal	HC_cenergy	设备根据相关指标计算得出的用户基础代谢能量消耗值	数值型	N..4	

续表

序号	数据元名称 (计量单位)	英文编码	定　义	数据类型	表示格式	数据元允许值
12	能量补充量/kcal	HC_senergy	设备根据测量指标计算出来的用户需要补充的能量值	数值型	N..4	
13	睡眠质量	HC_sleep	设备记录的用户睡眠质量特征	字符型	N1	0：深睡眠。1：浅睡眠
14	运动量	HC_sport	设备根据记录的运动指标及模型运算综合评估用户运动量情况	字符型	N1	
15	行走能力	HC_walk	设备根据记录指标及模型运算综合评估的用户行走能力	字符型	N1	
16	跌倒风险	HC_fall	设备根据记录指标及模型运算综合评估的用户跌倒风险	字符型	N1	

3.2.2　智慧养老服务数据标准的应用

有了数据标准，与养老有关的信息系统开发就有了一个坚实的基础，会很好地提高开发效率，规范开发人员的行为，也有利于不同主体间的系统数据共享和使用，从而使智慧养老平台更好地运营，为老年人提供更便捷、更精准的服务。下面以指导智慧养老服务平台数据字典的研制和智慧养老服务平台接口设计为例来说明智慧养老服务数据标准的应用。

1. 指导智慧养老服务平台数据字典的研制

数据字典是对系统中使用的所有数据元素的定义的集合，包括对数据项、数据存储等的定义和描述,是数据库设计的核心。设计好数据字典将为智慧养老服务平台的数据库开发打下一个坚实的基础。根据前面尝试设计的数据标准规范,我们可以指导智慧养老服务平台数据库中数据字典的研制。以老年人信息为例,我们给出了其部分数据字典,如表 3.10 所示。表 3.10 中的"默认值"都是表 3.5 最后一列"数据元允许值"中已经有相应国家标准中的代码。

表 3.10 老年人信息(ElderlyInfo)的数据字典

字 段 名	注 释	类 型	长度	小数	默认值	NULL	主键
E_id	老年人身份证号	Varchar	18	0		否	是
E_name	老年人姓名	Varchar	10	0		否	否
E_sex	老年人性别	Varchar	1	0	1(男)	否	否
E_age	老年人年龄	Int	3	0		否	否
E_birthdate	老年人出生日期	Date	8	0		否	否
E_nation	老年人民族	Varchar	2	0	01(汉)	否	否
E_education	老年人文化程度	Varchar	2	0	70(小学)	否	否
E_tel	老年人联系方式	Varchar	18	0		否	否

2. 智慧养老服务平台接口设计

智慧养老服务生态系统中的各个主体之间有着密切的关联,需要通过数据交换来实现价值共创。因此,除了设计好统一的数据标准规范,还需要有满足实际应用情况的接口来保障数据在各主体之间的交换。对于智慧养老服务平台来说,平台的数据库提供接口,能够在相关规则的限制下,为其他相关主体提供老年人相应的数据支持服务。诸如此类的接口应当包含接口名称、功能、传入参数和传出结果等,而数据标准能够规范这些接口的传入参数及传出结果。

我们以智慧养老服务平台一般都包括的功能——日常照料服务为例,进行接口的设计。如表 3.11 所示,对于"助餐服务"而言,在承接该项服务的养老服务商及服务人员端口,可以通过"日常照料服务_助餐服务接口"获取老年人的部分健康生理采集数据和健康状况评估数据,如基础代谢能量消耗值、实际能量消耗值、能量补充量等,通过这些数据为老年人设计个性化的定制套餐,更加满足老年人的实际需求,更好地体现智慧养老服务平台的智慧化。再如"助医服务",服务人员在取得权限后,可以通过"日常照料服务_助医服务接口"获取老年人某个时间段的动态生理数据,这些数据将为服务人员进一步的服务提供一定的参考。

表 3.11　接口设计示例

接口名称	功　能	传入参数	传出结果
日常照料服务_助餐服务接口	传递老年人评估数据和动态采集数据,为老年人提供个性化的定制套餐等	老年人身份证件号码	基础代谢能量消耗值、实际能量消耗值、能量补充量、系统时间等
日常照料服务_助医服务接口	传递老年人评估数据和动态采集数据,为老年人的医疗服务及保健养生品的选择提供一定参考	老年人身份证件号码	睡眠质量、健康程度、运动量、行走时间、血氧、呼吸率等体征数据

3.2.3　面向老年人隐私保护的养老服务数据共享

1. 发布养老数据共享协议和接口规范,保护老年人隐私

我们在访谈调研中发现不少街道和社区的养老服务系统普遍是由养老服务系统运营商进行建设、运营和维护,这些运营商在获得老年人数据时或多或少得到了街道和社区的帮助,而这些老年人数据是否能够得到正确使用,街道和社区缺乏有效的控制权,存在一定程度的担心。另一方面,客观来讲,街道和社区目前对老年人隐私保护的意识还不是很强,对于养老工作的关注通常重视服务价格、服务质量和服务评价,较少关注服务实施和业务运作过程中所记录和使用的涉老数据保存问题,较少重视运营商非服务行为的数据滥用问题,较少监督运营商数据违规获取问题,因此可能造成老年人隐私泄露的风险。这是很多老年人和老年人子女不愿意轻易接受运营商提供的养老服务的重要原因。

《中华人民共和国网络安全法》的司法解释明确了与隐私泄露相关的情节严重入罪情形包括:非法获取、出售或者提供行踪轨迹信息、通信内容、征信信息、财产信息 50 条以上的;非法获取、出售或提供住宿信息、通信记录、健康生理信息、交易信息等其他可能影响人身、财产安全的公民个人信息 500 条以上的;非法获取、出售或提供前两项规定以外

的公民个人信息 5000 条以上的等。其中,公民个人信息包括姓名、身份证号码、通信联系方式、住址、账号密码、财产状况,以及行踪轨迹等信息,这些个人信息均应受到保护。

《中华人民共和国网络安全法》的出台,让了解该法律的老年人感觉到了适度的安全,但也让各级涉老组织和养老服务运营商感受到了空前的压力。为了促进养老服务系统的建设和运营,必须要让数据的获取方与数据的提供方,签署涉老数据共享的协议,明确隐私保护的责任。同时,根据不同的数据隐私保护等级,采取不同的接口规范进行数据获取,例如各地新出台的养老政策数据可以通过智慧养老服务平台采用广播式通知所有相关组织和养老服务商,而养老服务商则可以将自己闲置的养老资源信息推送给智慧养老服务平台,智慧养老服务平台在后台可以匹配需求尚未得到满足但需要保障的老年人的数据,让老年人从智慧养老服务平台推荐的服务商中自主选择合意的进行洽商。

为了打消老年人的疑虑,必须保护老年人的隐私。为了发展智慧养老服务平台,必须和各参与方签署基于隐私保护的数据共享协议,明确不同类型数据的接口规范。因此,我们建议老龄化工作相关领导部门尽快研制并发布养老数据共享协议范本,也可以参照3.2.2 节接口设计的内容发布接口规范,涉及的内容包括但不限于:数据的采集频率范围、数据格式命名、存储方式、数据使用范围、参与人员级别、接口方式(如同步请求/应答方式、异步请求/应答方式、会话方式、广播通知方式、事件订阅方式、可靠消息传输方式、文件传输等通信方式)、接口地址要求、调用参数规范、数据调用范例等。基于隐私保护的协议范本和接口规范将使各级涉老组织按规监督,使养老服务商合规服务,并使老年人的隐私得到切实保护。

2. 以分级分类为抓手,建立反向检索养老服务商的新模式

北京市老龄委曾印发《关于加强老年人分类保障的指导意见》通知,通知中明确提出针对多重复合型困难老年人,依据综合困难程度将保障对象分为托底保障群体、困境保障群体、重点保障群体、一般保障群体,分类施策。这种分级分类的思想值得全国各地在为老年人提供养老服务时参考。各地应该依靠街道和社区的力量,对老年人进行评估,在评估基础上做好分类,并形成分类保障老年人的数据库。

一般地,出于隐私保护的原则,政府拥有的这些老年人数据却不能轻易提供给养老服务的运营商,以防这些数据被滥用或非法使用。最近几年老年人隐私信息泄露所导致的

老年人被骗悲剧呈集中爆发趋势,互联网和移动互联网的快速发展使信息素养本就十分脆弱的老年人更加举步维艰,老年人不仅饱受各种 IT 设备不会很好使用的现实困扰,还要遭受垃圾信息和精准诈骗的侵犯风险。

但是养老服务商要为老年人提供服务,就需要老年人的相关数据。因此,我们建议各种智慧养老服务平台,可以分级分类为抓手,建立反向检索养老服务商自行建设系统的新型数据交换模式。也就是说,各级政府涉老组织应避免直接提供老年人数据给养老服务商,也应避免养老服务商直接到具有公权力的数据库中检索老年人数据,应由第三方数据平台——智慧养老服务平台,基于分级分类的老年人数据,反向检索养老服务自己运行的系统,然后分别向老年人和养老服务商双向推荐(向养老服务商推荐时注意老年人数据的脱敏,老年人认可后才可提供敏感信息),同时养老服务商将自身的闲置资源信息发布至第三方的智慧养老服务平台。这种反向检索养老服务商自身系统的新型数据交换模式既可以有效保护老年人的隐私,又可以准确地调动资源来满足老年人的需求,做到双方你情我愿,双向选择。

3.3 基于区块链的智慧医养平台数据共享

医养结合是积极应对老龄化的重要策略。医养结合平台即智慧医养平台是智慧养老服务平台的一种重要形式。特别是,智慧医养平台由于明确了医疗机构和养老机构两类主体的结合,那么,它们的数据共享问题尤其重要。目前已实现的智慧医养平台仍然存在各服务主体之间较为严重的数据孤岛问题,医养数据难以互联互通,因此本节使用区块链(Blockchain)技术来支持智慧医养平台中数据流转过程的访问控制,记录数据授权、除权和访问的整个过程,实现数据流通过程的透明和可溯源,促进数据共享,并保证数据隐私安全,从而更好地为老年人提供定制化、精准化的服务。

3.3.1 医养结合与智慧医养平台

2019 年年末,我国 60 岁及以上老年人口已经达到 2.54 亿,老年人口占总人口的比重上升至 18.1%。我国的社会养老资源和医疗资源十分有限甚至紧缺。人口老龄化,已经成为影响我国经济社会发展的重要因素。大力发展医养结合,为老年人提供综合、适宜以及紧密连接的医疗与养老服务,建立资源互补的医养结合服务生态系统是当前国家应对人口老龄化的重大战略需求。

医养结合中的"养",包括养生、养病、养命、养心;医养结合中的"医"不仅仅是指医疗,而是大健康的概念,与"养"结合,分别对应着老年人的健康管理(养生)、慢病管理(养病)、急救管理(养命)和心理关怀(养心)。因而,"医养结合"是指将医护服务与养老服务结合起来,不仅提供传统养老模式所提供的基本生活服务,如日常生活照料、精神慰藉和社会参与,还可以提供预防、保健、治疗、康复、护理和临终关怀等全链条的医疗护理服务。党的十九大报告中将"推进医养结合,加快老龄事业和产业发展"作为"实施健康中国战略"的组成部分,把医养结合上升到了国家战略的高度。医养结合已经成为国家应对人口老龄化的国家战略。

尽管医养结合已经取得了很好的进展,但总体而言,主要是在医疗资源和养老资源的外在"连接"上,离医养两种服务的内在"融合"还有很大的距离。业务融合的重要支撑是数据融合。数据融合的基础是数据共享。

自新冠肺炎疫情暴发以来,全球经济出现下行趋势,我国经济增长也面临巨大压力。党中央和国务院审时度势,英明做出"双循环"的重大战略部署。2020 年两会期间,习近平总书记再次强调要"逐步形成以国内大循环为主体、国内国际双循环相互促进的新发展格局"。医疗、健康、养老作为可吸纳就业人口多、底子薄弱但发展潜力巨大的行业是国内大循环的优先发展领域,也是国民经济发展的主战场之一。实现智慧医养平台的数据共享问题,有助于提升医疗养老服务及其管理的质量,有助于提升老年人的获得感和幸福感,有助于带动国内相关产业的发展,为国家"双循环"新发展格局贡献力量。

2019 年 10 月,国家卫健委、民政部等 12 部门联合出台《关于深入推进医养结合发展的若干意见》(国卫老龄发〔2019〕60 号),其中明确指出:"充分利用现有健康、养老等信息平台,打造覆盖家庭、社区和机构的智慧健康养老服务网络,推动老年人的健康和养老信息共享、深度开发和合理利用。"

基于网络的平台服务模式日益成为现在服务业的主流模式。医养结合要真正得到有效实现,支撑其运作的智慧医养平台非常重要。智慧医养服务平台能够破解医护服务和养老服务目前存在的"碎片化"与"小而散"问题,能够对医和养的服务资源进行有效衔接与转介。当前,全国各地都已经开始了智慧医养服务平台的建设和运营工作,表 3.12 中列举了在市场上比较有影响的 10 家智慧医养服务平台。老年人和照护人员可以借助计算机、手机、平板电脑，以及智能手表、智能手环、智能床垫等设备接入表 3.12 中的平台。

表 3.12 智慧医养服务平台列举

序号	平台名称	企业名称	服务地域	上线时间	提供服务
1	乌镇智慧养老平台	浙江椿熙堂养老服务管理有限公司	浙江乌镇	2015 年	居家预警、应急救助、生活服务、健康管理、照护服务等
2	北京爱侬家政	北京爱侬养老服务股份有限公司	北京	1995 年	专业服务、智慧照护、护理培训、居家养老、康复锻炼、健康指导等
3	所依养老	蓝创科技有限公司	青岛、深圳、北京、成都等	2014 年	生活帮助、健康安全、服务订购、亲情互动、紧急呼救、智能定位等
4	颐养超脑	安徽静安投资集团有限公司	合肥、淮北等	2017 年	远程监测、危险预警、配套服务、效果评价、客户沟通等
5	一号护工	北京七心云科技有限公司	北京、上海、常州、太原	2015 年	就诊陪医、健康管理、慢病管理、居家康复、家庭护理等
6	金牌护士	北京美鑫科技有限公司	北京、上海等 400 多个城市	2015 年	护士上门、远程诊疗、医疗体检、就诊陪医、健康管理、慢病管理、居家康复、家庭护理等
7	医护到家	北京千医健康管理有限公司	北京、上海、广州、深圳等 330 个城市	2015 年	护士上门、居家养老、中医理疗、在线问诊、线上购物等
8	医家通	北京华卫迪特健康科技有限公司	北京、河北、河南等 26 个省市	2015 年	健康管理、床位管理、睡眠管理、定位管理、远程视频、呼叫中心等
9	壹零后智慧养老平台	深圳壹零后信息技术有限公司	北京、深圳等 30 余个城市	2014 年	活动管理、智慧照护、社区管理、餐饮管理、健康服务、报警信息等
10	点点医	北京点点家服科技有限公司	北京	2015 年	医护上门、老年护理、术后康复、健康管理等

注：服务地域和服务内容来自本书写作时的企业网站资料。

随着医养结合的推进,产生的各种医疗健康和生活照料的服务交易数据、健康档案数据、在线评论数据、服务过程视频监控数据、可穿戴设备和智能床垫等的监控数据越来越多,类型越来越丰富,这些数据也具有大数据的 4V 特征,即体量大(Volume)、多样性(Variety)、价值(密度低)(Value)、速率高(Velocity)。智慧医养服务平台及医养大数据的快速发展在理论上产生了两个亟须解决的问题:一方面,如何厘清医养大数据各主体之间的数据权属关系,识别医养大数据使用中的伦理和隐私问题,构造医养服务知识图谱来支持有效的数据治理;另一方面是如何实现不同主体之间的数据共享,使医养服务能够集成提供,实现医养服务生态系统中的价值创造,实现真正的医养结合。本节主要是探索如何基于区块链技术实现有效的医养数据共享,解决其中的第二个问题。

3.3.2 智慧医养平台的特点与存在的问题[①]

为了积极应对人口老龄化趋势,我国逐步形成了以居家为基础、社区为依托、机构为补充、医养相结合的养老服务体系。如 3.3.1 节所说,已经有一些组织利用信息技术建立了智慧医养平台来为老年人提供服务,但是这些平台仍存在各服务主体间较为严重的数据孤岛问题,医养数据难以实现互联互通。老年人的数据以不同形式存储在医疗机构、养老机构和养老服务提供商等地方,由于缺少相互之间的信任以及数据共享架构,因此,平台方较难将医养数据整合起来为老年人提供精准服务。另外,老年人的信息属于个人隐私数据,传统的直接调用方式可能会造成数据的泄露或篡改,因此在数据共享的基础上还需要保证老年人的数据隐私安全。

区块链通过交易的不可篡改和可溯源性来增强信任、利用密码学算法和分布式架构来实现,已经在物流、供应链、金融等领域有很多应用。因此,我们提出使用区块链来实现医养结合平台中数据的访问控制和溯源,实现整个数据流转过程的透明记录,促进医养结合平台中的数据共享,增强老年人的数据隐私安全,从而为老年人提供定制化、精准化的服务。

---

① 本部分的内容节曾发表在《基于区块链的医养结合平台数据共享设计研究》(中国老年学和老年医学学会2020 年学术大会论文集《新时代积极应对人口老龄化研究文集 2020》,中国老年学和老年医学学会主编,华龄出版社,2020)(作者:郭鑫鑫,左美云,中国人民大学信息学院智慧养老研究所),收入本书时有较多的删改。

1. 智慧医养平台的特点

智慧医养平台相较于其他领域中平台有如下特点。

1）数据来源复杂

智慧医养平台涉及多个服务主体，包括医疗机构、养老机构、养老服务提供商、政府等，同时涉及多个政府部门，包括老龄、民政、卫健、社保、残联等。数据来源较为复杂，同时由于缺乏统一的数据标准，导致数据融合和共享更为困难。

2）受政策制度约束多

养老、卫健、医保等政府部门之间存在一定的职责交叉情况，再加上不同地区对于医保等政策有所不同，导致智慧医养平台中涉及跨部门、跨区域的业务发展缓慢。举例来说，养老机构中的医务部门申请医保定点单位困难，导致智慧医养平台中老年人的相关诊疗护理业务存在医保报销不畅通问题。又例如，根据政策要求，有些养老机构中内设的医疗机构难以取得首诊资格，导致老年人在该医疗机构接受诊治后不能与周边二级医院建立双向转诊通道，从而导致养老机构内设医疗机构与外部的医疗机构之间的数据较难实现共享。因此，智慧医养平台受到的政策制度约束较多。

2. 智慧医养平台当前存在的问题

通过梳理文献及实际案例，我们可以得出目前智慧医养平台存在的问题主要有以下两个。

1）数据共享问题

当前的医疗健康和养老服务数据很少真正实现了互联互通。社区、医疗机构、养老机构等涉老服务主体之间缺乏信任关系，并且由于缺乏统一的数据标准，不同服务主体中存储的数据格式和结构不同，导致互操作性差。目前养老服务采取以部门为中心的政务信息化发展模式，老龄、民政、卫生、社保、残联等部门之间的信息系统彼此孤立运行或有限开放，导致各部门之间很难信息共享，沟通协作比较困难。

2）隐私安全问题

医养结合平台中存储着老年人的人口统计信息、健康信息和服务记录等，这些都属于老年人的隐私数据。由于缺乏医养结合服务行业标准及监督考核制度，使医疗、养老等机构中的老年人数据安全存在隐患。目前存在的智慧医养平台控制着老年人所有敏感的、有价值的信息,导致老年人的信息可能被篡改或泄露。

3.3.3 基于区块链的智慧医养平台的数据共享设计

基于区块链的智慧医养平台是针对现有平台的不足和缺陷,并结合区块链技术而设计的。设计目标是实现医养数据共享,同时在数据共享的基础上保证数据隐私安全。本节使用区块链技术来实现智慧医养平台中数据访问的权限控制,实现整个数据流转过程的透明记录,从而促进智慧医养平台中的数据共享,增强老年人的数据隐私安全,进而为老年人提供定制化、精准化的服务。

医养数据如果能够共享,智慧医养平台就可以提供一站式的医养集成服务。例如一位患有糖尿病的老年人在平台上预约了生活照护服务,那么养老服务提供商就可以根据老年人的医疗病历派遣具备糖尿病知识的服务人员为老年人提供个性化服务,如在饮食上提供富含膳食纤维的食物;根据治疗方案提醒老年人按时服药、监测血糖变化等。同时,医疗服务提供商也可以根据老年人日常生活情况和身体状况的变化去相应调整治疗或护理方案等。

1. 数据共享架构设计

参考孟小峰等学者的研究,我们把基于区块链实现数据获取和共享的框架分为数据获取层、数据存储层、区块链层和数据共享层四层。因此,基于区块链的医养结合平台的数据共享架构也分为四层,如图 3.8 所示,其中的 Block 是指数据区块。

其中,数据获取层是指使用各种手机 App 应用程序收集数据,包括老年人基本信息、医疗服务信息及养老服务信息等,还包括一些物联网设备如手环、血糖仪等获取的信息。数据存储层是指对收集上来的数据进行存储,为了方便对老年人的数据进行统计分析从而为老年人提供更多个性化推荐服务,这里我们采用传统的数据库进行存储,使用非对称加密算法对数据加密后进行存储,以此保护数据安全,并且通过一个元数据指针(Reference Point,RP)指向它。区块链层使用智能合约来进行权限和访问控制,任何数据的授权和访问情况都通过区块链的交易记录在区块链中,为了减小链上数据存储、提高区块链的效率,我们仅对元数据指针进行操作和存储,通过元数据指针再获取到相应

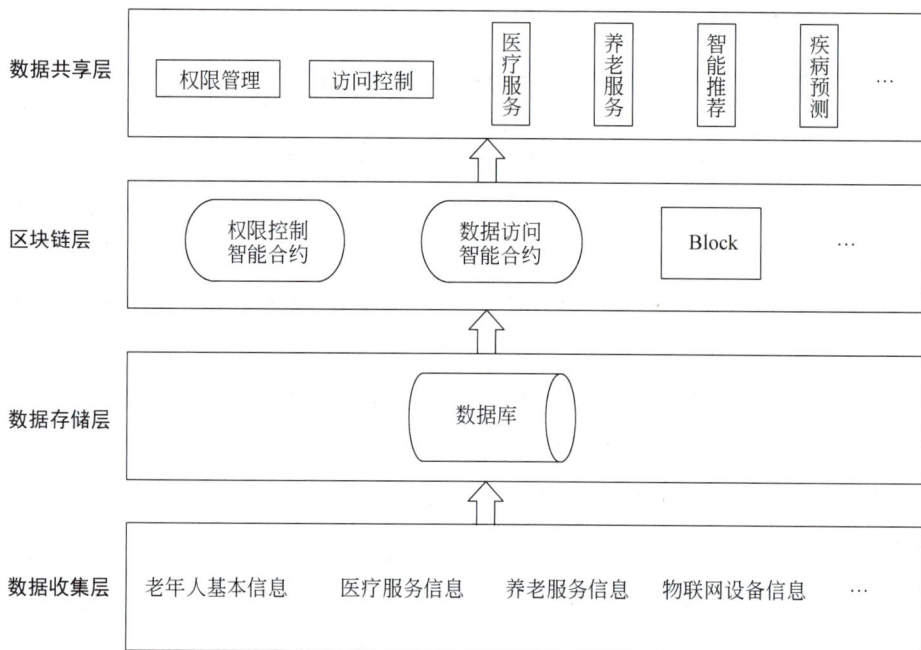

图 3.8　基于区块链的医养结合平台数据共享架构

的完整数据。在数据共享层中,使用各种用户接口实现数据共享,包括权限管理和访问控制等。

　　智慧医养服务平台会为每个用户生成一对专用的加密密钥对,分别为公钥(Public Key,PK)和私钥(Private Key,SK),用来实现数据签名和加密。在数据签名中,使用自己的私钥对数据进行签名,对应的公钥可用于验证数据是否被篡改,以此确保数据的完整性。在数据加密中,使用对方的公钥对数据进行加密,只有对应的私钥才能解密数据,以此保证数据的机密性。

2. 智能合约设计

　　区块链上不适合存储大量的数据。因此,我们对用户信息的元数据指针执行相应的操作并进行存储。下面分别介绍我们设计的权限控制智能合约和数据访问智能合约。

1）权限控制智能合约

在智慧医养平台中，权限控制包括授权和除权，我们使用被授权或除权用户的公钥对元数据指针进行加密并保存在区块链上，被授权用户使用个人私钥访问数据。老年人可以通过平台给医疗和养老服务提供商授权，从而服务商可以更新相应的医疗或养老服务数据，并且可以查询到全部数据。例如，养老院和医院在为老年人双向转诊过程中，老年人通过平台为养老院和医院进行授权，从而养老院和医院可以对老年人的相关数据进行访问，当双向转诊结束后进行除权。

例如老年人 i 信息的元数据指针为 RP_i，并授权给了服务人员 j，那么整个数据的授权及访问的流程如图 3.9 所示。其中，Sign 函数是数据签名函数，Enc 函数为加密函数，Dec 函数为解密函数，以上函数中第一个参数为密钥，第二个参数为要操作的数据。

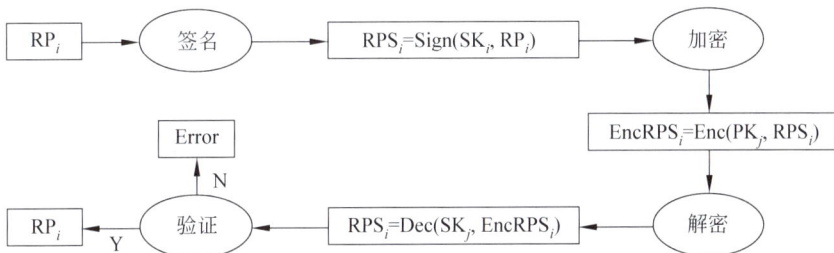

图 3.9　数据授权及访问流程

首先使用老年人 i 的私钥对元数据指针进行签名防止篡改，然后使用服务人员 j 的公钥对其 RPS_i 加密，加密后的数据 $EncRPS_i$ 通过智能合约记录在区块链上，该步骤即为授权。当用户需要访问数据时则使用其私钥进行解密，解密后得到加了签名的元数据指针 RPS_i，通过对该签名进行验证来确认数据是否被篡改，验证通过后得到老年人 i 的元数据指针，之后通过查询数据库就可以访问到完整的数据。

2）数据访问智能合约

数据访问智能合约是指详细记录哪个用户使用了哪个安全令牌访问了哪些数据。如前例所述，老年人通过平台预约照护服务后，养老服务商根据授权查询到老年人的医疗数据，了解到老年人有糖尿病，选择有相应经验的照护人员监测老年人的身体状况等。同时，老年人授权的医疗服务商可以获取老年人身体状况数据，从而调整治疗方案、更新老年人的医疗数据。

智慧医养平台的用户包括医生、护士、照料人员、家政人员、老年人、家属等，具体的用户数据访问流程如图 3.10 所示。当需要访问数据时，首先进行身份验证，验证通过后输入相应的请求，随后用户界面把用户请求转发给服务器，服务器向区块链查询当前用户的数据访问权限，区块链返回权限信息，如果拥有权限则使用元数据指针到数据库中检索完整的数据，并将数据更新到用户界面。

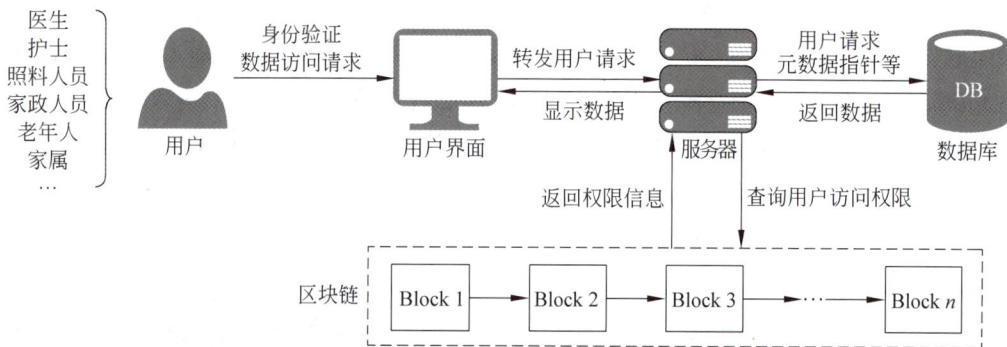

图 3.10　用户数据访问流程

上述权限确认环节需要调用权限控制智能合约，首先查询用户权限，如果用户有权限则验证元数据指针的签名，看是否被篡改；如果数据完整性未被破坏则取出真正的数据存放地址，进而通过服务器去传统的数据库查询得到完整的用户数据。

本节以满足老年人的需求为导向，基于区块链技术设计了智慧医养平台的数据共享架构，给出了智慧医养平台数据共享的方案，实现了对数据授权和访问流程的监控和溯源。我们设计了权限控制智能合约和数据访问智能合约的流程，记录了数据授权、除权和访问的整个过程，实现了整个数据流通过程的透明记录及可溯源，促进了数据共享，增强了老年人的数据隐私安全，以上的设计思路可以供实际的智慧医养平台建设时参考。

除了区块链技术中智能合约的应用外，未来智慧医养平台还可以采用新兴的基于联邦学习的数据隐私保护技术进行数据共享。联邦学习（Federated Learning）指数据拥有方不用上传数据即可结合多方数据进行统一模型训练的方法，得到的模型效果和直接整合数据后进行训练得到的模型效果足够接近,克服数据传输和存储导致的隐私泄露问题。联邦学习体现的是一种"可用不可见"或"可用不可懂"的思想。智慧医养平台的各主体提供的都是加密后的数据,加密算法和参数则由一个大家都接受的第三方提供,这样,统一加密后的不同主体来源的数据可以进行联合学习——统一模型训练,得到更有利于老年人的服务推荐。而各家参与方实际上看不到其他家的真实数据,从而消除数据共享的顾虑和隐私泄露的担心。

参考文献

[1] 何艾玲,汤学军,陈卫平,等.基于三维结构模型的医疗健康物联网信息标准体系表编制方法设计与研究[J].中国标准化,2016(12):127-131.

[2] 华中生.网络环境下的平台服务及其管理问题[J].管理科学学报,2013,16(12):1-12.

[3] 华中生,刘作仪,孟庆峰,等.智慧养老服务的国家战略需求和关键科学问题[J].中国科学基金,2016,6:535-545.

[4] 娄苗苗.电子健康档案数据标准化方法研究[D].西安:第四军医大学,2013.

[5] 孟小峰,刘立新.区块链与数据治理[J].中国科学基金,2020,34(1):12-17.

[6] 舒辉编.标准化理论与实务[M].北京:经济管理出版社,2000.

[7] 魏尔曼.标准化是一门新学科[M].北京:科学技术文献出版社,1980.

[8] 张程,李洁.国内外智慧养老现状及标准化研究[J].中国标准化,2018(20):199-201.

[9] 张欢,潘洋,裘丹娜,等.智慧居家养老服务标准化建设初探[J].中国标准化,2017(9):65-69.

[10] 张佩卿.企业标准化管理[M].广州:华南工学院出版社,1987.

[11] 张泽.生态系统视角下健康医疗可穿戴设备数据标准体系框架研究[D].北京:北京协和医学院,2017.

[12] 朱勇.智能养老[M].北京:社会科学文献出版社,2014.

[13] 左美云,王芳,尚进."医养结合"面临的问题及对策[J].中国信息界,2016(2):81-84.

[14] BORGUN,J V. HL7 Ontology and Mobile Agents for Interoperability in Heterogeneous Medical Information Systems. Computers in Biology and Medicine 2006,36:817-836.

[15] WANG H,GUO C,CHENG S. Loc—A New Financial Loan Management System Based on Smart Contracts[J]. Future Generation Computer Systems,2019,100:648-655.

［16］ KHATOON A. A Blockchain-Based Smart Contract System for Healthcare Management［J］. Electronics,2020,9(1):94.

［17］ ZHANG P,WHITE J,SCHMIDT D C,et al. FHIRChain:Applying Blockchain to Securely and Scalably Share Clinical Data［J］. Computational and Structural Biotechnology Journal,2018,16:267-278.

第4章
养老服务本体构建与场景化推荐

为了给老年人提供个性化的,并且能让老年人可以理解和接受的养老服务,基于场景的养老服务推荐和可解释的养老服务推荐非常重要。要构建可解释的养老服务推荐模型,一般来说,养老服务的知识图谱和数据融合是基础和支撑。

知识图谱的基础是要构建一系列描述概念及概念之间关系的本体。为了做到数据融合,我们也需要建立养老服务本体,然后建立基于本体对齐的养老服务数据融合。养老服务本体的构建,即是要构建一套概念、属性以及关系类型以在理论层次上描述养老服务过程。本体之间的关联关系,有助于智慧养老服务平台推荐更加精准的服务,提高老年用户的满意度。只有做到了个性化的精准养老服务推荐,智慧养老服务生态系统中的各参与主体才能更加有效地协同和共创价值,实现各自更好的运营。

本章先介绍养老服务领域本体与知识图谱的构建,然后介绍基于本体对齐的养老服务数据融合,最后介绍养老服务的个性化推荐。需要说明的是,第2章中阐述的老年人和照护人员的匹配,是智慧养老服务平台的运营过程中,有些服务需求是老年人主动提出的,在老年人提出服务需求后,平台需要匹配到合适的照护人员去服务老年人,使老年人满意,这是智慧养老服务平台满足老年人需求的"被动型运营"。随着各种智慧技术的渗透和采纳,越来越多的智慧养老服务平台需要提供"主动型运营",即基于养老服务本体、知识图谱、老年人所处场景的感知,主动并精准地推送个性化的养老服务给老年人,本章即是为智慧养老服务平台"主动型运营"提供支撑。

4.1　养老服务领域本体与知识图谱

4.1.1　养老服务本体构建的方法与过程

1. 本体和养老服务本体

本体(Ontology)是一个涉及哲学、图书情报、人工智能、知识工程等多个领域的概念，是用来描述某个领域甚至更广范围内的概念以及概念之间的联系，使这些概念和联系在共享的范围内有着明确唯一的定义，并达成一种共识。构建本体是为了达到一种共享的理解来克服人员、组织和软件系统之间的沟通障碍，这种共享的理解(即本体)可以作为统一的框架发挥作用，从而使本体具有互操作性、可重用性、可靠性和规范性。本体在底层提供了可重用和共享的规则化框架，具有概念层次结构和对逻辑推理的支持能力，是上层通信、分析和应用的基础。

领域本体(Domain Ontology)是用于描述指定领域知识的一种专门本体，所表达的是那些适合该领域的术语的特殊含义。当前，越来越多的描述各种各样领域的本体被构建出来了。例如，在资源本体建设方面，目前形成了馆藏资源、电影资源、音乐资源、制造资源等本体。

通过回顾领域本体的建设现状和研究可以发现，目前关于养老服务领域本体和养老服务本体构建机制研究非常罕见。有的学者以老年服务档案为研究对象，也只是初步提出了养老服务本体概念模型。我们应该探索养老服务本体构建的机制，调研并构建养老服务过程中涉及的多种领域本体如餐食本体、疾病本体等，将养老服务领域中的本体整合构建为一个养老服务本体库，并对领域本体进行整合和映射，最终构建养老服务全局本体。

图 4.1 给出了养老服务领域本体示例。本体层的左侧是生活照料服务资源中的餐食

本体示例,右侧是医疗健康服务资源中的疾病本体示例,通过调研可以建立餐食与疾病之间的关系,例如,某项餐食的适用人群与某些疾病相关,该项餐食的营养价值可以作为一种食疗手段,从而给特定的病人推荐相应的助餐服务。本体之间的关联关系,有助于智慧养老服务平台推荐更加精准的服务,提高老年用户的满意度。

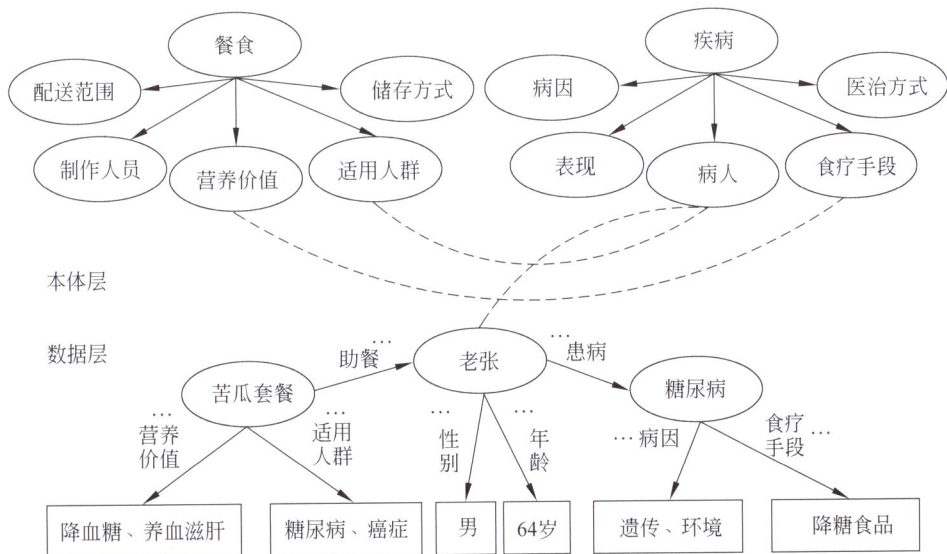

图 4.1　本体层概念和数据层实例化示意图

2. 本体构建的方法

国外相关学者提出了许多本体构建的方法,典型的方法包括 IDEF5 法(Integrated Definition for Ontology Description Capture Method,本体描述获取的集成定义法)、TOVE 法(Toronto Virtual Enterprise,多伦多虚拟企业法)、骨架法(Skeletal Methodology)、KACTUS 工程法(Knowledge About Complex Technical systems for multiple USe,面向多种用途的复杂技术系统知识法)、METHONTOLOGY 法(METHodology to build ONTOLOGY,本体构建方法论)、七步法,等等。

通过比较发现,每种方法体系都有它的特点和适用的领域,上述本体构建方法中比较完整、成熟的是七步法和 METHONTOLOGY 法(无中文译名,由马德里技术大学人工智能实验室提出);通用性较好的是七步法,适用于国内外的各种领域的本体构建。其中,七步法由斯坦福大学医学院开发,主要用于领域本体的构建,主要步骤包括确定本体的专业领域和范围、考查复用现有本体的可能性、列出本体中的重要术语、定义类和类的等级体系、定义类的属性、定义属性的分面(Facets,如类型、取值等)以及创建实例。

国外本体研究多基于英语,形成了很多前沿的本体构建方法。但由于中文缺乏形态变化,词与词书写无明显分界符,造成中文分词困难,再加上中文一词多义问题,使中文概念及其关系的学习更加困难。我国的本体研究在借鉴国外前沿构建方法的基础上,结合中文的特点,形成了具有自身特色的本体构建研究流派,主要分为两类:一类是基于叙词表的构建方法,即将叙词表(又称主题词表)转化为本体;另一类是基于本体论工程的构建方法。

随着中文分词和中文自然语言处理技术的发展,国内以本体论工程法为基础构建领域本体的研究逐渐增加,包括半自动化和自动化构建方法。半自动构建方法基于现有本体构建方法,由专业人员通过对领域概念关系的分析给出领域的上层知识模式,利用机器学习技术从领域语料中学习概念关系;自动构建方法则主要体现在相关术语以及概念集的自动抽取、实例学习、分类关系学习和非分类关系的抽取,整个过程完全实现了机器的自动化学习与构建。

3. 养老服务本体构建的一般过程

由于养老服务类型多样、牵涉面广,养老服务概念的抽取和更新是养老服务本体构建的难点。因此,需要提出一种有效的养老服务本体构建方式。叙词表在动态更新方面稍显欠缺,而本体的半自动化/自动化构建方法借助机器学习方法,可以对相关概念关系按照既定规则采取批处理的方式自动生成形式化的本体,有助于提高生成效率,可以作为养老服务本体构建的可行方法。鉴于中文分词以及概念抽取的困难,养老服务词库的构建成为养老服务本体的一大挑战。此外,养老服务本体中概念之间的隐含关系抽取,例如餐饮服务与医疗数据之间的隐含联系,也是养老服务本体构建需要认真探索的工作。

传统的人工方式构建本体周期较长、工作量大,而完全自动生成养老领域本体几乎是不现实的。因此,我们建议采用领域本体半自动构建方法:首先,在养老服务领域专家的指导下生成养老服务基础本体;其次,养老服务资源可能会随着时间的推移和信息技术的引入以许多不同的方式发生变化,可能出现新的服务或服务机构,需要建立新的概念,或者一些本体可能会过时,必须从全局本体中删除一些概念。因此,需要通过本体学习对基础本体进行扩充。

我们在参考斯坦福大学医学院提出的领域本体构建七步法的基础上,提出了养老领域半自动本体构建机制,包括准备、本体建模和本体学习三个阶段。养老服务本体构建的一般过程如图 4.2 所示。

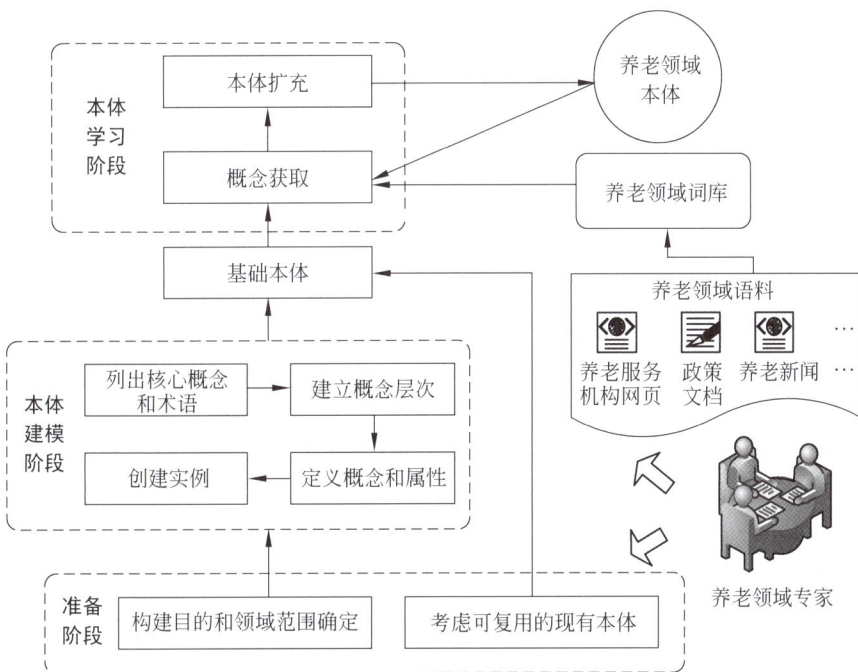

图 4.2 养老服务本体构建的一般过程

(1) 准备阶段:明确构建养老服务本体的目的,确定养老领域的范围,同时,尽可能地考虑将现有本体复用,因为本体的复用将极大地简化本体构建过程。本体构建的目的是为智慧养老服务平台向老年人推荐个性化服务提供支持。在领域范围方面,养老服务资源涉及老年人的生活照料、医疗健康、安全监测、心理慰藉、老有所为等;在现有本体方面,现阶段有较成熟的中医药和疾病本体可供复用。

(2) 本体建模阶段:结合实地调研和数据分析,在养老领域专家的指导下,可以通过访谈和实地调研来确定养老领域的核心概念和术语;根据本体的用途、粒度、本体模型的兼容性来建立概念层次;对概念本身以及概念之间除了层级关系以外的其他复杂语义关系进行明确定义;通过实例声明、实例描述和关系关联进行实例化,最终形成基础本体。

(3)本体学习阶段:基于基础本体,通过本体学习的方式进行本体扩充以形成养老领域本体。具体来说,对获取到的不断演变的养老领域语料(如养老服务机构的网页、养老新闻、养老政策等),使用分词工具进行分词,训练语料的词向量进行分类,构建中文养老领域词库;通过在养老领域词库中进行模糊匹配来获取新的概念;采用规则法获取概念的层次关系,即通过分析养老领域相关文本,人工总结出一些频繁出现的语言模式作为规则,在关系提取时根据预定义的规则进行匹配;采用关联规则自动发现概念的非层次关系,例如在同一句话中两个概念频繁同时出现,那么这两个概念之间存在着某种联系;根据本体扩充算法可获取的养老领域概念、属性、关系自动扩充到核心本体中,形成养老领域全局本体。

4.1.2　养老服务本体的具体构建及应用

我国人口老龄化进程正在加速发展,伴随着互联网加速发展的进程养老服务业急需新的改进,养老服务类型多样、牵涉面广,这导致了本领域具有如下几个特点:第一,在智慧技术的影响下,养老服务领域发展较快;第二,养老服务领域涉及许多相关联学科;第三,养老服务领域的术语等基础理论的研究工作并不完善;第四,养老服务的顶层设计和统筹规划力度不够;第五,养老服务的信息分散、结构多样。

基于上述特点,我们在具体构建养老服务领域本体时,在参照 4.1.1 节养老服务领域本体构建一般过程的基础上,首先明确顶层本体的范畴,然后对养老服务领域相关术语进行规范化。由于目前的智慧养老服务平台多为分而建之,缺少统筹规划设计,所以养老服务本体需求首要应明确养老服务的顶层范畴、梳理相关领域的平台功能架构并以此作为基本的顶层本体框架。在此基础上,根据养老服务领域特点以及当前的本体技术研究现状,以七步法的核心流程为参照对象,我们设计了一种适合养老服务领域的半自动化本体构建方法体系。养老服务本体的具体构建过程包括以下步骤[①](参见图 4.3)。

---

① 本节内容节选自笔者与同事胡鹤老师共同指导的硕士论文《养老服务本体构架及其应用研究》(作者:张卓越,中国人民大学信息学院智慧养老研究所),收入本书时有删改和完善。

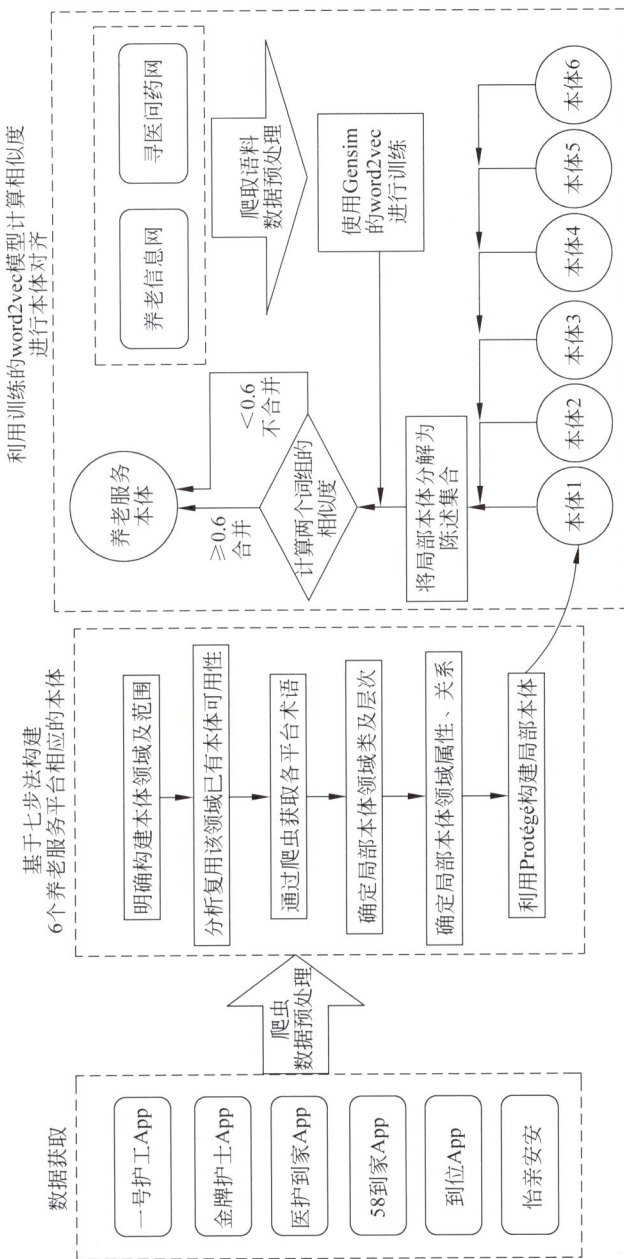

图 4.3　养老服务本体的具体构建过程

（1）基于异构数据源获取本体术语，完善养老服务的语料库。对代表性的智慧养老相关服务平台（如一号护工、金牌护士）以及养老信息网站（如养老信息网、寻医问药网）等数据源进行数据爬取与预处理，将数据按照不同的数据来源添加到语料库中。

（2）确定本体类以及类之间的层次关系。

（3）确定本体的关系和属性。

（4）将不同来源的局部本体利用基于背景知识的方法进行本体匹配，合成完成的养老服务本体。

（5）利用 Protégé 本体构建工具创建实例，将养老服务本体编辑并以 owl 的格式存储。

（6）利用专家评价法对创建的养老服务本体进行本体评价。我们从一号护工、58 到家、到位、医护到家、金牌护士、怡亲安安等智慧养老相关的平台获取到养老服务数据项，然后得到各个平台的术语语料集合。然后分别确定单个平台的局部本体类和类的层次结构，在确定了局部本体类与类的层次结构关系，我们就可以得到每个养老服务平台的顶层框架概念模型。

考虑养老服务领域资源类型多样、体系庞杂的特征以及本体建设对易用性、通用性的基本要求，我们先构建多个局部本体，然后构建一个各领域通用的、集成的核心本体。在确定局部本体及相应的陈述集合基础上，考察全部的领域术语集合，实现养老服务平台的顶层框架概念模型搭建。对于顶层框架概念模型的具体要求是，含义清晰、互不交叉并覆盖整个养老服务领域的服务流程，通过养老服务领域的顶层框架概念模型的确定，才可以完成后续的本体属性关系扩充和本体对齐的工作。

我们选取 Protégé 本体编辑工具，打开本体编辑工具后可以发现，构建工具中有一个默认的顶级的类 OWL：Thing，它是所有类的上义词。然后分别对各个养老服务平台利用 Protégé 本体编辑工具建立养老服务顶层框架概念模型，构建出来各个养老服务平台的局部本体。

经过上述步骤，我们已经构建了 6 个养老服务平台的局部本体。而我们的构建目标是通过对这些代表性的智慧养老服务平台进行分析，构建统一养老服务本体。而在本体融合之前，需要明确本体融合（Ontology Merging）的概念。本体融合是在来自不同本体的实体之间产生的逻辑关联，并使两个本体保持独立、一致和连续的状态，必要时需要对本体间的匹配添加额外的公理和元素。本体融合是需要对本体之间的实体进行本体对齐。

本体对齐(Ontology Matching)简单来说就是判断来自不同本体的两个实体概念是否指向现实世界的同一种对象。也就是说,发现不同本体的实体语义关系,这些关系可以是实体间的相似值、模糊关系或逻辑符。我们分别选取 58 到家、到位、医护到家、金牌护士、怡亲安安的局部本体与一号护工 App 平台的局部本体作为测试集进行本体概念对齐。将上述局部本体分解为陈述的集合。存入陈述数组。采用广度优先遍历方式在本体中遍历节点与后续的本体节点进行 word2vec 相似度计算(可以采用开源的第三方 Python 工具包 Gensim)。对于两个局部本体中的概念而言,如果概念相似度大于或等于阈值 0.6,则把两个候选概念进行合并。并依次将各个局部本体融合为一个整体的本体。由于养老服务本体中类的表示方式众多且繁杂,但是关系较为简单,主要表现在"服务""被服务"等,因此这里的概念对齐主要针对本体中的类进行概念对齐。

经过以上几个步骤,我们已经根据 6 个代表性的智慧养老相关平台创建好养老服务局部本体的实例,每个局部本体都应该包括实际数据。并在构建好养老服务本体的类的同时填充数据属性以及对象属性并且填充数据应该继承所属的概念。在得到上述基础本体之后,可以参考 4.1.1 节中养老服务本体构建的一般过程,通过本体学习的方式进行本体扩充以形成养老领域全局本体。

我们采用 Protégé 本体编辑工具来进行本体的构造。Protégé 软件是斯坦福大学生物信息研究中心基于 Java 语言开发的本体开发工具,同样是极少数支持中文本体构建的工具。有多种插件以提供多种本体表现形式,相关更详细的关于它的介绍可以在官网(https://protege.stanford.edu/)查询。本节用到了 OntoGraf 的插件对本体进行可视化展示。我们用 Protégé 对养老服务本体进行本体类(Class)、关系(Object Properties)、属性(Data Properties)和实例(Entities)的构建。图 4.4 为基于 Protégé 编辑的养老服务本体界面。

我们采用专家评价法对构建的本体进行了评价,邀请了老年学以及计算机应用领域的专家,对上面得到的养老服务本体从结构维度、功能维度和可用性维度进行评价,专家们认为我们构建的本体对企业实际构建养老服务本体有较好的参考价值,可以供智慧养老服务平台企业借鉴使用。

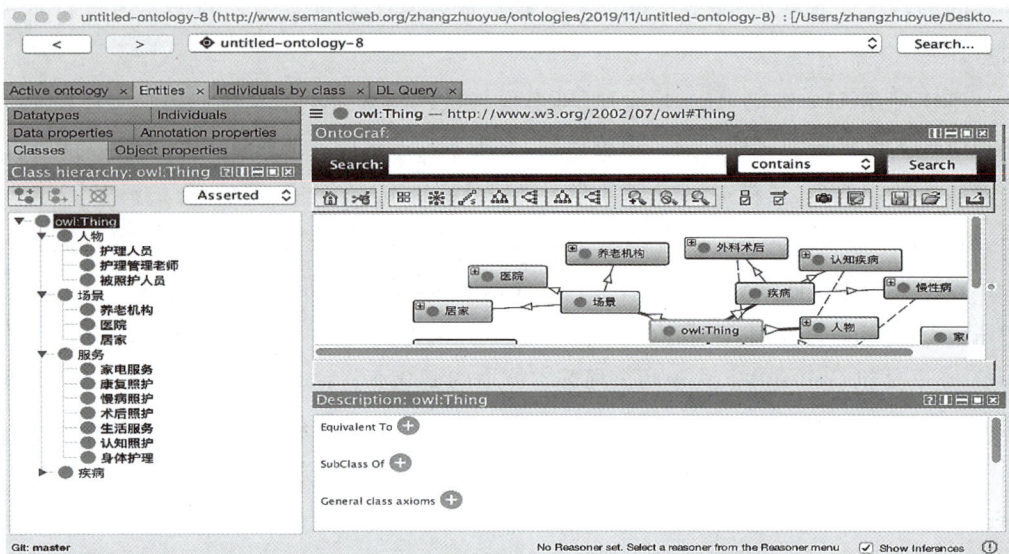

图 4.4　基于 Protégé 编辑的养老服务本体界面

4.1.3　知识图谱与养老服务知识图谱

本体是语义数据模型,我们可以对养老服务领域的概念关系进行建模,如 4.1.2 节我们构建了养老服务本体。本体强调概念关系,但是要对相对应的实体关系和实体属性值进行描述则要用到知识图谱(Knowledge Graph)。当我们把本体(如老年人、服务人员、餐食、药品)应用到一组单独的数据点(如老年人老张、当日服务人员小李、当日餐食、当日所服药品)时,那么就是创建了一个知识图谱。

知识图谱利用图数据结构表示知识,描述客观世界的事物及其复杂关系,具备语义表达能力丰富、描述形式统一、便于计算机存储和检索、支持高效推理等优势,便于融合多源异构知识,从而支撑更丰富、灵活的知识服务。

知识图谱按照实体和关系的结构存储,可以很方便地呈现为节点和边的形式。具体来说,知识图谱以节点表示实体,以边表示实体与实体间的关系,知识图谱的可视化能够直观地表达养老服务生态系统各主体间的业务和数据关联。由此,知识图谱的可视化被广泛地应用于复杂关系的数据分析和知识挖掘中,同时可作为挖掘成果的一种展示方式。

　　知识图谱根据其所包含的知识的范畴可细分为开放知识图谱和垂直领域知识图谱。开放知识图谱所包含的知识没有领域之分,旨在获取一切重要的概念、实体以及它们之间的关系,如谷歌知识图谱、基于众包的 DBpedia 和 FreeBase 及普林斯顿大学的 WordNet 等。

　　垂直领域知识图谱所包含的知识具有很强的领域针对性,它通常是为刻画某个特定领域的知识而构建的,如音乐知识图谱、中国旅游景点知识图谱、中医医案知识图谱、新冠开放知识图谱等,由于它们具有很强的专业性,在行业应用中能够更加深入地发挥作用。

　　养老服务领域知识多源异构,适合知识图谱的应用。养老服务知识图谱作为知识的载体,以规范形式对养老服务的知识体系和实例数据进行统一表示,如图 4.5 所示。在图中的模式层中,涉及老年人、疾病、药物、餐食、食材等本体,然后这些本体所对应的概念之间(如老年人与疾病两个概念节点)通过边(如患病)建立了关系。在实例层中,老张属于

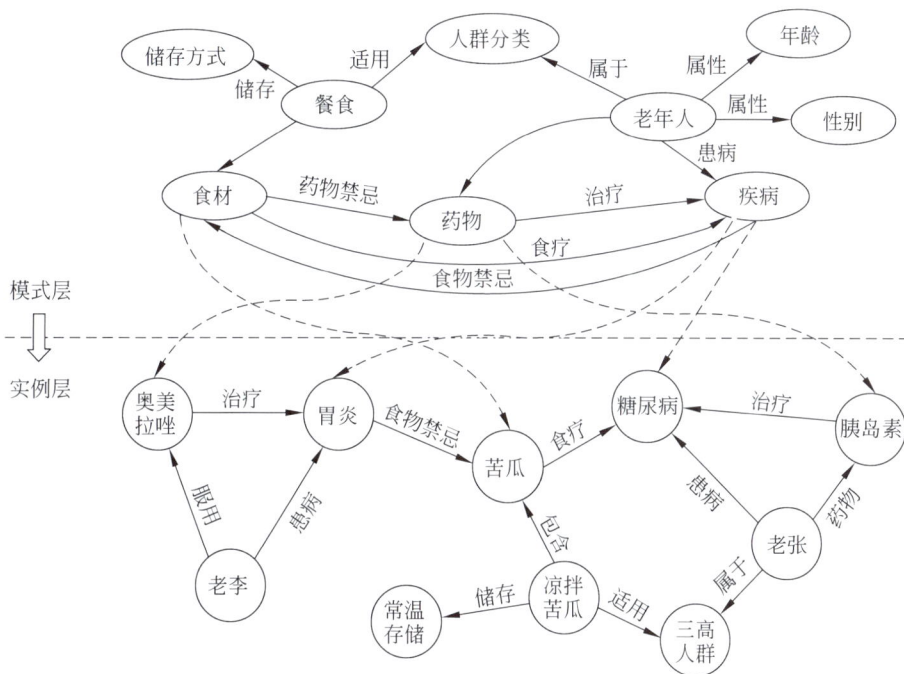

图 4.5　养老服务知识图谱示例

老年人的实例,糖尿病属于疾病的实例,老张和糖尿病两个实例节点之间通过患病这条边建立了关系,把相关的模式层和实例层用图形化的方式保存起来,就形成了养老服务知识图谱,可以支持后续的服务推荐工作,如基于图 4.5,把食材中的苦瓜推荐给患有糖尿病的老张。

4.2　养老服务数据的融合

我们在第 3 章重点阐述了数据标准和数据共享的重要性。在当下运行的智慧养老服务平台中,还没有建立一套行之有效的数据标准,接入同一平台的不同主体之间有些还有各自的系统,即使能够做到数据共享,但是功能模块名称、字段名称、属性名称等都不一致,需要对不同主体来源的数据进行融合,才能为后续的个性化推荐提供支持。

4.2.1　数据融合和养老服务数据融合

要提供集成化的养老服务,就需要把各种养老服务资源整合在一起。然而,各种养老服务资源信息以碎片化的形式存放在不同的养老服务平台或系统中。针对智慧养老服务平台间系统庞杂的问题,应该构建统一的整合平台,对分散在各处的养老数据资源进行整合。数据整合不仅是各方数据的简单归集,更要建立数据之间多维度、多粒度的关联关系才能发现多源数据背后隐含的、有价值的信息。因此,有必要进行数据融合使数据真正发挥其价值。

数据融合(Data Fusion)一词产生于 20 世纪 70 年代,最初应用于美国军事领域。数据融合主要涉及数据的多源性、数据标准化和数据关联化几个主要因素,是对多个数据源进行集成,产生比任何单个数据源提供的信息更一致、更准确、更有用的信息的过程。

数据融合近年来已陆续被应用于许多领域。医疗领域较成功的应用是 IBM 公司的认知计算系统 Watson,2013 年已经应用于肺癌的管理决策上。在电子商务领域,有研究采用多源数据融合技术进行用户行为研究,然后完成个性化服务定制及推荐。

养老大数据来源的多源异构性、数据价值的潜在性、数据间复杂的相关性、表述的多样性和模糊性等特点对养老领域数据融合构成了挑战,而到目前为止,针对养老领域数据的特点探讨数据融合问题的研究还很少,对复杂养老数据进行有效融合还需要进一步探讨。

一般来说,领域数据融合包括如下实现步骤:数据治理、关系构建、可视化交互分析和构建各种具体应用。具体来说,通过数据汇聚模块对数据进行汇聚,使用数据解析工具完成数据从原始形态到属性-值结构化形态的转变,抽取对发现数据之间的关联有价值的属性-值,并进行必要的数据合并,通过关联挖掘方法增加数据之间的语义关联关系,最后通过服务接口模块对外服务。不过,尚未发现成熟的养老领域数据融合解决方案,养老领域中实体之间的关联方式(如何进行实体匹配),以及如何推演实体之间的隐藏关系等都需要进一步研究和解决。

4.2.2　面向养老大数据的数据融合机制

养老大数据融合的难点在于大数据的 4V 特征,即 Volume(数据容量大)、Velocity(更新速度快)、Variety(类型多样)和 Value(价值密度低)。智慧养老服务平台需要汇聚各方的养老数据,相关的数据来自养老服务机构、卫健委、民政、医院、社区等主体。多源异构数据汇聚到一起之后,需要对数据进行预处理、本体对齐、实体链接、冲突解决和关系推演,最终形成高质量、关联化的养老大数据。我们建议按图 4.6 的过程机制对养老大数据进行融合。

1. 数据预处理

不同数据源的养老数据类型包括结构化、半结构化和非结构化数据。结构化数据是存储和排列有规律的数据,例如关系数据库中的基础人口数据,可通过数据提取导入实体以及实体属性;半结构化数据是非关系模型的、有基本固定结构模式的数据,如电子病历、养老服务机构网站的日志流等,需要通过页面解析获取实体、实体同义词/上下位词以及相关属性;非结构化数据是没有固定模式的数据,如老年人的文本档案数据、医学影像数据等,需要利用自然语言技术(如话题模型、语义解析等)进行正文中的实体识别以及实体关系识别。

因而,对于上述从多个源头收集到的半结构化和非结构化养老数据需要进行预处理,转化为结构化数据,构建实体、属性以及它们之间的联系。

2. 本体对齐

本体对齐也称本体匹配,主要是利用属性名称、类型、值的相似性以及属性之间的邻

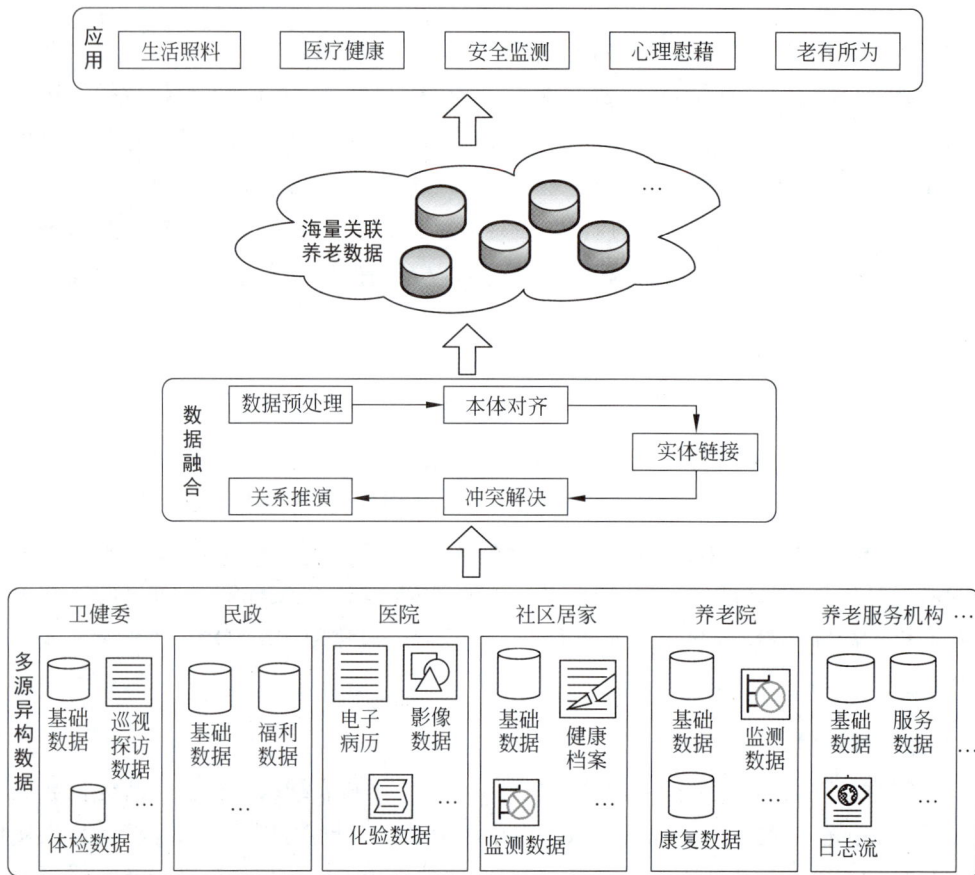

图 4.6　养老大数据融合示意图

接关系,发现不同养老服务本体的概念语义关系,判断来自不同养老服务本体的两个概念是否具有相关关系,从而实现养老服务本体之间的匹配映射。例如,可以通过匹配发现电子病历中的患者和社区居家健康档案中的个人是相同的概念,或者通过模糊匹配的方法发现营养价值与食疗手段是相近的概念。

3. 实体链接

实体链接是将不同数据源的同一实体信息链接起来,形成更加全面的实体信息。例如,将分散在各个组织中的某个老年人的电子病历、健康档案、康复信息和生活照料信息链接到一起,形成老年人的医养结合信息;或者将某个护理人员在不同服务机构的服务数据链接到一起,形成同一护理人员的完整服务记录信息。实体链接的关键是实体识别和实体消歧。其中,实体消歧是指解决同名实体产生歧义的问题。

4. 冲突解决

冲突解决是指从实体冲突值中甄别出正确的值(即真值)。冲突分为模式冲突(由数据源的模式异构引起,如属性名、语义等不同)、标识符冲突(异名同义)和数据冲突(同一属性具有多种不同的值)。例如老年人老张的年龄属性在民政局数据库中是 65 岁,而在某养老服务机构数据库中是 63 岁,这样就存在同一属性具有多种不同值的数据冲突。建议把各种养老服务数据源的独立性、可靠性、真实性作为参数,设计相应的算法来求得真值。

5. 关系推演

关系推演是指用于发现隐含知识,自动找到关联数据中的路径模式和自然语言中的相关词汇之间的对应关系,用于补全养老数据的联系。数据之间不仅存在显式关系,多个实体关系背后的隐藏联系也需要捕捉。例如已知一个养老服务实体和一条关系,推断另一个实体;已知两个养老服务实体,来预测它们之间的关系;还可以推测实体之间的间接关系。例如在图 4.5 的养老服务知识图谱中,假设还存在一名老年人老王,与老张的患病状况(糖尿病)一致,那么可以推测出他们可能会表现出相近的助餐需求。在养老数据融合之后,就可以进行养老大数据分析,在此基础上,更好地进行养老服务的预测和个性化推荐。

4.2.3 智慧居家养老感知数据预处理

在接入智慧养老服务平台的数据中,除了各种 App 和有相对规范接口的养老服务数据之外,有一类数据很特殊,那就是在老年人家中安装的各种传感器收集到的数据,这些数据有些是物理信号,需要转换成数值信号,还有些因为停电、不稳定造成数据缺失等现象。这一类的数据要参与到被聚合的数据之中,需要做适当的预处理,这样才能更有效地被聚合和分析,为后续的推荐和决策提供支撑。

1. 传感器感知数据的特点

当前我国独居老年人现象十分普遍,传感器网络在智慧居家养老方面发挥着越来越重要的作用。传感器网络是由一组传感器以点对点方式构成的有线或无线网络,其目的是协作地感知、采集和处理网络覆盖的地理区域中感知对象的信息,并发布给观察者。传感器网络主要通过二阶段方法收集数据,并将感知数据传输到数据库。第一阶段,安装在家庭里的传感器实时收集独居老年人的行为信号。第二阶段,传感器网络将信号转换成预先设定的数值传输到后台数据库。通过对数据库中的老年人行为数据的分析与挖掘,可以研究独居老年人行为规律、监测老年人的身体健康状况。

然而,由于以下主要三个原因导致原始数据难以直接进行数据挖掘工作。

第一,不同类型的传感器间歇性地采集数据,导致数据库中同一行为的数据在时间维度上反复采样,造成冗余数据的产生,所以必须对冗余数据进行聚合。例如安装在家庭里面的传感器具有模态的多样性,有的是测量温度、时间、行为次数等标量传感器,有的是测量速度、加速度、力等矢量传感器。种类繁多的传感器收集数据都有一个共同的特点就是间歇性地收集数据。

第二,传感器网络容错性差,在实际环境中运行时,当停电或者断网时产生数据丢失,造成不完整的数据产生。

第三,传感器网络接收传感器信号,将传感器的信号变为预先设定的用户行为数值并写入数据库,当传感器响应条件与用户实际状态不一致时产生数据不一致,造成噪声数据的产生。例如很多家庭床边安装了睡觉压力传感器用来测量睡眠时间,假如传感器网络预先设定一定的压力值表征"睡觉"行为,如果用户实际状态为坐在床上看报纸,压力传感器响应条件是检测到有压力值,传感器网络接收坐床的压力信号,将压力信号变为"睡觉"数值写入数据库,出现了用户实际状态与传感器网络预先设定用户行为数值不一致的结果。

基于以上原因,本节试图提出一种智慧居家养老传感器数据预处理方法,将现有冗余性高、准确度低、缺失值多的数据处理为适合数据分析的蒸发率高、准确度高、完整性好的数据形式。

2. 传感器感知数据的处理流程

根据传感器测量目的与传感器测量行为的时间长度的不同,可以对感知数据分为三

类：瞬时数据、短时数据和长时数据，如图 4.7 所示。其中，瞬时数据指传感器为了测量用
户行为次数的数据，短时数据指的是用户行为本身持续时间短于半小时的数据，长时数据
是指用户行为本身持续时间长于半小时的数据。

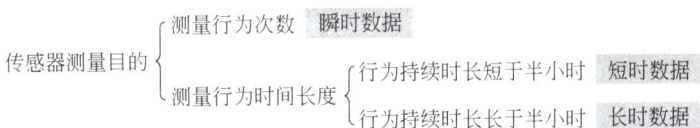

图 4.7　传感器感知数据划分

我们提出传感器感知数据的二阶段数据处理流程如图 4.8 所示。对存储在后台数据
库中的原始数据主要有两个处理阶段：第一个阶段是对记录（行）的处理，第二个阶段是

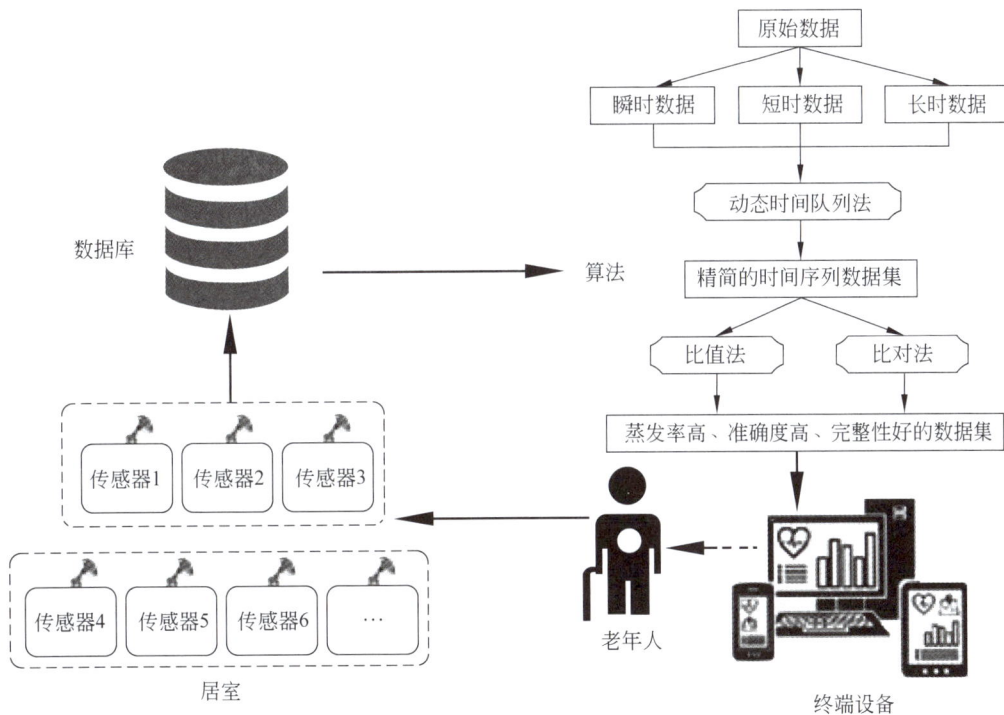

图 4.8　传感器感知数据的二阶段数据处理流程图

对属性(列)的处理,而且这两个阶段顺序不可颠倒。首先对原始数据划分成瞬时数据、短时数据、长时数据,分别对三种数据进行第一阶段的数据处理,对于重复记录的处理(行的处理)所用到的方法为动态时间队列法,通过该方法可以得到精简的时间序列数据集合。然后对精简的时间序列数据集进行第二阶段的处理,属性的处理(列的处理)所用到的方法有比值法和对比法,通过这些方法可以得到蒸发率(蒸发的含义是去除重复数据,保留有效数据)高、准确度高、完整性好的数据集。

3. 重复数据记录(行)的处理算法

由于种类繁多的传感器间歇性地采集数据,而老年人的有些行为(如坐便)会持续一段时间,导致数据库中同一行为的数据在时间维度上是非连续和频繁采集的,造成冗余数据的产生,而一般的数据库端的数据处理方法无法对其处理。因此,我们对传统的队列算法进行改进,提出了动态时间队列法的处理方法,如图 4.9 所示。

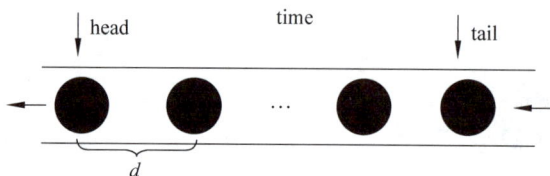

图 4.9　动态时间队列法去除重复记录

当同一传感器的相邻两条数据的时间差很小时,我们认为这两条数据是用户的一次行为的可能性较大;而这个时间差很大时,我们认为是用户的两次行为可能性较大。基于此,我们使用如下动态队列法归并同一用户同一行为的大量重复数据。如图 4.9 所示,进入队列中的数据被认为可能是记录用户某一次行为的多条重复数据,头数据(Head Data)为进入队列中的第一个数据,队尾数据(Tail Data)为进入队列并且满足 $d < K$ 的最后一条数据(不同行为 K 的取值与用户本身行为习惯相关;d 值为同一用户同一行为相邻两条记录的时间差),将该队列中所有数据合并成一个行为数据。

例如,针对坐便行为,当 $K = 4$ 分钟时,坐便的相邻两条行为数据时间差大于 4 分钟,则认为这两条数据分别属于用户的两次行为;坐便的相邻两条数据时间差小于 4 分钟,则认为这两条数据属于用户的同一次行为。

按照以上动态时间队列法处理后，大量的重复记录将被合并，数据的蒸发率高，可以得到精简的时间序列数据集，通过实验可以发现该时间序列数据集贴近用户真实的行为状况。依据前面对数据的划分，对数据分为瞬时数据、短时数据、长时数据。K 值大小随着不同老年人的行为习惯和不同类型的数据而有不同的数值，可以根据老年人的实际传感器数据按照一定的方法进行确定[①]。

4. 数据属性（列）的处理算法

在老年人家中的实际运行环境中，传感器网络本身容错性较差，如数据的缺失值是由于断电、网络不稳定问题引起。另外，由于传感器网络预先设定行为数值，例如前面所提到坐在床上看书被判为睡觉导致的传感器测量睡眠状态不准确问题引起。因此，我们提出了比值法与比对法来解决属性错误的数据处理方法。

1）数据属性值的细化与丰富：比值法

由于传感器感知数据与用户行为高相关性的特点，因而传感器在单位时间内的响应次数与用户的行为也具有相关性，所以对于传感器网络预先设定数值导致的数据不准确的问题，可以通过比值法来修正属性，用式（4-1）表示。

$$R = \frac{\text{传感器响应次数}(N)}{\text{传感器持续时间}(T)} \tag{4-1}$$

其中，N 为传感器在 T 时间内的响应次数，T 的大小取值为 0～10。例如，床垫传感器每分钟采样一次，真实睡觉在 10 分钟内可以取到 10 次传感器的响应数据，而偶尔坐在床上 10 分钟只能采集到 3 次响应数据，那么，可以将 6 次作为 R 的门槛值，R 大于 6 的认为是"睡觉"，小于 6 的则不计入"睡觉"，可以记为"坐床休息"。这样，这个传感器就可以测量与床有关的两种状态，丰富了这个传感器属性数据的含义，实际上分解为两个指标"睡觉"和"坐床休息"。

2）缺失数据填充算法：比对法

本节通过比对法来解决序列缺失数据的填充。比对法是指通过一定的算法对两个行为序列进行比较，找出两者之间最大相似性匹配。由于用户历史行为序列是可以重复的，

---

① 本小节内容曾以《智慧居家养老感知数据预处理研究》（作者：左美云、侯静波、蒋立新，中国人民大学信息学院智慧养老研究所）发表在《数字化变革与转型——国际信息系统协会中国分会第七届全国大会论文集》中，收入本书时有较多的删改和完善。文中给出 K 值的计算方法。

在数据处理的第一个阶段中我们得到了蒸发率高、准确度高的行为序列,所以可以通过比对法,找出相似度最大的用户历史行为序列对缺失数据的行填充。序列比对法中首先要尝试找到两个完整的序列 S_1 和 S_2 之间的最佳比对。以下面两个 S_1、S_2 序列为例:

$$S_1 = GTCCTAGCA$$

$$S_2 = GTGCAATA$$

计分规则:如果为每个匹配字符加一分,一个空格扣两分,一个不匹配字符扣一分,那么下面的比对就是全局最优比对:

$$S_1' = GTCCTAGCA$$

$$S_2' = GTGC\text{-}AATA$$

连字符(-)代表空格。在 S_2' 中有 5 个匹配字符,一个空格(或者反过来说,在 S_1' 中有一个插入项),有 3 个不匹配字符。这样得到的分数是 $5 \times 1 + 1 \times (-2) + 3 \times (-1) = 0$,所以可以通过打分来找到得分最高的相似序列,将相似序列中的数据用作缺失序列的填充。一般来说,可以选取出序列中出现缺失值所在的时间段,将该时间段的所有行为序列数值与其他过去的序列的相同时间段进行比对,找到得分最高的相似序列,然后将相似序列中的该感知数据用作缺失序列中数据属性的填充。

5. 传感器感知数据的可视化举例

经过上述对传感器感知的数据处理后,我们选取了某一位老年人某一天的行为数据做了可视化处理,结果如图 4.10 所示(具体效果见彩插),其中横轴为行为时间,颜色表示活动类型,从图中可以看出,该老年人失眠时间比较多。如果有条件,我们可以基于该数据与老年人对话,了解出现这个现象的原因,并寻求改善的方法。

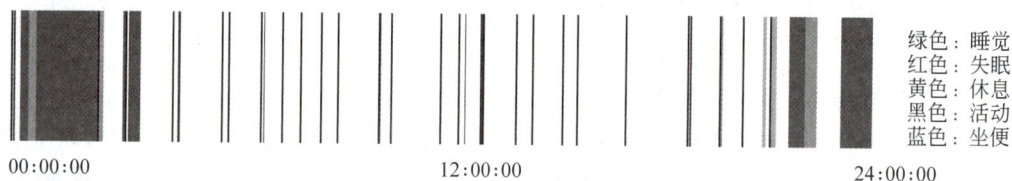

绿色:睡觉
红色:失眠
黄色:休息
黑色:活动
蓝色:坐便

00:00:00　　　　　　　12:00:00　　　　　　　24:00:00

图 4.10　某位老年人某一天的行为数据序列图

实际上,我们可以得到这一个老年人每半个月(如图 4.11 所示,每一行是一天的数据,其中间断测量的同类信号做了连续处理,见彩插),或者一个月、某一年的行为数据,这样,既可以直观地将这些数据与老年人沟通,分析其行为习惯的合理性,也可以把这些数据与其他来源的数据进行数据融合,用作针对老年人的养老服务个性化推荐。

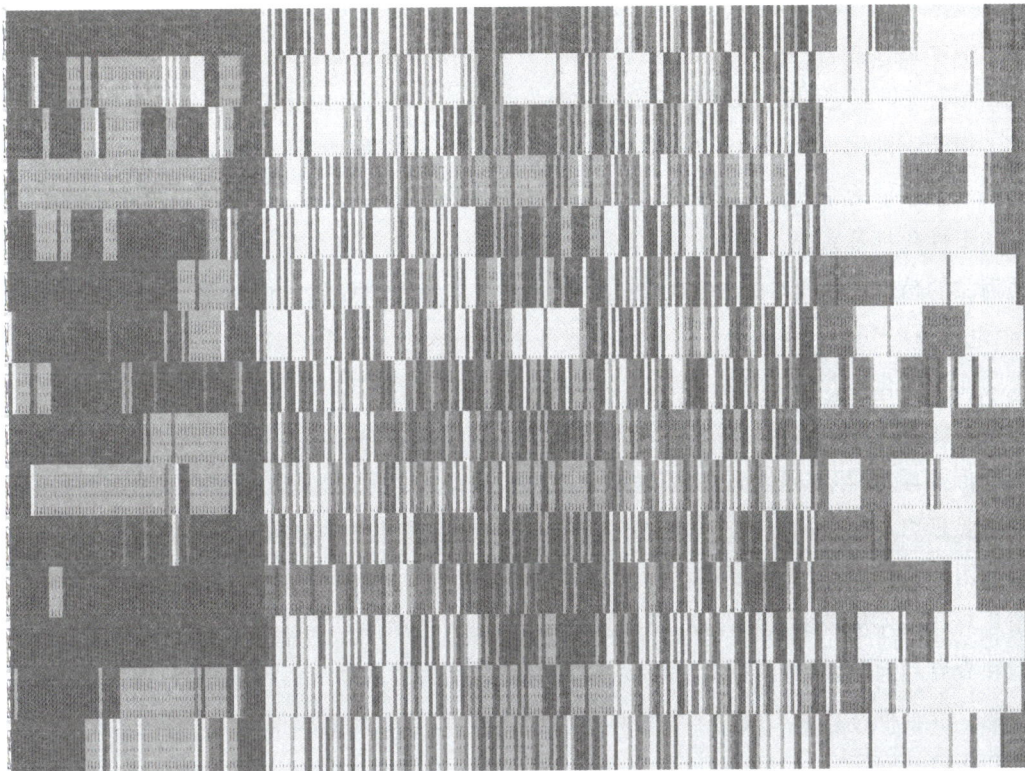

图 4.11　某位老年人半个月的行为数据序列图

4.3　养老服务的个性化推荐

4.3.1　个性化推荐与老年人画像

1. 个性化推荐

推荐系统的研究开始于 20 世纪 90 年代初期,在推荐系统的研究中广泛应用了认知科学、近似理论、信息检索、预测理论、管理科学以及市场建模等多个领域的知识。基于内容的推荐出现得最早,但是是以信息检索的分支出现的。推荐系统成为一个相对独立的研究方向一般被认为始自 1994 年明尼苏达大学推出的 GroupLens(组镜头)系统。该系统为推荐问题建立了一个形式化的模型,提出了使用协同过滤(Collaborative Filtering)来完成推荐任务的思想,基于该模型的协同过滤推荐引领了推荐系统此后十几年的发展方向。

由于不同用户在兴趣爱好、关注领域、个人经历等方面的不同,以满足不同用户的不同需求为目的的个性化推荐系统被作为一个独立的概念提出来,目前所说的推荐系统一般指个性化推荐系统。个性化推荐系统一般认为是在电子商务领域中给网络用户提出有关商品的信息和建议,通过模拟销售人员的工作来为用户提供相应的服务。对于本书而言,电子商务领域已经扩大到智慧养老服务平台为老年人提供的各类养老服务。

在个性化推荐系统算法的研究中,现在主要集中于基于内容的推荐算法、基于物品的协同过滤算法和混合推荐算法 3 种推荐算法。基于内容的推荐直接对用户特征和产品特征进行推荐,推荐准确性高,但容易出现推荐结果单一的问题。基于物品的协同过滤推荐的主要思想是根据相似用户对产品的评价来预测目标用户对未购买产品的评价,从而对目标用户进行推荐,扩展了推荐范围,是目前应用最广泛的推荐技术之一,但现实中由于用户对产品评价较少或新产品/新用户的出现,协同过滤推荐容易产生评分数据稀疏性问题和冷启动问题,即系统推荐时需要一些初始信息,而针对新产品或新服务的信息很少的问题。混合推荐算法集成以上两种算法的优势,可以有效地解决推荐结果单一、数据稀疏性和冷启动问题。

2. 养老服务个性化推荐

智慧养老服务平台的建设正处于蓬勃发展阶段,关于养老服务推荐算法的研究也有了一些初步成果。如针对老年人的身体特点、精神特点以及活动特点,总结归纳出活动特点表,然后通过活动特点和老年人喜好匹配提出一套适合老年人的个性化活动推荐方法。有的研究将老年人的需求兴趣与养老服务的具体描述结合,提出了基于内容的养老服务推荐算法以及基于用户画像的矩阵分解推荐算法,帮助老年人及其家属快速获取合适的养老服务。

个性化推荐系统可以节省老年用户浏览搜索服务的时间,使养老服务更趋于个性化和主动化。但现有研究较少考虑老年人所在的场景,并且难以做到利用多源数据对老年人进行精准推荐。

3. 老年人画像

为了实现个性化服务的推荐,需要建立用户画像模型才能根据不同的需求偏好提供不同的服务。用户画像建模技术作为推荐系统的基础支撑,可以提高推荐系统的精准率,提升用户的体验。学者们深入研究了如何对电子商务平台一般用户等建立用户画像,而针对老年人画像的研究很少。为了更好地为老年人服务,如何针对老年人用户特征,对老年人用户画像进行建模值得我们深入探索。

老年人画像是在对多源养老数据进行融合的基础上,全面细致地抽取用户特征,获得一个标签化的用户画像模型,以期该模型能对目标老年人的真实需求与兴趣偏好进行刻画。智慧养老平台研发团队可以综合静态用户特征和动态用户特征对老年人进行画像。静态用户特征包括老年人的自然特征(如性别、年龄、自理能力、养老方式、健康状况以及居住地等)和社会特征(如退休前职业、经济来源、收入、文化程度和配偶情况等)。动态用户特征包括老年人的消费特征(如老年人的历史购买行为等)和兴趣特征(如老年人的检索词、浏览行为、收藏行为、点击行为等)。

推荐系统研发团队可以从多个养老服务数据源获取老年人相关信息,在此基础上分析建模,抽象成一个标签化的老年人画像模型。具体来说,老年人的静态特征(自然特征和社会特征)可从民政或卫健部门的老年人基础信息库或老年人健康档案数据库中获得,而老年人的动态特征(消费特征和兴趣特征)可以从老年人在智慧养老服务平台上的行为数据获得。其中,结构化信息如静态特征可直接作为老年用户标签,而老年人在平台上的行为信息则需要通过文本处理技术等转化为标签信息。养老服务如线上订餐服务,老年人浏览了"清炒苦瓜"的营养价值信息,那么,"苦瓜性味甘苦寒凉,能清热、除烦、止渴,降血糖,养血滋肝"等文字信息可通过文本分词等技术转化为标签信息,刻画老年人对"降血糖""寒凉""清热"等标签的偏好。

4.3.2 基于场景的养老服务个性化推荐

1. 基于场景数据的个性化推荐

在推荐系统领域,大多数研究主要关注"用户-项目"之间的二元关联关系,而较少考虑它们所处的场景(Context),如时间、位置、周围人员、情绪、活动状态、网络条件,等等。但是,在许多应用场景下,仅仅依靠"用户-项目"二元关系并不能生成有效的推荐结果。例如,有的老年用户喜欢在"早上"而不是"中午"被推荐合适的新闻信息,有的老年用户在"旅游"时想要被推荐一些合适的周边餐馆、商场等,有的老年用户在"心情愉悦"时更愿意被推荐一些轻松的音乐。

从学科渊源角度来看,场景感知推荐系统既是一种推荐系统,又是一种场景感知应用系统。因此,它兼具"普适计算"和"个性化"两种优势。"普适计算"表示信息和计算资源的获取与接入可以发生在"任何时间、任何地点、以任何形式",而"个性化"则可以帮助用户从海量资源中获取满足其自身需要的内容,都代表着未来的发展方向。

将场景信息融入推荐系统将有利于提高推荐精确度,可以提出场景感知推荐系统(Context-Aware Recommender System,CARS)的概念,将传统的"用户-项目"二维评分效用模型 R:User×Item→Rating 扩展为包含多种场景信息的多维评分效用模型 R:User×Item×Context→Rating,这样可以解决为不同用户推荐符合其场景条件约束的项目的问题。

基于场景感知的推荐系统具有重要的研究意义和实用价值,逐渐成为推荐系统研究领域最为活跃的分支之一。如果在智慧养老服务平台的推荐系统中引入场景的因素,可以更好地满足老年人对养老服务的需求,使老年人更愿意接受智慧养老服务平台所推荐的养老服务。

2. 养老服务场景特征模型

养老服务场景是提供养老服务时老年人所处的场景,如天气、温度、季节、情绪、交通状况等,在推荐系统中基于场景感知提供养老服务有助于建立老年人的忠诚度,提升老年人对于智慧养老服务平台的体验评价。

推荐系统研发团队可以定义养老服务推荐过程中起重要作用的老年人场景信息,主要包括自然场景、社会场景和用户场景。其中,自然场景指与自然环境相关的信息,如所在位置、时间、季节、天气、温度、交通状况等;社会场景指与社会风俗、社会制度等相关的信息,如风俗习惯、南北差异等;用户场景指与用户自身相关的信息,如老年人情绪、与谁在一起居住等。基于场景感知技术,通过老年人的人口学信息、人机交互记录和对平台的操作等信息可以获取老年人的场景信息并进行实时更新。

在推荐系统领域,大多数研究关注挖掘用户与项目(如电影、音乐、衣服、电器)之间的关联关系,而较少考虑用户与项目所处的场景环境(如时间、位置、周围人员、情绪、活动状态、设备、网络条件等)之间的关联关系。但是,在许多应用场景下,仅仅依靠用户与项目之间的关联关系并不能生成有效推荐。例如,有的老年人喜欢在"晚上"而不是"早上"被推荐广场舞活动信息。如果不考虑这些场景因素,那么推荐精确度将受到影响,将场景信息融入推荐系统将有利于提高推荐精准度。

场景信息的获取也是研制养老服务场景特征模型的重要内容,可以通过以下3种方式获取老年人的场景信息,在此基础上对老年人所处的场景进行特征建模。

(1)显式获取:可通过显性方式获取智慧养老服务平台与老年人的交互(网站对话框)信息。老年人自己向系统提供场景信息,如老年人所在位置、地域偏好等。

(2)隐式获取:不需要老年人参与的情况下,可以通过服务器日志等方式获取相关信息,如使用GPS定位系统感知老年人所在地点,根据老年人上网时间和地点,利用爬虫技术获得当时的温度数据、季节数据、天气数据、交通状况等,这样避免了系统和老年人的直接交互,降低老年人信息输入成本。

(3)关系推断:结合本地数据库或老年人的线上行为信息推断出老年人潜在的场景信息。例如利用老年人的基础信息数据库推断出老年人所在位置,再例如利用用户浏览网页的历史信息、在网页停留的时间以及收藏和搜索等行为分析挖掘出老年人的场景信息。

3. 基于场景的多层次养老服务推荐模型

基于老年人画像和养老服务场景特征模型,可以为老年人提供涵盖服务大类-服务类-服务项的多层次的养老服务推荐模型。

利用用户、场景和服务这三类信息进行多层次养老服务推荐,从大的服务类到细化的多样化服务项,那么不仅可以提升推荐结果的精准性,还可以优化养老服务推荐系统,提升老年人的用户体验和满意度。

基于多源养老数据融合的老年人画像,有助于精准挖掘老年人的需求,多源数据融合还有助于解决传统协同过滤推荐的冷启动和数据稀疏问题;在传统推荐系统的基础上加入场景感知信息,可以提供更加精准的推荐结果。

老年人用户画像可用集合表示为 Profile＝$\{N,S,C,I\}$,场景特征用集合可表示为 Context＝$\{Na,So,Us\}$,其中 N 代表自然特征属性集合,S 代表社会特征属性集合,C 代表消费特征属性集合,I 代表兴趣特征属性集合,而 Na、So 和 Us 分别代表老年人所在的自然场景特征、社会场景特征和用户场景特征。

在此基础上,可以为每位老年人刻画一个具体的标签化模型。然后结合养老服务描述方法,给出基于场景的多层次养老服务推荐模型。该模型从问题到求解的整体构建框架如图 4.12 所示。

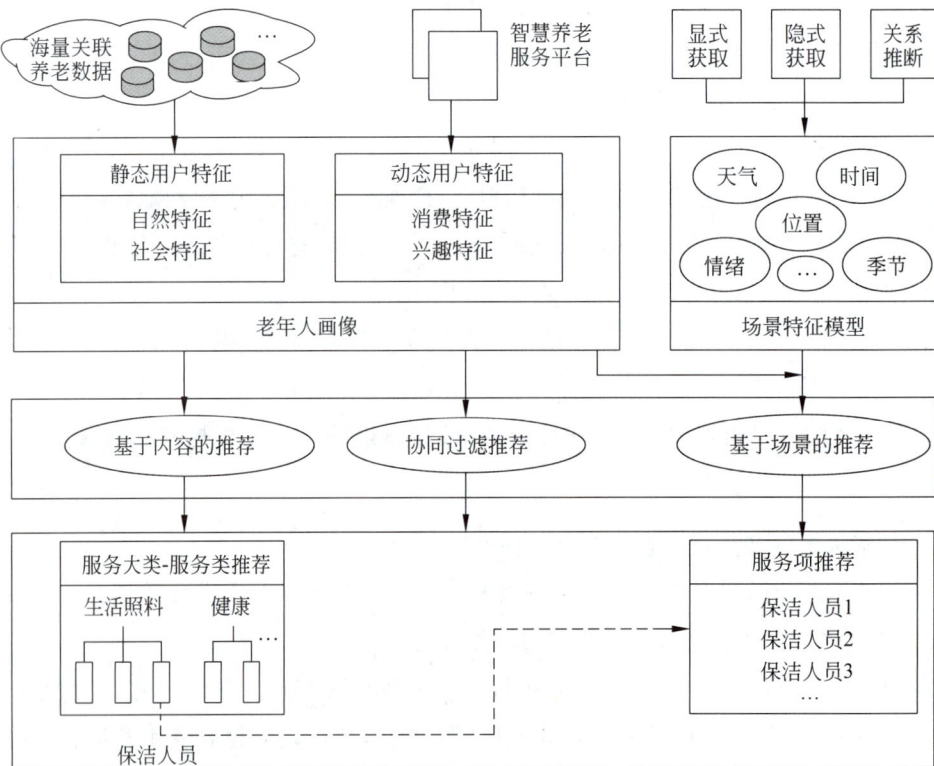

图 4.12　基于场景的多层次养老服务推荐模型的构建框架

首先,我们可以从经过数据融合的海量多源异构关联数据中提取老年人的自然特征和社会特征,并将它们作为静态用户特征,如年龄、退休前职业、受教育程度等。从智慧养老服务平台获取老年人的消费特征和兴趣特征作为动态用户特征,如历史购买行为、点击行为等。综合静态用户特征和动态用户特征对老年人进行画像。

其次,我们从老年人的基础信息及其与平台交互的信息中显式或隐式获取老年人的场景特征,如当时的季节、时间、天气、老年人的位置和老年人的情绪等构建场景特征模型,再利用本地数据库、老年人在浏览平台时点击和购买等行为推断出老年客户潜在的兴趣偏好。

最后,为老年人的服务大类、服务类和服务项分别进行逐层推荐,即综合老年人画像与场景特征模型对老年人进行多层次养老服务推荐。

推荐系统的研制团队还可以将老年人画像作为基础,使用基于内容的推荐方法和协同过滤推荐方法作为对比方法,通过对 3 个模型的对比分析,改进基于场景的推荐算法。

1)基于内容的推荐模型

这是根据产品的元数据提取产品特征,然后基于用户以前的喜好记录推荐给用户相关的产品的推荐方法。可以利用老年人画像中的静态信息以及用户需求兴趣树中感兴趣的养老服务类别进行过滤,构成候选养老服务集;再通过算法计算出与用户需求兴趣树中的关键词标签相似度较高的养老服务;最后结合服务需求对结果进行排序向老年人或其家属进行推荐。

2)协同过滤推荐模型

协同过滤推荐模型目前应用比较广泛的是基于隐语义模型的矩阵分解算法,它主要利用用户-服务评分矩阵中已有评分对未知的评分进行预测,该方法具有较高的准确度和扩展性,但是也面临数据稀疏性和冷启动问题。不同于其他行业,养老服务业具有其特有的行业特征,老年人的需求很大程度上决定了他的偏好。对一个老年人来说,他的健康状况、居住地址以及经济状况等一些客观条件在一定程度上决定了他的需求。当然,除了客观条件,短期的需求和兴趣也是重要影响因素。

3)基于场景的多层次养老服务推荐模型

用户已有的评分信息对未知的评分进行预测是从用户以往的需求偏好角度出发,而用户近期的行为信息代表着当前的需求与偏好,也是影响其评分的重要因素。可以利用场景感知用户的短期动态信息构建场景感知模型,并将其加入对未知评分的预测当中。

将场景信息融入推荐算法中有 3 种方法:场景预过滤、场景后过滤和场景建模,已有文献对这 3 种方法进行了大量验证,发现场景建模预测结果更为准确,推荐的信息更为有效。

因此,我们建议采用场景建模方法进行推荐。构建用户短期兴趣模型 $U \times I \times C$,该模型类似于用户-项目评分矩阵 $U \times I$,但该模型中的项目(Item,即 I)——养老服务是多层次的,还考虑了老年人(User,即 U)及其所在的场景(Context,即 C)。因此,用户短期兴趣模型反映了老年人在某个场景下对不同层次养老服务的兴趣程度。用户短期兴趣模型的构建综合考虑了老年人的多源数据,在一定程度上能解决冷启动问题和数据稀疏问题,当一个没有任何评分信息的新用户出现时,可以根据其短期兴趣模型对评分进行预测。

4. 基于场景的养老服务推荐算法的评价

基于场景的养老服务推荐算法研制完后应该进行评价。评价内容主要包括 3 方面:老年人画像特征模型评价;养老服务场景特征模型评价;基于场景的多层次养老服务推荐模型评价。老年人画像特征模型评价主要评估画像的准确性,评估用户画像准确性可通过问卷调查法,选取相应类别的老年人样本,通过画像技术提取老年人画像的主要特征标签后,向该类别的老年人发放调查问卷以评估画像特征的准确性。

养老服务场景特征模型评价包括两方面:对场景特征选取的评估和对场景信息获取准确性的评估。场景特征选取评估主要评估选取的场景特征是否在养老服务的推荐中起重要作用,可通过邀请和生成场景特征时不同的专家进行评估。场景信息获取准确性评估可通过选取老年人样本信息以获取场景信息,并通过人工标注法评定场景信息获取是否准确。

最后,基于场景的多层次养老服务推荐模型评价主要从感兴趣程度、点击率、购买率和多样性(Diversity)这 4 方面进行评估。感兴趣程度可通过目标老年人对推荐集合中每个服务项的感兴趣程度进行打分;点击率和购买率则是通过老年人在平台上的真实点击行为和购买行为来验证推荐的效果;而多样性则评估推荐结果是否多样化(如多种类型的养老服务推荐),多样性有助于避免推荐的养老服务项目过度单一(Over-Specialization)的问题。

4.3.3 基于知识图谱的可解释养老服务推荐

1. 可解释人工智能与可解释推荐

不同于年轻人,由于老年人对智慧养老服务平台不熟悉、对新平台采纳度低、对平台推荐的医养服务结果不信任等,导致实际应用中智慧养老服务平台上的服务推荐效果并不好。养老服务领域的饮食和照护服务等推荐与老年人生命安全切身相关,稍有不慎便有可能出现用药剂量错误、相克食物误食、运动量超负荷等问题,威胁老年人生命安全。可解释推荐可以使推荐过程足够透明,推荐是否科学严谨一目了然,更易打破老年人的保守状态,提高老年人对推荐结果的接受度,真正让智慧技术造福于老年人。

基于大数据的人工智能(Artificial Intelligence,AI)在智慧养老领域的应用日渐增多。然而,人工智能当前最大的问题是"黑箱"模型——输出结果的"不可解释"和"不可理解",不适用于高风险决策,如缺乏可解释性的照护推荐模型可能给患者带来错误的照护方案,严重时会威胁患者的身体安全。可解释(Interpretable)人工智能模型是指模型本身易于解释,是"内生解释性",它可以弥合可解释性和性能之间的差距,确保模型的逻辑可以被检查、审计和信任。

现有推荐方法可以分为五类:基于内容(Content-Based,CB)的推荐、协同过滤(Collaborative Filtering,CF)推荐、基于深度学习的推荐、基于知识(Knowledge-Based,KB)的推荐以及混合(Hybrid)推荐。基于内容的推荐和协同过滤的推荐在前面介绍过,它们相对直观透明,但性能受限于复杂的特征工程和不可避免的数据稀疏性。基于深度学习的方法引入大量参数来刻画推荐问题,虽然性能优于传统方法,但缺乏可解释性和透明度。基于知识的推荐方法则将知识图谱引入推荐模型中,挖掘知识图谱的语义知识以应用于推荐场景,将推断得到的链接路径作为推荐结果的解释。混合推荐则将上述两种或两种以上方法结合起来,以提升准确性和可解释性。

可解释推荐作为可解释人工智能的一个重要研究分支,正在引起学界和业界的关注。传统的推荐主要强调推荐结果的准确性和多样性,而忽视了推荐结果的可解释性。相对于传统的"黑箱"推荐,可解释推荐保证了推荐结果的透明性,提高了用户对模型的信任以及用户满意度,从而提高用户对推荐结果的接受程度。可解释推荐正在往各个行业渗透,现已经应用在旅游、电影、电子商务等领域。

2. 可解释养老服务推荐

养老服务推荐系统旨在节省老年用户浏览搜索服务的时间,拓宽了老年用户选择服务的范围,使养老服务更趋于个性化和主动化。养老服务推荐算法的研究也有了一些初步成果。当前,对于养老服务的推荐主要集中于精神养老和物质养老两方面。例如,在精神养老方面,有学者根据老年用户在精神养老服务系统中的信息特征,建立了老年用户模型,然后采用相应的个性化推荐技术,为老年人推荐个性化的精神养老服务;在物质养老方面,针对用户和养老服务提供商的特征,建立了供需交易主体画像模型和养老服务推荐模型,通过计算用户与养老服务的关联度,帮助老年客户及家属快速获取合适的养老服务。

养老服务推荐旨在为老年人推荐养老服务(生活照料、家政维修、精神慰藉、慢病管理、康复照护等),如前所说,目前养老服务推荐模型大多为"黑箱"模型,尤其是近年来成为研究主流的深度学习模型,从海量数据中自动提取特征,自动化输出推荐结果,用户或管理者不清楚模型运行机制和推荐理由,造成推荐结果的接受度较低。面向老年人的养老服务推荐亟须解决"信任""易懂"和"透明"的问题,即实现推荐的可解释性(Interpretability),也称可解释推荐(Interpretable Recommendation)。实现可解释的养老服务推荐是智慧医养服务平台实践中面临的挑战。

我们可以想象两种推荐方式:一是直接给某个患有糖尿病的老年人推荐包含炒苦瓜和冬瓜汤的套餐;二是在推荐该套餐的同时说明推荐理由,如苦瓜和冬瓜具有降血糖食疗的作用,其他糖尿病老年人长期食用该套餐的效果等。通常来说,后一种更为透明的可解释推荐方式的采纳度会高于前一种推荐方式。

当前,已有学者在养老服务推荐领域采用知识图谱技术,例如基于老年人注重固定习惯偏好的特点,设计实现了基于知识图谱的隐式偏好时序养老服务推荐方法。首先,该方法对老年人偏好进行深度时序建模,以序列化的方式理解历史服务交互记录,进而学习老年人的隐式偏好信息。其次,将偏好信息通过知识嵌入得到实体向量,构建完备的知识图谱,知识图谱可以提供结构化的语义信息,以便知识可以被计算机利用。最后,将实体向量作为特征引入推荐中,可以更好地计算服务之间的相似性,提升服务推荐的准确度。

推荐系统的研发团队应该基于养老服务知识图谱,设计可解释的养老服务推荐模型,在面向老年人推荐养老服务的同时,提供合理的、透明的推荐理由,以期增强推荐结果的接纳度。

以面向老年人群体的智慧健康服务为例,目前主流的智慧健康服务采用两种方式:一种是"专家顾问方式",专业的医疗团队通过对后台数据的实时监控来对身体状况检测分析,以及时地提醒用户,并实现早期干预,避免发生危险;另一种是"机器预警方式",实时监测模型发出智能实时预警。"专家顾问方式"的优点是专家的知识较为权威可信,但人工效率较低,无法实现实时跟踪预警,且该方式极大地依赖专家自身的知识水平;"机器预警方式"可以实现实时、快速响应,但无法提供相应的知识依据供用户参考,如预警原因、制定主动干预指导方案等。

在融合医疗知识、慢病知识、日常饮食等信息的养老知识图谱基础上,可以设计可解释健康服务推荐模型来融合"专家顾问方式"和"机器预警方式",在实时、准确地提供健康服务(如疾病预警、慢病筛查)的同时,为用户智能推荐个性化干预指导方案,提高健康养老服务的满意度。

参考文献

[1] 康雁,李涛,李浩,等. 融合知识图谱和协同过滤的推荐模型[J]. 计算机工程,2020,1-9.

[2] 田野,白文琳,安小米. 智慧养老背景下老年服务档案资源的整合与知识本体构建研究[J]. 北京档案,2015,8:40-42.

[3] 王大鹏. 基于信息技术的智慧社区养老服务模式研究[J]. 信息技术与信息化,2017,1-2:144-146.

[4] ADOMAVICIUS G,SANKARANARAYANAN R,SEN S,et al. Incorporating Contextual Information in Recommender Systems Using A Multidimensional Approach[J]. ACM Transactions on Information Systems,2005,1:103-145.

[5] ADOMAVICIUS G,TUZHILIN A. Context-Aware Recommender Systems[J]. Ai Magazine,2011,3:335-336.

[6] BIRAN O,COTTON C. Explanation and Justification in Machine Learning:A Survey[C]. In IJCAI-17 workshop on explainable AI (XAI),2017,8(1),8-13.

[7] BLEIHOLDER J,NAUMANN F. Data fusion[J]. ACM Computing Surveys,2009,1:1-41.

[8] BRADSHAW J. A Taxonomy of Social Need. In Gordon McLachlan(Ed.),Problems and Progress

in Medical Care[M]. 7th Edition. London：Oxford University Press,1972.

[9]　DONG X,LI C,CHU D. A Recommendation of Pension Service Based on Trusted Network[C]. In 2017 IEEE International Symposium on Parallel and Distributed Processing with Applications and 2017 IEEE International Conference on Ubiquitous Computing and Communications（ISPA/IUCC）,2017,1251-1255.

[10]　ELNAHRAWY E,NATH B. Cleaning and Querying Noisy Sensors[C]//Proceedings of The 2nd ACM International Conference on Wireless Sensor Networks and Applications. ACM,2003,78-87.

[11]　MIKE U,MICHAEL G. Ontologies：Principles,Methods and Applications[J]. Knowledge Engineering Review,1996,11：44.

[12]　RESNICK P,VARIAN H R. Recommender Systems[J]. Communications of the ACM,1997,40(3)：56-58.

[13]　RUDIN,C. Stop Explaining Black Box Machine Learning Models for High Stakes Decisions and Use Interpretable Models Instead[J]. Nature Machine Intelligence,2019,1(5),206-215.

[14]　WANG X,HE X,CAO Y,et al. KGAT：Knowledge Graph Attention Network for Recommendation[C]. In Proceedings of the 25th ACM SIGKDD International Conference on Knowledge Discovery & Data Mining,2019,950-958.

[15]　XU H,LI J,NIE L,et al. CKGECS：A Chinese Knowledge Graph for Elderly Care Service[J]. International Journal of Services Technology and Management,2020,26(2-3)：131-148.

第5章
智慧养老服务模式与评价

　　智慧养老服务平台在全国各地都在如火如荼地建设着,这些平台在运营过程中有什么特色呢? 智慧养老服务运营水平如何? 各街道、社区应该引入怎样的智慧养老服务平台? 这些问题是智慧养老服务生态系统各参与主体都很关心的问题。本章首先以某市为例,对于其下辖的各城区智慧养老服务平台的特色模式进行归纳,然后探讨智慧养老服务评价指标体系的设计,在此基础上我们研制了一个智慧养老服务评价的原型系统。

5.1　智慧养老服务平台运营的特色模式

我们曾经受某市委托,对该市所辖行政区的智慧养老进展情况进行了深入调研。调研组采用半结构化访谈与焦点小组访谈相结合的方法进行资料的收集,我们邀请与焦点问题——智慧养老服务平台有关的人员组成一个受访小组,有目的地与这些受访人员直接交流对话来获取客观的、不带偏见的事实材料。

半结构化访谈是指访谈人员对访谈程序、访谈方法和测量工具有一定的控制,但同时也对调查对象留有较大表达自己观点和意见的空间的一种方式。该方法具有较大的弹性,可以在访谈过程中根据调查对象的反馈对调查问题进行调整或深入展开。

基于调研情况,我们发现,受访各城区的智慧养老意识和行动都有了较大的进步。基于我们的访谈调研,我们归纳了智慧养老服务平台运营如下五大类的特色模式①。

(1)服务平台易用实用模式,包括"多态接入"模式和"实时监控-电子围栏"模式。

(2)服务商有效监管激励模式,包括"视频监管"模式、"服务商考核"模式和"驿站排名激励"模式。

(3)服务资源整合和匹配模式,包括"品牌平台"模式和"双向确认的抢单"模式。

(4)子女、党员、志愿者资源积极利用模式,包括"孝亲养老"模式、"党群共建"模式、"慈善助力"模式和"志愿积分"模式。

(5)政府数据存储和整合利用模式,包括"数据政府独存"模式、"老年人口数据赋能

---

① 调研组由笔者担任组长,参加调研的中国人民大学智慧养老研究所的师生包括余艳、付虹蛟、许洁萍、常鑫、杜玮、王涛、熊捷、马丹、商丽丽、藏润强、王蒙、王配配、李芳菲、雷东荧、刘浏、邵红琳、银旭、郭鑫鑫、刘妃。关于智慧养老服务平台运营特色模式的归纳和提炼,马丹、王蒙等做了大量前期工作,与笔者进行了许多讨论。

社区管理"模式和"数据驱动的医养结合"模式。

以上模式都是在我们访谈该市所有城区智慧养老建设情况的基础上归纳得到的，这些城区几乎都已经建设了名称各异的智慧养老服务平台，如智慧养老平台、智慧养老服务平台、养老服务综合信息平台、养老服务综合信息管理平台、养老信息化平台等，当然，称呼为智慧养老平台和智慧养老服务平台的越来越多。各城区平台的建设主体、运营主体呈现出多样化，有的是政府出资建设，企业运营（公建民营）；也有的是企业建设和运营，政府给予项目支持或补贴；也有的是企业独立建设和运营，争取政府的支持或补贴。下面对以上提到的特色模式分别进行简要介绍。

5.1.1 服务平台易用实用模式

智慧养老服务平台要真正推广开来，需要老年人广泛使用，并且要真正帮助到老年人的照护者和家人。因此，一定要让老年人可以采用自己愿意采纳的方式接入平台，同时要发挥实用的价值。调研中我们发现了"多态接入"和"实时监控-电子围栏"两种智慧养老服务平台的易用实用模式。

1. "多态接入"模式

M 服务商可以通过浏览器或微信进入平台中的服务商管理模块填写或修改企业信息，并对服务订单进行管理。老年人可以通过平台网站、微信公众号、电视（按 0 进入 M 区平台频道）、服务热线等进行服务预约。除此之外，M 区智慧养老服务平台还在政府的支持下为一部分老年人安装了"一键通"电话。这些老年人也可以通过"一键通"接入指导中心。

H 区驿站、养老服务商、养老机构等在浏览器通过账户和密码进入该区智慧养老服务平台系统，并可以对自己的信息（服务内容、服务收费、服务范围）进行修改和完善。老年人除可以通过电话、一键通接入呼叫中心来请求服务外，还可以通过微信公众号和电视呼叫来预约服务。除此之外，巡访探访人员在巡访过程中也可以帮老年人预约服务。

Y 区的驿站、养老服务商、养老机构可以使用账号和密码通过浏览器或微信登录智慧养老服务平台的服务商管理模块，对服务信息进行修改以及对服务订单进行管理。老年人及其家属可以通过电视、一键通、服务热线、平台网站、微信公众号向平台请求服务。街道、乡镇和社区通过账号和密码登录平台系统可以查看辖区范围内的老年人基本信息、驿站运营情况、养老服务信息等。

综上所述，M、H和Y区智慧养老服务平台的共同特色就是体现在服务需求接入的多样性上，可以是传统的电话（包括一键通、服务热线）、电视，也可以是网站、微信公众号，现在，它们也都在分别开发App端接入。因此，我们将其称为"多态接入"。老年人可以采用自己适合的方式接入智慧养老服务平台，这个特点符合我们经常讲的"不管什么方式接入，适合老年人的就是最好的"。

2. "实时监控-电子围栏"模式

X区智慧养老服务平台是在已有的"零距离居家养老服务系统"上进行升级改造。"零距离居家养老服务系统"的特色主要体现在实时监控，而实时监控主要体现在在线监控和电子围栏。在线监控以电子地图形式显示持有设备的老年人、巡视员、家人、志愿者的地理位置，且可以回放每个人的行动轨迹。

电子围栏的功能也是以电子地图的形式显示，养老工作人员可以用多边形在地图上设置活动区域，并且可单独为老年人设置进入危险范围、走出安全范围或进出范围报警，能够方便家人或管理人员追踪老年人的实时位置。

5.1.2 服务商有效监管激励模式

智慧养老服务平台要得到很好的发展，需要从供给侧发力，对养老服务商进行有效的考核和监管，让这些服务商切实为老年人做好各项预定的服务。调研中我们发现了"视频监管"模式、"服务商考核"模式和"驿站排名激励"模式。

1. "视频监管"模式

H区智慧养老服务平台的特色是对辖区内的主要养老机构都安装了视频监控设备，可以实时监测养老机构的运营情况。平台管理方每月还会对已经运营的驿站进行实地检查，对驿站的运营情况和现有的问题进行汇总提交至上级主管部门。另外，平台还定期对养老服务商的服务情况进行考核评定，并就考核评定结果在平台上对服务商进行嘉奖和惩罚。

2. "服务商考核"模式

S 区智慧养老服务平台的特色主要体现在服务商管理方面,我们将其称为"服务商考核模式"。S 区内的养老服务商有 300 多家,是该市养老服务商最多的区之一。服务商的信息资源、基本信息和诚信记录等都将会被纳入智慧养老服务平台。S 区的养老服务业务主管部门会通过平台对服务商的服务等级进行评估,也会结合具体的服务采购项目进行管理,如招标时会考察服务商"近三年诚信记录",对已接入平台的服务商还会进行星级考核和使用品牌激励的手段。例如,在社区、街道、区里和第三方会结合平台数据对其进行审核,确定星级评定结果之后,分星级品牌激励养老服务商,三星级奖励 5 万元,两星级奖励 2 万元,一星级奖励 1 万元。

3. "驿站排名激励"模式

D 区智慧养老服务平台对养老服务的管理采用驿站排名激励模式。首先,养老服务的工作重心在驿站,驿站需要完成老年人服务供求的对接,驿站每次服务的详情都需要按流程记录下来,并通过平台上报给养老服务的业务管理部门,该部门行使对养老服务的监管职责。其次,街道、社区等基层单位被要求定期对管辖范围内老年人的信息在智慧养老服务平台上进行更新,并将需要的信息通过平台传给驿站;最后,平台会通过智能评分系统定期对驿站进行排名,并发布排名公告,以激励驿站的积极参与。同时,驿站排名还会被平台通知到各个街道办事处,以此调动街道的养老工作积极性。排名的依据包括服务数量、规模、老年人投诉等。政府会处理服务中产生的投诉,即通过呼叫中心把投诉转到街道管理中心,而街道管理中心会在 5 个工作日内对投诉进行处理。

5.1.3 服务资源整合和匹配模式

智慧养老服务平台要运营好,很重要的工作是要对不同类型的养老服务商等养老服务资源进行整合,对老年人的需求和养老服务商的供给进行合理高效地匹配,发挥养老服务资源最大的价值,力争使养老服务生态系统中的各方都尽可能满意。调研中我们发现了"品牌平台"模式和"双向确认的抢单"模式。

1. "品牌平台"模式

P 区智慧养老服务平台可以概括为少数品牌作为子平台,整合服务资源的模式。具体来说,该区主要整合了两家已经有一定实力和口碑的综合养老服务商作为具有品牌的服务子平台,整合该区原有呼叫中心的资源和能力,发挥各方优势,特别是利用了两家综合服务商的管理能力,避免了同时接洽并管理多家养老服务商的烦琐事务。例如,其中一家综合养老服务商,在该区已经建立了自己的品牌,有自己的服务资源,并同时拥有300多家服务商,能够提供200多项专业的服务。这两家综合养老服务商分别对本区域内的养老服务资源进行整合,互相之间既合作也有一定的竞争,形成了一个初步的养老服务生态系统,也打造了两个好的养老服务品牌。

2. "双向确认的抢单"模式

H区的智慧养老服务平台中的一个重要特色是为享受长期护理互助保险的老年人提供服务。享受长期护理互助保险的老年人包括参保人和达到规定失能条件的老年人。老年人若要请求服务,可在平台提出申请,并由相关机构按照流程来处理申请和提供服务。智慧养老服务平台按照老年人评估、养老服务规划制定、养老服务机构上门服务、养老服务评价这四个步骤设计而成。

养老服务规划机构根据老年人的需求制订服务计划书,然后通过平台发单并告知各个服务机构。养老服务机构进行抢单,老年人在微信端从已抢单的养老服务机构中选择其中一家。被选中的服务机构中单,且订单状态显示"已抢到"。中单的养老服务机构可以在中单记录中查看对应老年人的基本信息和服务申请信息。如果老年人未选择该服务机构,则订单状态为"未抢到"。

"发单—抢单—接单"的过程是一个双向确认的服务匹配过程,养老服务商抢单选择符合标准的申请人,申请人也从抢单的服务商中选择优质的服务商。因此,平台服务匹配呈现了一种双向确认的抢单模式。

5.1.4　子女、党员、志愿者资源积极利用模式

智慧养老服务平台运营过程中,不但要整合养老服务商等资源,还需要积极利用老年人子女、党员和志愿者的资源,构造一个全龄友好的环境和社会。调研中我们发现了"孝亲养老""党群共建""慈善助力"和"志愿积分"等积极利用子女、党员和志愿者资源的服务模式。

1. "孝亲养老"模式

C 区智慧养老服务平台的服务流程设计体现了一种孝亲养老的模式。考虑到老年人对智能设备的接受程度以及智能设备的适用性等问题,该区对服务老年人的手机 App 进行了精心设计,使其吸引老年人的子女协助老年人使用。老年人通过手机 App 选购特定服务后,子女可以通过 App 协助老年人完成下单、充值等服务。为了激励子女的积极参与,C 区还采取了一定的奖励措施。该区这种孝心养老的模式,能够提高子女养老的参与度,增强子女和老年人的互动。

除了针对子女的孝亲养老,C 区还在智慧养老服务平台上发展了"孝亲管家"服务项目。"孝亲管家"是一项为老年人提供个性化服务的项目,同时也代指提供服务的工作人员。"孝亲管家"相关数据的可视化包括:以电子地图的形式显示已签约的孝亲管家分布情况;对"孝亲管家"按照星级打分,并由高到低进行展示;以柱状图的形式显示"孝亲综合指数"随时间变化的趋势等。其中,**"孝亲综合指数"由老有所养、老有所医、老有所安、老有所学、老有所乐、老有所为 6 个指标组成**。该特色功能以多样的形式展示了 C 区特色服务项目的实际践行情况,能够帮助相关工作人员更好地监管"孝亲管家"的服务情况。

2. "党群共建"模式

F 区智慧养老服务平台非常重视面向老年人的智能腕表发放。该区在推进智慧养老的过程中善于发现和发挥"人的角色"的重要性,构建了良好的人文环境,形成了"党群共建"的模式。该平台在实施中逐步形成以党组织引领为轴心,依托城市服务管理网格运行,区委、街乡(镇)党(工)委、社区(村)党委、基层党支部、党员志愿者分级各司其职,从服务工作机制上突出基层党组织、党员在为老服务中的战斗堡垒和先锋模范作用。智慧养老服务平台的志愿者主要是党员志愿者,志愿者系统和团的系统以及党的系统都有接口。辖区党员精准对接老年人,主动上门讲解平台和智能腕表的使用方法及作用意义,切实提升老年人的获得感、幸福感和安全感。

3. "慈善助力"模式

Y 区地处远郊,该区智慧养老服务平台的特色主要体现在服务需求接入的多样性以及与慈善协会合作,通过志愿服务队来满足农村养老服务需求。

Y 区针对空巢老年人开展了"慈善 1＋1"的项目。该项目启动后,在区慈善协会的推动下,助老服务队伍不断壮大,基本实现了下辖乡镇的全覆盖。目前,全区近千名志愿者为千余位空巢老年人提供了上门服务,形成了"慈善＋志愿＋社会组织"的山区农村的助老模式。所有的志愿者都来自当地农村,并组成助老志愿服务队为老年人提供洗衣服、做饭、打扫卫生、理发、春耕、秋收等多项服务。志愿服务队需要在智慧养老服务平台进行注册,并填写志愿服务记录。老年人可以通过热线电话向平台请求服务,由平台管理方派单给志愿服务队队长,再由队长进行分派。不过,不少老年人仍习惯直接与志愿服务队队长联系提出服务请求。

4. "志愿积分"模式

E区智慧养老服务平台有一套较为完善的为老志愿者管理模块。该区的志愿者主要以本区街道志愿者为主。志愿者由驿站直接通过平台进行征集管理。志愿者则可以通过平台查看自己参与的历史志愿项目,加入的志愿团队以及平台发布的志愿活动。平台对志愿者的管理可以概括为志愿者积分模式,旨在通过诚信档案、积分管理等功能模块鼓励低龄老年人服务高龄老年人。

5.1.5 政府数据存储和整合利用模式

智慧养老服务平台运营过程中,这些数据到底归谁所有? 不同的建设模式可能答案不尽相同。对于政府投资或资助建设的平台,政府既担心数据泄露侵犯老年人的隐私,又担心某一个平台拥有老年人的数据后,对其他竞争性平台或养老服务商不开放数据,造成事实上的垄断。未来,各地区是否都要建设考虑到本地特色的独立智慧养老服务平台,还是在全国智慧养老服务平台的基础上,开发本地特色模块,或进行属地化改造。

实际上,在其他领域,如电商、打车、外卖、快递等都已经有了统一的全国平台,未来养老领域我们认为比较大的可能也是会有若干家全国性的统一智慧养老服务平台,在此基础上,进行本地化设置。不过,即使按这个思路发展,数据归谁所有,权属如何明晰,也是值得探讨的问题。

我们在调研时发现了"数据政府独存"模式、"老年人口数据赋能社区管理"模式和"数据驱动的医养结合"模式。这些模式都是很好的探索,也值得各地发展智慧养老服务平台时思考和借鉴。

1. "数据政府独存"模式

D区智慧养老服务平台的数据采用政府独立保存模式,即所有数据都掌握在政府手中。系统的云平台和服务器都设立在区信息办,这是与其他区不同的。

智慧养老服务平台的数据十分宝贵,例如通过对平台数据的分析可以得出或衍生出很多有价值的结论或产品。若把数据留存在运营平台的企业端,则可能会造成企业撤出后数据随之流失的风险,以及日常工作中数据提取比较烦琐的问题。考虑到上述情况,D区平台设计时就提出把全部数据留在政府端。另外,该区的养老服务业务主管部门还会按一定比例、条件抽取需要回访的服务单,由智慧养老服务平台的热线呼叫系统进行回访,最终回访的结果形成报告再提交给业务主管部门。这种模式下智慧养老服务平台运营的核心数据由政府部门把控,平台数据的留存和应用也在政府,这样,既不担心运营方退出,也有利于其他的养老服务商加盟智慧养老服务平台。

政府内部留存模式的优势在于数据可以不断积累、提取方便,可以通过对数据的分析,为政府提供政策制定、服务项目设计、服务设施建设等的依据,同时也可以减少平台运营方数据泄露、不正当使用数据的风险。

2. "老年人口数据赋能社区管理"模式

A区的智慧养老服务平台对于老年人口数据有很好的应用,采用了各级数据协同赋能社区管理的模式,对于老年人口的智慧化管理采用市-区上下连通、数据协同的方式。平台中的老年人数据首次采用全国统一行政编码的方式,可以在平台上查询到全市老年人的信息,非本城区的老年人也可以直接进行居住地迁入操作。例如在平台内输入一个身份证号,即可知道该人是否是老年人、是否属于A区居民和是否迁入该区等信息,这样数据就不用进行重复操作与审核,从而节省人力和工作时间。

来自卫健委、民政、公安和民委(民族事务委员会)等不同来源的死亡信息加上社区本身的死亡信息在社区进行核实,若出现健在老年人的信息出现在死亡信息中的情况,社区可在智慧养老服务平台中进行信息救回,撤回这样的死亡信息。

同时有且只有社区能直接在平台进行老年人居住管理,只要社区政策和老年人允许,社区工作人员可采用在平台上直接进行人口录入及迁入等操作,对人口信息进行管理。该过程不需要城区以及街道进行后续审查,若出现问题直接追查到数据录入人。例如,一位户籍不在 A 区的老年人想要迁入 A 区,若是符合迁入地与迁出地政策,即可在平台上进行操作,老年人带着资料即可迁入 A 区,享受该区的养老保障。该模式的实现对于异地养老十分重要,有助于社区对老年人的高效管理,并指导智慧养老服务平台为老年人提供更精准的服务。

3. "数据驱动的医养结合"模式

C 区依托医养结合试点项目,智慧养老服务平台采用数据交换的方式实现了与卫健委数据的无缝对接。卫健委方提供老年人健康档案信息,平台方提供老年人的基础信息和养老服务信息。同时,还实现了养老服务驿站通过智慧养老服务平台与社区卫生服务中心数据的无缝对接。养老驿站提供老年人的养老服务信息,社区卫生服务中心提供老年人的卫生健康信息。

C 区平台数据采集过程重视健康数据的效用,逐渐形成了数据驱动的医养结合的服务模式。为了提高老年人的自我健康管理能力,C 区智慧养老服务平台每天都会有两名医生为老年人提供在线咨询服务,此外每周会邀请养老专家举办健康讲座,由驿站组织老年人听课。为了为不同年龄阶段的老年人提供不同的健康管理服务模式,该区还会定期为老年人进行体检,并根据体检记录为老年人打标签,将此作为老年人的基础数据添加至平台,以便后续分层分类服务的推荐。

5.2 智慧养老服务评价体系设计

智慧养老服务平台运营得是否好,街道、社区或养老服务驿站应该引进哪一家的智慧养老服务平台,这些问题涉及对智慧养老服务的评价。本节先从养老服务生态系统的角度设计一套智慧养老服务的评价体系,5.3 节给出智慧养老服务评价的原型系统。

5.2.1 服务评价与养老服务评价

1. 服务交付与质量管理

对于服务管理来说,服务交付与服务质量至为关键。服务交付是服务提供方把具体服务内容提供给服务接受方的过程。学者们从主体构成、过程、内容等方面对服务交付进行了研究。从主体构成来看,Savas认为服务交付的框架涉及4方面,分别是服务接受方、服务提供方、服务安排方和服务类型。从服务内容来看,各领域服务交付内容各不相同,如养老服务的交付主要是助餐、助洁、助医、助浴、助急等服务。当服务交付给用户后,服务质量就成了服务交付成功与否的判断标准。

服务质量的研究始于20世纪70年代,北欧学派代表人物Gronroos首次将质量引入服务领域,提出了关于顾客感知服务质量的概念,并对服务质量的构成进行了较为翔实的分析。自服务质量的概念提出以来,学术界对服务质量及其相关问题进行了广泛而有成效的研究。相关研究可以划分为3个阶段:概念研究阶段(1972—1985年)、方法研究阶段(1986—1992年)、持续深化研究阶段(1992年至今)。

服务质量早期研究集中于概念研究,主要对服务管理一些基本概念进行了界定,为今后的研究奠定了厚实的基础。Gronroos认为服务质量的优劣取决于用户对服务的期望同实际感知之间的对比。中国国家标准化组织把服务质量定义为一种产品或服务满足明确和隐含需要的能力特性的总和。由上述定义可以看出,服务质量是一个带有一定主观性的概念。随后,服务质量的研究向方法层面深入,主要是对构成服务质量的要素进行研究。这一阶段形成了一些具有代表性的服务质量模型。基于Gronroos对服务质量构成的分析,Parasuraman、Zeithaml和Berry三位学者设计开发了用于分析感知服务质量形成过程的服务质量差距模型,其基本思想是:服务质量=实际感知的服务 — 预期的服务质量。此后,这三位学者又提出了SERVQUAL(英文Service Quality即服务质量的缩写)评价体系,把服务质量评价体系分为保证性、可靠性、移情性、有形性和响应性5个维度,基于这5个维度,分别测量顾客服务实际感知质量和服务期望质量之间所形成的差距。

服务质量的研究一直在持续深化,其目标是使服务质量能顺应时代发展的特点。尽管目前已有了较为丰富的研究成果,但在新兴技术环境下,服务质量也有了一些新的特点,例如,智慧技术的引入使对服务质量进行评价时需要兼顾智慧技术的特征,这些新的特点需要我们深入思考如何考虑进服务质量的评价体系中。

2. 养老服务质量管理

随着养老服务需求的增加以及政府福利支出效果评估迫切性的增加,养老服务质量

管理成为当下的一个重要议题。相关研究涉及的理论包括三维质量评价模型、SERVQUAL
模型、多维理论模型等，下面分别予以介绍。

三维质量评价模型认为服务质量可以由结构性指标、过程性指标和结果性指标三个
要素来衡量，该模型已经被用于养老服务质量管理研究中。在养老服务领域，结构性指标
是指反映养老服务机构提供服务的资源和能力的指标；过程性指标是指养老服务被提供
的方式和过程，及服务提供过程中工作人员所履行的职责的指标；结果性指标是评价服务
效果的指标，包括死亡率、满意度、老年人身体功能状况等。

一些学者将包括保证性、可靠性、移情性、有形性和响应性 5 个维度的 SERVQUAL
模型用在了养老服务领域。其中，保证性是指养老服务人员有知识、有礼貌以及有传达信
心和信任的能力；可靠性是指履行承诺的能力、服务可靠性和准确性；移情性指的是服务
体贴，对老年人能够做到个性化关注；有形性指的是养老机构的硬件设施、器材、人员、通
信等有保障；响应性指的是服务提供人员愿意帮助老年人并提供快捷的服务。基于
SERVQUAL 模型的评价是通过问卷调查测量用户对服务质量的感知。因此，其主要是
从服务接受方的视角进行测评的。

Rantz 等人在针对照护者的焦点小组访谈基础上提出了养老机构照护质量多维理论
模型，他们认为照护质量应包括一个中心焦点和 6 个维度。中心焦点是入住者、家庭、工
作人员和社区，6 个维度分别是相互作用、环境、氛围、个性化照护、人员配置、安全。目
前，已有一些学者将该模型用在了韩国、巴西等国家的养老服务研究之中。由于多维理论
模型只涉及入住者、家庭、工作人员和社区等主体，评估者只需在养老机构内走动，观察环
境、入住者和员工，进行简单的询问交流便可了解服务质量，因此服务评价过程较为便捷。

在质量管理实践方面，美国、英国、日本等地已经积累了丰富的经验。在美国，对家庭
护理机构服务质量管理时主要依赖于两类数据库：一类是家庭护理比较信息库，该信息
库包含了护理机构服务情况等信息的相关指标；另一类是结果评估信息库，该数据库包括
了病人在接受护理期间的纵向状态数据和病人对于服务的满意度。这两类数据库为护理
机构的选择和对比提供了重要的数据支持，并有利于政府对服务机构的服务行为进行
监控。

在英国，社会服务部门每年至少会开展两次对英国养老服务机构的质量调查，其调查
的主要形式包括突击检查和事先通知检查。主要是针对服务提供方员工的服务质量和老

年人的满意度和生活质量等进行度量。英国的质量调查方法十分重视服务接受方在整个评价体系中的作用,体现出了服务中以顾客为本的理念。

为了保障和提高养老服务质量,日本从 20 世纪 80 年代就逐步开始研究并推出了服务评价制度。服务评价从其内容来看可以分为 4 方面:"投入资源""过程""结果""效率"。可见,日本的养老服务评价制度对服务的整个过程都有较为全面的关注。

美国、英国、日本等地在养老服务质量管理方面所积累的经验值得我们学习和借鉴。不过,我们的养老服务业尚处于探索和发展阶段,在借鉴上述经验时要注意结合实际情况,发展自己的养老服务质量评价体系。

3. 养老服务评价

在养老服务评价方面,国内外学者主要从如下 3 方面进行了研究:一是对养老服务机构的评价;二是对养老服务过程和方式的评价;三是对养老服务结果的评价。

对养老服务机构的评价主要是基于客观数据的分析。在国外养老服务机构评价中具有较高信度和效度的是在线调查认证和报告(Online Survey Certification and Reporting,OSCAR)在线调查平台——美国的一个测量养老服务机构质量的全国性数据平台,该平台可用于评价养老服务机构的服务质量。在国内养老服务机构评价中,服务人员的数量和资格、入住率、设施的等级、平均用于每个服务使用者的开支等是用于服务机构评价的常见指标。

对养老服务过程和方式的评价主要用于评价服务提供方,评价指标主要是基于工作人员在服务提供过程中所履行的职能设置的。常用的评估内容包括照顾计划的等级、照顾方法和技巧、管理的灵活性等。在长期照料服务中,常用的过程标准包括避免出现褥疮的床位管理方法、精神类药物的使用及限制、在照料对象发生事故时需要遵循的处理程序等。

对养老服务结果的评价主要是从服务接受方的角度进行的,既可以使用客观数据进行评价,也可以使用主观数据进行评价。例如,可以通过入住老年人身体参数(如血压、褥疮、疼痛和不适、贫血、泌尿系统感染)、一般机能(完成日常生活活动的能力和更复杂的日常生活能力)、认知、情感、社会参与和满意度(包括护理和环境)等指标评价养老服务质量。

对养老服务机构的评价和对养老服务过程和方式的评价主要是基于服务提供方的评价,前者主要衡量的是服务提供方的组织制度特征,后者主要测度的是服务人员在服务提供过程中所履行的职能。对养老服务结果的评价主要是基于服务接受方的评价,通过老年人接受服务后的身体状况的变化以及老年人所感知到效果来对服务进行评价。但仅基于服务提供方或服务接受方的评价往往是不够的,养老服务往往涉及养老服务生态系统中的多方主体,目前基于多主体的评价指标体系的研究还很少。随着智慧技术引入养老服务业,越来越多的养老服务开始以智慧养老服务平台为媒介。因此,对养老服务机构通过平台所提供的服务进行全面评价是需要认真探索和分析的。

5.2.2 智慧养老服务评价指标体系设计

养老服务的交付不仅依托智慧养老服务平台,还涉及多方主体,包括实际提供服务的养老服务机构(服务提供方),接受服务的老年人(服务接受方),对服务进行指导和监督的相关政府部门(服务监管方)。各方主体作为养老服务生态系统中的成员,在养老服务的提供中都扮演着不可或缺的角色,各方主体对智慧养老服务的认知和行为在很大程度上会影响服务质量。

我们以 Savas 提出的服务交付理论为指导,从多主体的角度构建智慧养老服务评价体系,突出以"服务"为核心,对养老服务机构通过智慧养老服务平台提供的服务进行评价。在参考服务交付理论的基础上,我们认为智慧养老服务模式包含四大要素:服务接受方、服务提供方、服务监管方和服务平台。因此,从这 4 方面评价的角度,我们提出了智慧养老服务评价指标体系,如图 5.1 所示[①]。

由于评价对象是养老服务商通过智慧养老服务平台提供的服务,包括从服务接受方(老年人)、服务提供方(养老服务机构)和服务监管方(政府)视角对服务的评价,也包括对服务平台的评价。从服务提供方的角度,提供的智慧养老服务应具有"针对性",针对不同类型老年人提供不同的智慧养老服务,并且应使服务的商业逻辑清晰、覆盖面广以实现其"盈利性",能够实现可持续的服务;从服务接受方的角度,所接受的智慧养老服务应具有"功能完备性"和"操作易用性",即功能完备、操作简洁易用;从服务监管方的角度,智慧养

---

① 笔者指导过的熊捷博士认真做了养老服务评价的相关文献研究,并参与了该指标体系的设计和讨论。

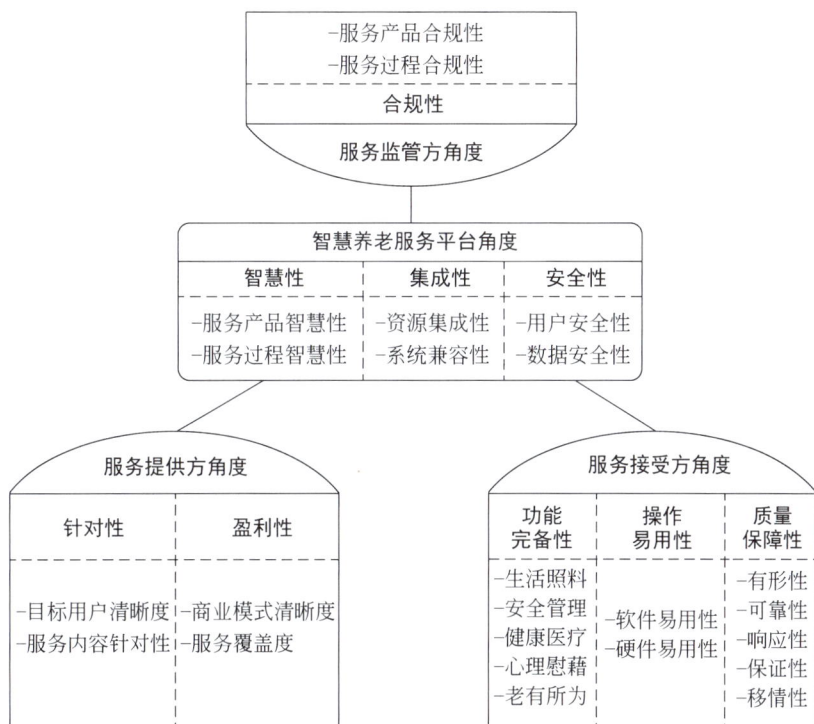

图 5.1　基于多主体角度的智慧养老服务评价指标体系

老服务应符合国家相关规章制度，即具有"合规性"；而智慧养老服务平台提供的服务应具有"安全性""集成性"和"智慧性"。各指标含义如下。

（1）合规性：是指养老服务机构在提供智慧养老服务的过程中，符合法律制度、政府政策以及行业规范的程度，可以从服务产品合规性和服务过程合规性两方面进行评价。

（2）针对性：是指养老服务机构所提供的服务与目标用户群体需求的吻合程度。该指标衡量的是养老服务机构是否能够针对特定类型老年人的服务需求来进行服务裁剪，包括目标用户清晰度和服务内容针对性两方面。

（3）盈利性：是指提供智慧养老服务的养老服务机构所运行商业模式的盈利水平。盈利水平高的养老服务机构一般商业模式清晰、服务覆盖范围广。需要指出的是，由于养老服务总体上属于投资回收期较长的行业，这里的盈利性指标强调的是可持续发展的概念,而不是追逐利润之"营利"。如果养老服务机构不能实现可持续发展,那么,其提供的智慧养老服务可能就是不稳定的、不连续的。

(4)智慧性:是指养老服务机构通过平台提供的服务及其提供过程的智慧化水平。这里的智慧化体现在两方面:一是养老服务产品的智慧性,例如智能产品的使用;二是养老服务过程的智慧性,例如对老年人的个性化推荐和主动服务方面。智慧养老服务区别于传统养老服务的最重要之处就是智慧性。

(5)集成性:是指智慧养老服务平台对各项养老服务资源的整合程度和对外部系统的兼容程度。智慧养老服务涉及许多主体,在传统的养老服务系统中,不同的服务之间严重脱节,不同的主体之间缺乏合作,信息孤岛现象严重。智慧养老服务平台的一个重要目标就是解决数据、资源和服务的碎片化问题。因此,集成性是一项重要的评价指标。

(6)安全性:是指养老服务机构通过平台提供的智慧养老服务的安全性水平,包括用户安全性和数据安全性两方面。在将信息技术嵌入于相应服务的过程中应该充分考虑用户的人身安全和数据的隐私保护。

(7)功能完备性:是指智慧养老服务平台提供的服务所覆盖的老年人需求程度。不管是传统养老服务还是智慧养老服务,最终都是要满足老年人的养老需求,如生活照料、安全管理、医疗健康、心理慰藉、老有所为需求。对这些具体需求的满足程度,是智慧养老服务水平的重要判断标准。

(8)操作易用性:通过老年用户在接受智慧养老服务的过程中所付出的努力程度来测量,所付出的努力程度越低,操作易用性越好。智慧养老服务以互联网、移动互联网等信息技术作为支撑,在老年人申请及接受服务的过程中,可能会涉及信息技术的应用和信息平台的操作。因此,需要将智慧养老服务的软件易用性和硬件易用性作为重要的评价指标,这也是与传统养老服务评价的重要区别。

(9)质量保障性:是指老年用户所感知的服务质量。参考前面提到的 SERVQUAL 服务质量模型,质量保障性包括保证性、可靠性、移情性、有形性和响应性。智慧养老服务的质量保障性也将从这几方面进行评价。保证性考察养老服务人员是否具备完成相应服务的知识和能力;可靠性是指履行预约服务承诺的能力,如按约定时间、价格、人员等预约要求提供相应的服务;移情性指的是考察对老年人是否服务体贴和有同理心,对老年人是否能够做到个性化关注;有形性指的是养老服务商的硬件设施、器材、人员、通信等实用且有保障;响应性指的是养老服务商响应老年人呼叫或服务是否及时。

有了上述指标后,需要对各指标的权重进行设计,这是因为权重的确定是得到评价结果的前提。在计算指标权重时,评价者只需要定性评价每个层次所有指标的两两相对的重要性,之后结合层次分析法求出各个指标的权重。我们基于图 5.1 可以得到一个一级指标判断矩阵、3 个二级指标判断矩阵(服务监管方只有一个二级指标合规性,权重为 1,不需要判断矩阵)、9 个三级指标判断矩阵。假设基于智慧养老服务专家两两比较的结果,得到一级指标的判断矩阵为 A:

$$A = \begin{bmatrix} 1 & 3 & 1 & \dfrac{1}{3} \\ \dfrac{1}{3} & 1 & \dfrac{1}{3} & \dfrac{1}{3} \\ 1 & 3 & 1 & 1 \\ 3 & 3 & 1 & 1 \end{bmatrix}$$

检验判断矩阵 A 的一致性可得,最大特征根 $\lambda_{max} = 4.153$,随机一致性指标 CI$=$0.051,CR$=$0.057$<$0.1,判断矩阵 A 一致性检验通过。检验通过后,求出矩阵 A 最大特征值对应的特征向量 $W = (0.2281, 0.0969, 0.2906, 0.3844)^{\mathrm{T}}$。

同理,分别判断智慧养老服务评价指标体系中二级指标和三级指标的判断矩阵是否通过一致性检验,一致性检验通过后,即可得到智慧养老服务评价体系中各指标权重,假设最终得到的各级指标权重如表 5.1 所示[①]。

表 5.1 中最后一列的最终权重是将各级权重系数进行相乘得到的,如服务产品的智慧性的权重计算公示为:0.2281×0.4286×0.25=0.0244。需要说明的是,上述权重是我们团队组织专家确定的,可以供大家参考使用。5.2.3 节讲解我们设计的智慧养老服务评价系统应用,评价使用单位可以根据本地情况请专家采用层次分析法给出自己的权重进行计算。

---

① 智慧养老服务评价指标体系中权重的研制和后续智慧养老服务评价系统原型实现的内容,节选自从北京林业大学保送到笔者的实验室攻读硕士学位的薛怡宁同学的本科毕业论文《北京市智慧化养老服务评价系统的设计与实现》(作者为薛怡宁,指导老师为赵天忠教授,北京林业大学本科毕业论文),该论文由笔者协助指导完成,收入本书时有较多的删改和一定的完善。

表 5.1　智慧养老服务评价指标权重表

目　标　层	一级指标	二级指标	三级指标	最终权重
智慧养老服务评价指标体系	服务平台方 (0.2281)	智慧性 (0.4286)	服务产品智慧性(0.25)	0.0244
			服务过程智慧性(0.75)	0.0733
		集成性 (0.1429)	资源集成性(0.75)	0.0244
			系统兼容性(0.25)	0.0081
		安全性 (0.4286)	用户安全性(0.5)	0.0489
			数据安全性(0.5)	0.0489
	服务监管方 (0.0969)	合规性 (1)	服务产品合规性(0.5)	0.0484
			服务过程合规性(0.5)	0.0484
	服务提供方 (0.2906)	针对性 (0.5)	目标用户清晰度(0.5)	0.0727
			服务内容针对性(0.5)	0.0727
		盈利性 (0.5)	商业模式清晰度(0.75)	0.1090
			服务覆盖度(0.25)	0.0363
	服务接受方 (0.3844)	功能完备性 (0.2864)	生活照料(0.3207)	0.0353
			安全管理(0.1796)	0.0198
			健康医疗(0.3207)	0.0353
			心理慰藉(0.0895)	0.0099
			老有所为(0.0895)	0.0099
		操作易用性 (0.1399)	软件易用性(0.5)	0.0269
			硬件易用性(0.5)	0.0269
		质量保障性 (0.5736)	有形性(0.1429)	0.0315
			可靠性(0.4286)	0.0945
			响应性(0.1429)	0.0315
			保证性(0.1429)	0.0315
			移情性(0.1429)	0.0315

5.2.3 智慧养老服务评价体系的应用

街道或社区在引入智慧养老服务时非常想知道：如何衡量不同平台提供的智慧养老服务，到底哪一家的好？养老服务机构在提供服务的过程中往往也会有困惑：我们通过平台提供的智慧养老服务处于什么阶段？怎么才算提供了好的智慧养老服务？老年人及其照护人员也很关心，平台提供的智慧养老服务好不好用？有没有用？先不先进？上述问题的解决需要研究一个通用的智慧养老服务成熟度模型，并对平台提供的智慧养老服务水平计算相应的得分。

1. 智慧养老服务成熟度的测定

为了应用好智慧养老服务评价指标体系，给养老服务生态系统中各主体更直观的判断，我们设计了智慧养老服务成熟度模型。这个模型可以揭示智慧养老服务从不成熟到成熟的演变规律。该模型将智慧养老服务平台提供的服务分为初始级服务、集成级服务、匹配级服务和优化级服务 4 个阶段(见图 5.2)，每一个级别分别对应一定的最低得分，例如，初始级服务 60 分；集成级服务 70 分；匹配级服务 80 分；优化级服务 90 分。具体应用时还可以设置一些单项指标，可以一票否决进入该级别。

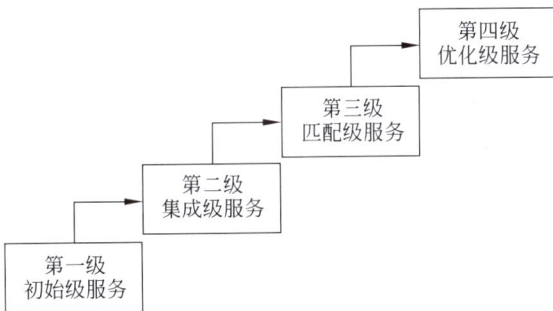

图 5.2　智慧养老服务成熟度模型

初始级服务是智慧养老服务成熟度模型中最低的一级，处于这个级别的养老服务必须通过智慧养老服务平台提供，达到这一级别的养老服务才开始真正跨入智慧养老服务的门槛。

集成级服务是智慧养老服务成熟度模型的第二级,达到这一级别的服务必须通过智慧养老服务平台与其他的服务资源进行整合,实现业务的互相推荐。

匹配级服务是智慧养老服务成熟度模型的第三级,达到这一级别的服务必须通过智慧养老服务平台对老年人的需求进行精准匹配。

优化级服务是智慧养老服务成熟度模型的最高级,能够提供这一级服务的智慧养老服务平台已经拥有了较为健全的服务模式,有快速对环境或市场做出反应的能力,不断对智慧养老服务模式优化和完善。

2. 某个具体平台的智慧养老服务水平评价

为了得到某平台的智慧养老服务水平的综合评价结果,首先,确定绩效评价的评判集 $U=\{优,良,中,差\}$;其次,需邀请若干位(此处我们邀请了5位)不同的智慧养老服务领域专家,针对该智慧养老服务平台(后面简称P1)的实际情况,对表5.2中各三级指标进行评语值评价。例如,对于指标"服务产品智慧性",专家认为P1符合相应评价标准,且较为优秀,则可打分为"优",评语打分结果如表5.2所示。

表 5.2　养老服务平台 P1 评语打分结果表

指　　标	专家 1	专家 2	专家 3	专家 4	专家 5
服务产品智慧性	优	优	良	优	优
服务过程智慧性	良	良	良	中	中
资源集成性	良	优	优	优	优
系统兼容性	良	良	中	中	差
用户安全性	中	良	良	中	良
数据安全性	良	优	优	良	良
服务产品合规性	中	优	优	中	良
服务过程合规性	优	中	良	良	良
目标用户清晰度	中	差	良	中	良
服务内容针对性	良	良	优	良	良
商业模式清晰度	优	良	优	良	良

续表

指　　标	专家 1	专家 2	专家 3	专家 4	专家 5
服务覆盖度	良	中	差	中	良
生活照料	良	优	良	中	中
安全管理	优	良	良	良	良
健康医疗	良	良	中	良	良
心理慰藉	良	中	差	中	良
老有所为	良	优	良	中	中
软件易用性	优	良	良	良	良
硬件易用性	良	良	中	良	良
有形性	优	优	良	中	优
可靠性	优	差	良	良	中
响应性	中	优	优	优	良
保证性	良	良	良	优	良
移情性	良	优	良	中	中

专家评分结束后,开始逐级进行模糊综合计算。

1) 计算各三级指标的评语隶属度

以三级指标"服务产品智慧性"为例,专家共评价 4 个优、1 个良。此指标"服务产品智慧性"关于评语集 $U=\{$优,良,中,差$\}$ 的隶属度值为 $\{0.8,0.2,0,0\}$,同理,指标"服务过程智慧性"关于评语集 $U=\{$优,良,中,差$\}$ 的隶属度值为 $\{0,0.6,0.4,0\}$,其他三级指标的评语隶属度值也可依次计算得到。

2) 计算各二级指标隶属度

以二级指标"智慧性"为例,对于二级指标"智慧性",其下有两个三级指标"服务产品智慧性""服务过程智慧性",因而可以得到"智慧性"指标的隶属度矩阵 $\boldsymbol{R}_{11}$:

$$\boldsymbol{R}_{11}=\begin{bmatrix} 0.8 & 0.2 & 0 & 0 \\ 0 & 0.6 & 0.4 & 0 \end{bmatrix}$$

由表 5.1 可知三级指标服务产品智慧性和服务过程智慧性的权重分别为 0.25 和 0.75。因此,在得到隶属度矩阵后,就能够得到指标"智慧性"的隶属度向量 $\boldsymbol{Q}_{11}$,即

$$Q_{11}=(0.25,0.75)\times\begin{bmatrix}0.8 & 0.2 & 0 & 0\\0 & 0.6 & 0.4 & 0\end{bmatrix}$$

$$=(0.2,0.5,0.3,0)$$

根据结果 Q_{11} 可知，二级指标"智慧性"占优、良、中、差的隶属度权重分别是 20％、50％、30％和 0％，同理可计算其他二级指标的隶属度。

3）计算各一级指标隶属度

以一级指标"服务平台方"为例，将一级指标"服务平台方"下的 3 个二级指标"智慧性""集成性""安全性"的隶属度向量合并，得到"服务平台方"的综合隶属度矩阵 Q_{11}，将其与"服务平台方"下属二级指标权重向量 W_1 相乘，就能够得到一级指标"服务平台方"的隶属度向量 K_1，即

$$K_1=(0.4286,0.1429,0.4286)\times\begin{bmatrix}0.2 & 0.5 & 0.3 & 0\\0.6 & 0.25 & 0.1 & 0.05\\0.2 & 0.6 & 0.2 & 0\end{bmatrix}$$

$$=(0.2572,0.5072,0.2286,0.0070)$$

根据结果 K_1 可知，一级指标"服务平台方"占优、良、中、差的隶属度权重分别是 25.72％、50.72％、22.86％和 0.7％，同理可计算其他一级指标的隶属度。

4）计算综合评估结果

将 4 个一级指标的隶属度向量合并，得到一级指标综合隶属度矩阵 U，结合一级指标权重向量 W，就能够得到智慧养老服务平台 P1 的综合评价结果 T，即

$$T=(0.2281,0.0969,0.2906,0.3844)\times\begin{bmatrix}0.2572 & 0.5072 & 0.2286 & 0.0070\\0.3 & 0.4 & 0.3 & 0\\0.1 & 0.525 & 0.25 & 0.125\\0.2281 & 0.5133 & 0.2043 & 0.0543\end{bmatrix}$$

$$=(0.2045,0.5043,0.2324,0.0588)$$

根据结果 T 可知，养老服务平台 P1 提供的智慧养老服务水平的综合评分占优、良、中、差的隶属度比重分别是 20.45％、50.43％、23.24％和 5.88％。因为 50.43％＞23.24％＞20.45％＞5.88％，可以判定养老服务平台 P1 的综合评级隶属于良好，可定级为"良"。

通过计算养老服务平台的等级隶属度得到的综合评价仍然比较模糊，为了更精确地反映被评价养老服务平台的智慧养老服务水平，可以对评价结果向量的数值进行加权，求

出具体的评价分值。评价结果加权值设定表如表 5.3 所示。

表 5.3   评价结果加权值设定表

评价结果描述	加权值	评价结果描述	加权值
优	100	中	60
良	80	差	40

根据表 5.3，养老服务平台 P1 智慧养老服务水平的综合评价结果为

$$S = (0.2045, 0.5043, 0.2324, 0.0588) \times (100, 80, 60, 40)^T$$
$$= 77.1$$

根据结果 S，养老服务平台 P1 的综合评分为 77.1（$60 < 77.1 < 80$），处于"良"与"中"之间，说明养老服务平台 P1 的综合评价结果是"较为良好"，还有较多可改进之处。我们可以利用一级指标综合隶属度矩阵 U，结合表 5.3 中的评价结果加权值，就能够得到智慧养老服务平台 P1 的各一级指标的综合评分结果 I，即

$$I = \begin{bmatrix} 0.2572 & 0.5072 & 0.2286 & 0.0070 \\ 0.3 & 0.4 & 0.3 & 0 \\ 0.1 & 0.525 & 0.25 & 0.125 \\ 0.2281 & 0.5133 & 0.2043 & 0.0543 \end{bmatrix} \times (100, 80, 60, 40)^T$$
$$= (80.3, 80, 72, 78.3)^T$$

可以看到，得分依次是服务平台方（80.3）、服务监管方（80）、服务提供方（72）和服务接受方（78.3）。相对来说，服务提供方和服务接受方都有改进空间，特别是服务提供方，有较大的改进空间。

如果结合智慧养老成熟度模型，假设初始级服务最低 60 分，集成级服务最低 70 分，匹配级服务最低 80 分，优化级服务最低 90 分，那么，该平台处在集成级服务的水平，正在向匹配级服务迈进。当然，这些门槛值的设定可以由评价方根据专家意见确定。

以上的专家评分是为了方便参加评议的专家，直接用优、良、中、差来打分。实际应用过程中也可以直接让专家分别针对三级指标给出一个具体的分值，然后规定一个幅度对应具体的分值，如 90～100 对应"优"、80～89 对应"良"，70～79 对应"中"，60～69 对应"及格"，60 分以下对应"差"。这样，给定具体的数值计算可以得到一、二级指标的分值和

最后平台的综合得分,并相应地评判其等级。

5.3 智慧养老服务评价系统研制

为了帮助政府相关部门或政府委托的第三方对辖区内的智慧养老服务企业或平台进行评价,我们研制了智慧养老服务评价的原型系统,给智慧养老服务生态系统中的各主体以参考。

5.3.1 智慧养老服务评价系统分析

系统分析要回答新系统"做什么"这个关键性的问题。只有明确了系统的业务流程,才有可能解决"做什么"的问题。系统的业务流程主要围绕"智慧养老服务评价"展开,如图 5.3 所示。

首先,智慧养老服务平台入驻评价系统之初,有关服务质量评价内容为空,系统管理员需要依据前述的评价标准构建评价体系,并结合层次分析法设置指标权重,之后系统管理员可新建评价项目(即一项具体的评价事务,如对某个智慧养老服务平台做一次评价),选择评价项目隶属时间、评价体系版本、评价专家、被评价养老服务商,并设置本次评价的起始时间。

对于每个评价项目,被评价智慧养老服务平台可进行许可范围之内的自我评价,参评专家可对该养老服务平台进行评价。评价项目完结后,系统依据模糊综合评价法对评价结果进行计算,并从多个维度对评价结果进行统计分析。此后,系统也会对评价体系的版本进行维护,并定期对各养老服务平台的服务质量进行评价,保证评价结果的时效性。

智慧养老服务评价系统包含四大类业务角色:系统管理员、政府管理人员、参评专家、养老服务商,各角色间交互行为描述如下。

1. 系统管理员

系统管理员可以维护管理评价指标库,修改已有评价体系的指标、权重,或创建新的评价体系。以各指标维度为基础对得到的评分结果进行多层面、多角度的分析,并将统计分析结果上报政府或服务平台相关管理人员。还可以依据养老服务商的历史评分或排名,设置预警线,对服务商发布预警。

智慧养老服务评价系统业务流程			
系统管理员	政府管理人员	养老服务商	参评专家

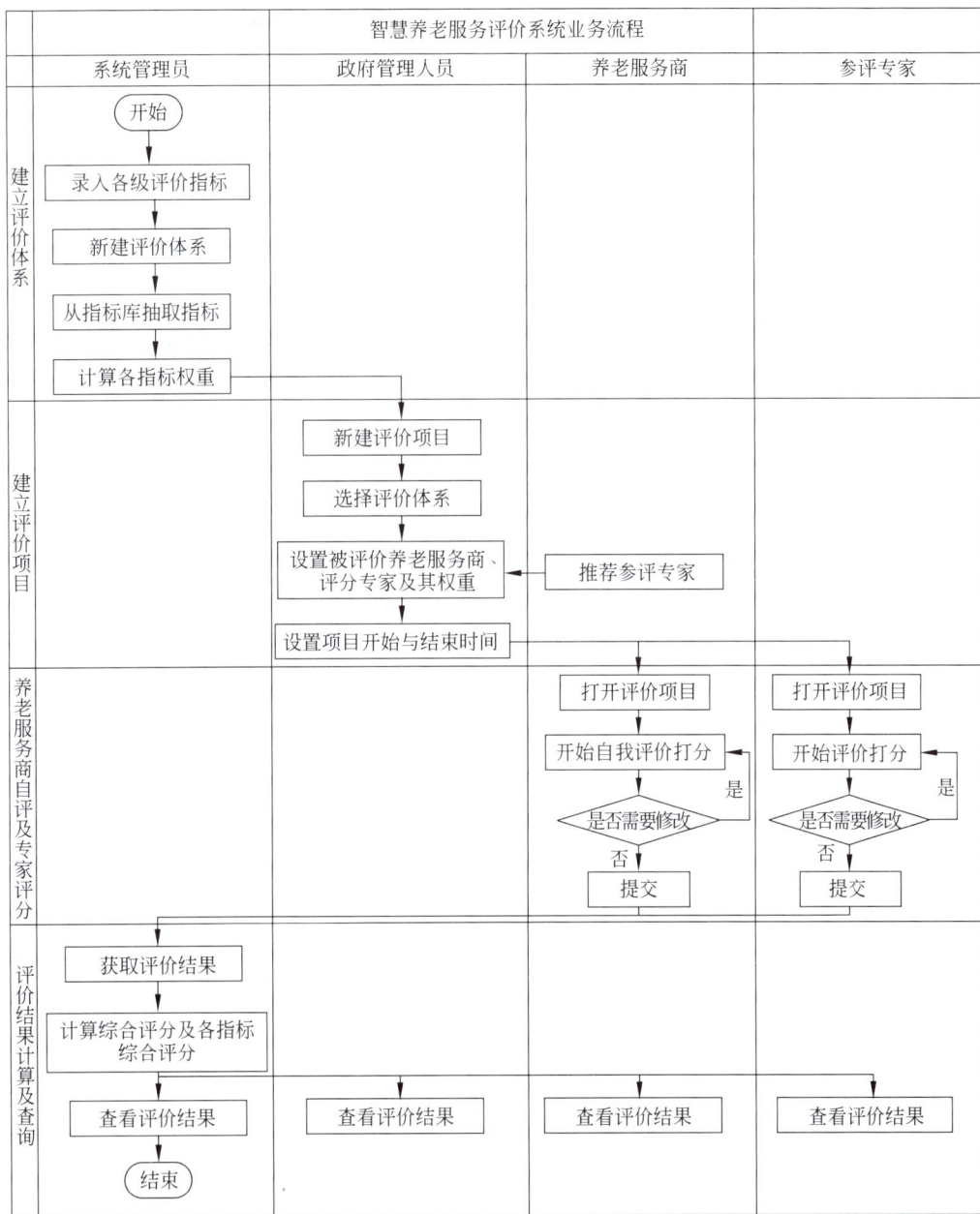

图 5.3　智慧养老服务评价系统业务流程图

2. 政府管理人员

政府管理人员可以通过系统查看各养老服务商的基本信息,以及相关领域专家的基本信息,并委托专家对各平台下属服务商的服务质量进行评价,给出每位参评专家的权重值(当然,也可以设置每位专家相同的权重),设置待评项目的起止时间,同时还可以浏览各服务商得分的统计分析结果,并且据此提出改进意见。

3. 参评专家

专家可以浏览当前使用的评价体系,可以应政府部门要求,对某些养老服务商的服务质量进行评价,也可浏览该养老服务商的自评结果、其余参评专家的评分结果以及最终的模糊综合评价结果。

4. 养老服务商

智慧养老服务平台所属的养老服务商可管理维护自己的基本信息,同时依据政府部门的要求进行自评,可以推荐专家对自己的服务质量进行客观评价,同时可查看评分结果及相应的统计分析数据,并就此分析原因,总结自身缺点,改进服务质量。

5.3.2 智慧养老服务评价系统设计

智慧养老服务评价系统采用 B/S(Browser/Server,浏览器/服务器)架构,智慧养老服务平台运营商等系统用户可直接通过 Web 浏览器访问并使用系统。用户无须安装软件,可有效降低系统成本;同时在服务器端实现系统的业务逻辑,可有效降低系统升级维护的工作量。评价系统采用分层设计的思想,从上至下分为用户层、表示层、业务逻辑层和数据层四层,系统的体系结构如图 5.4 所示。

1. 用户层

系统用户分为参评专家、智慧养老服务平台运营商(即图 5.4 中的养老服务商)、政府管理人员和系统管理员,用户主要通过 Web 网页实现对系统的访问,完成简单的数据录入和结果查询,无须处理复杂的事务。

2. 表示层

表示层是用户界面层,负责用户和系统之间的交互,根据 4 种用户类型不同的功能操作,系统分为参评专家端、商家端、政府端和系统(管理)端 4 种。通过本层,系统可以接收用户操作的选择和数据输入,将用户评价数据传送到业务逻辑层的应用服务器,在此基础

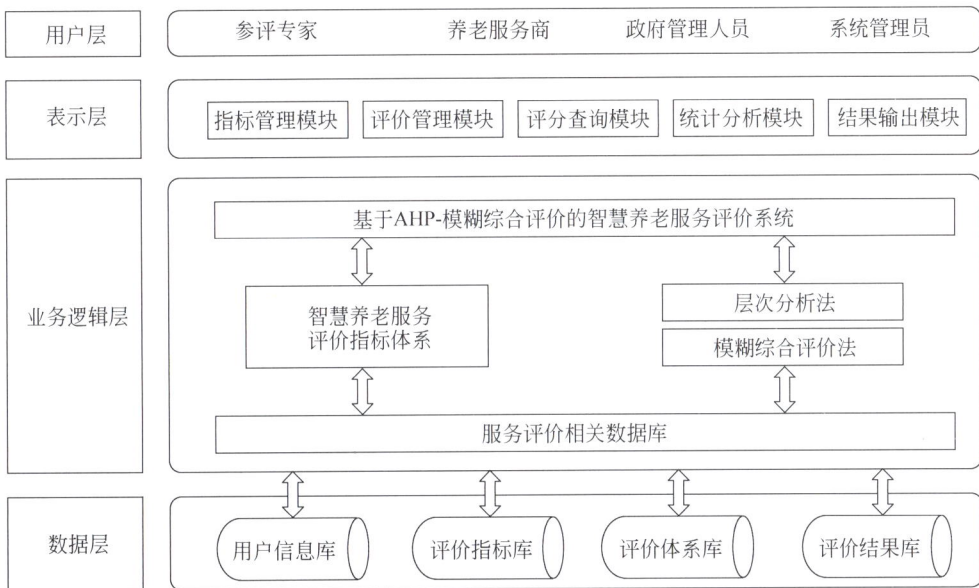

图 5.4　智慧养老服务评价系统的体系结构

上接收并展示由应用服务器发送过来的模型评价结果。

3. 业务逻辑层

业务逻辑层主要承担处理用户请求的工作。用户在页面上输入数据以形成用户请求，随后被传送至应用服务器。此后，系统调用数据库中的评价指标、评论描述等信息，构造判断矩阵、检查一致性、计算指标权重、计算隶属度矩阵。最后，将计算结果返回到应用服务器。

4. 数据层

数据层负责系统数据的存储和管理工作，用户可保存评估数据至数据库中。系统数据库中主要包含的数据表有用户信息表、评价指标表、评价体系表（含指标权重）、评价结果表、模糊综合评价结果表、系统基础信息表等。

结合前述的业务流程分析和系统框架分析，我们设计了智慧养老服务评价系统的功能，主要包含指标管理、评价管理等 6 个模块，不同角色的用户所涉及的用户功能存在差异，因而需要依据角色权限的不同设计个性化的系统界面。系统总体功能结构图如图 5.5

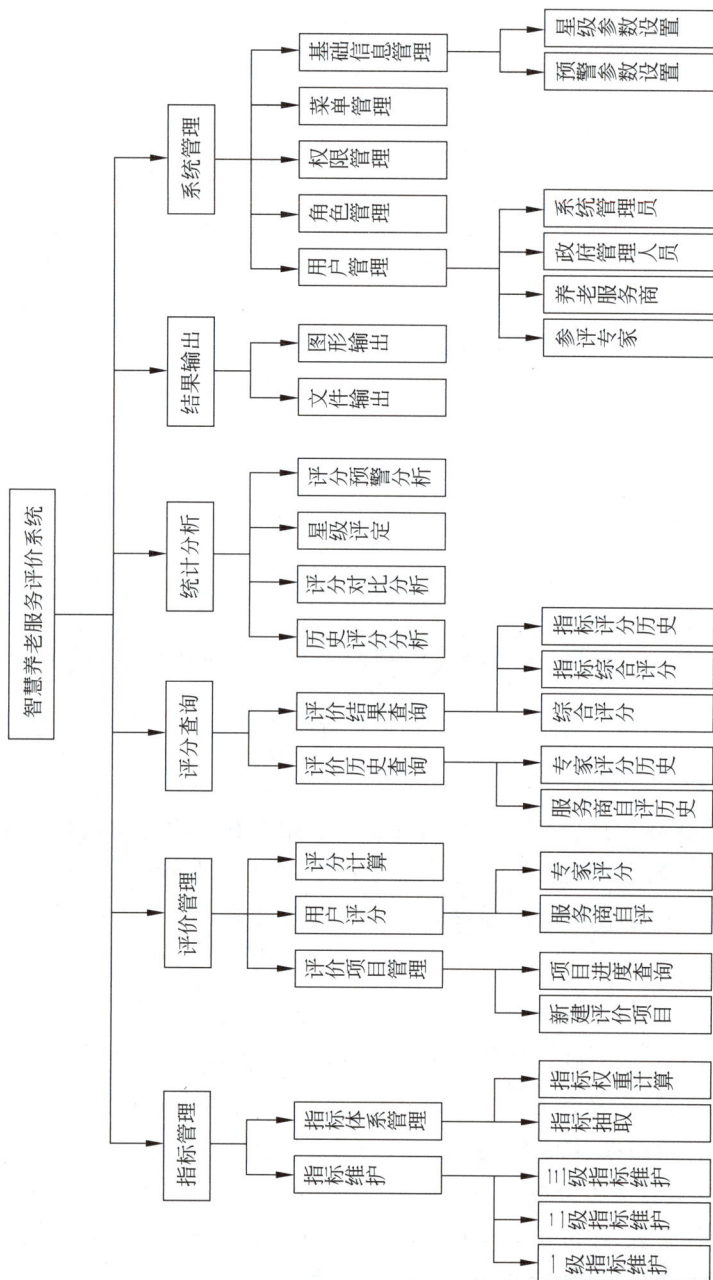

图 5.5　智慧养老服务评价系统功能结构图

所示。需要说明的是,在评分查询/评价结果查询模块,"综合评分"指所有指标的综合评分,"指标综合评分"指的是各级指标对于下级指标的综合评分。

5.3.3 智慧养老服务评价系统实现

通过前面的需求分析和功能设计,智慧养老服务评价系统(Smart Senior Care Service Evaluation System)的业务流程和功能已经较为明朗,我们对该系统进行了实现,以下展示原型系统主要功能界面的实现效果。

1. 指标管理模块

用户可浏览评价指标库中的各级指标,并对其进行增加、删除、修改等操作。因各级指标的页面布局基本相同,在此仅对三级指标的指标列表界面进行展示,如图 5.6 所示。

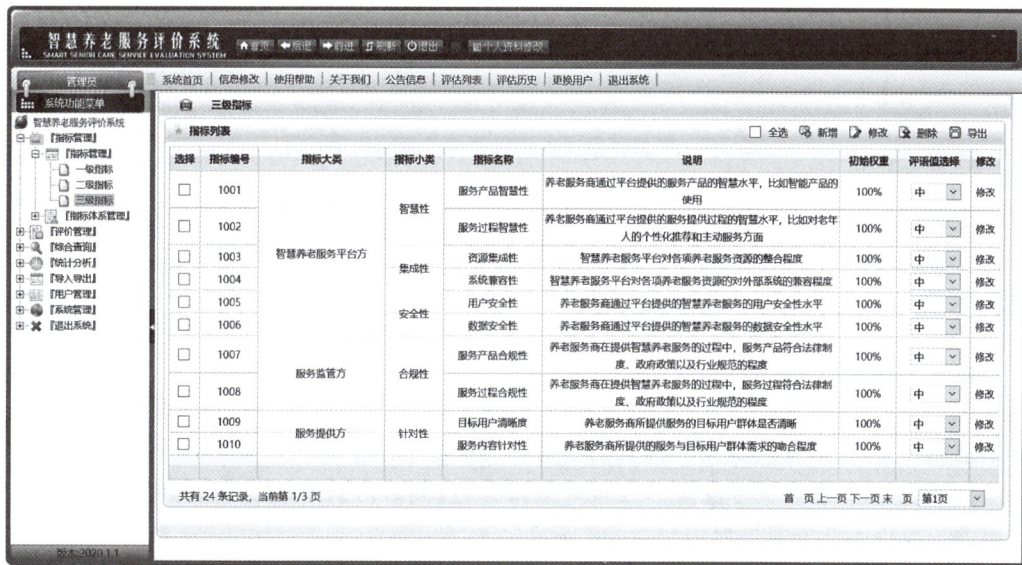

图 5.6 智慧养老服务评价系统的三级指标列表

用户可浏览系统中已有的指标体系,并对其进行增、删、改等操作。待需要的指标抽取完毕,指标体系建立后,系统跳转至"权重计算"界面(见图 5.7)。用户选择"判断矩阵列表"中的条目,单击"两两比较"按钮,在"指标比较"模块会显示相应判断矩阵所包含的指标生成的两两比较问卷,用户通过下拉菜单可选择哪一个指标更重要,以及重要程度。

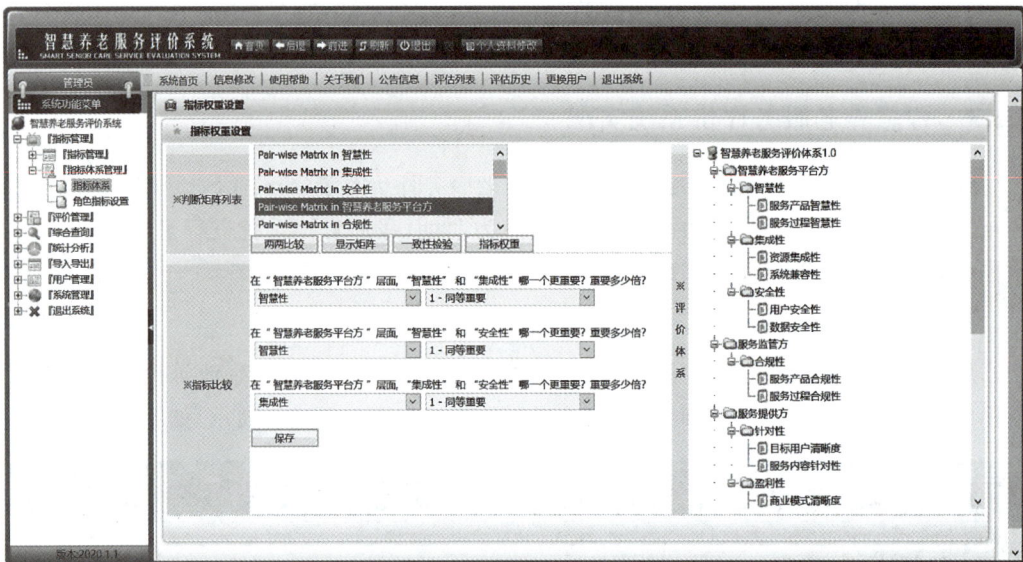

图 5.7　智慧养老服务评价系统的指标权重计算

待所有的判断矩阵填写完成后,用户需单击"一致性检验"按钮查看判断矩阵的一致性检验结果,若一致性检验不通过,用户需要对未通过检验的矩阵进行调整;若一致性检验通过,用户可查看指标权重计算结果。

2. 评价管理模块

评价管理模块主要包括评价项目管理、评价列表以及模糊综合评价三部分。用户可定期组建评价项目,并设置该项目隶属的评价时间段、采用的评价体系、被评价的智慧养老服务平台运营商、参评专家及其权重等基本参数,同时可查看项目进展,督促未评价的专家进行评价。评价项目列表如图 5.8 所示。

对于每个评价项目,当已有足够数量的专家为该服务商打分时,系统将进行模糊综合计算,计算结果如图 5.9 所示,用户还可查看该养老服务商各级指标的评分计算结果。

3. 评分查询模块

评分查询模块主要包括评价历史查询和评价结果查询。评价项目结束后,用户可查看自己参与的评价项目的评价结果,系统管理员可查看所有评价项目的评价结果。评价结果包括智慧养老服务平台运营商综合评分结果,以及一级指标、二级指标、三级指标的综合评分结果,以一级指标综合评分结果(见图 5.10)为例进行展示。

图 5.8　评价项目列表

图 5.9　模糊综合评价结果

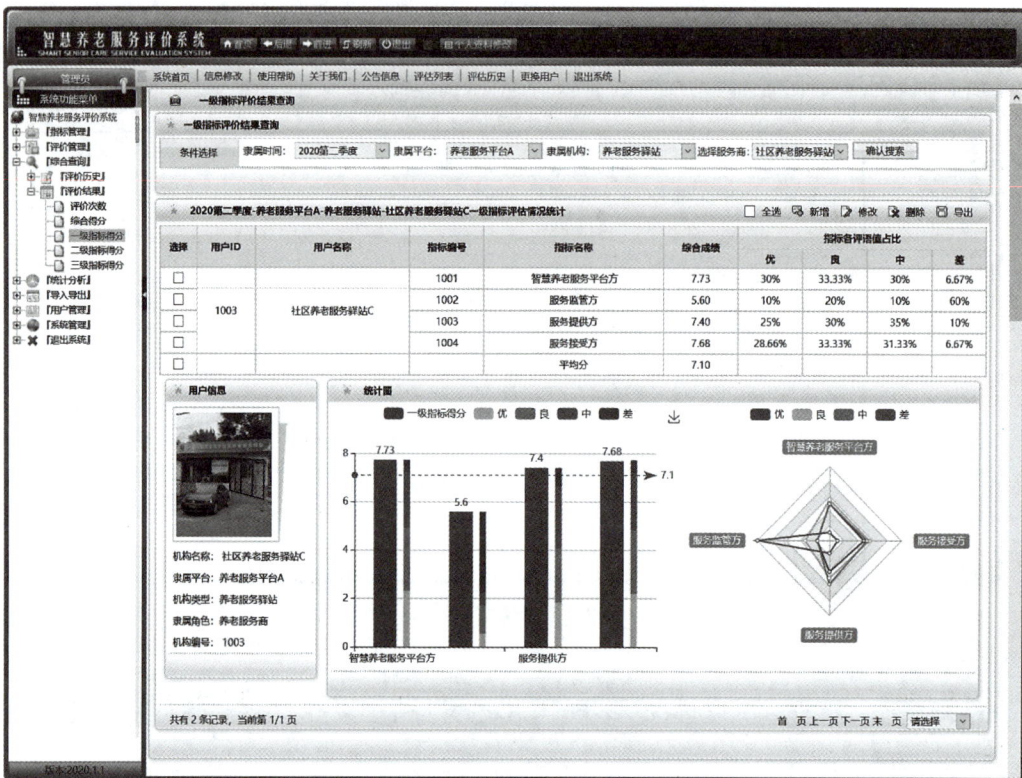

图 5.10　一级指标综合评分结果

4. 统计分析模块

统计分析模块分为历史评分分析、评分预警分析和评分对比分析,对于每类分析功能均包含对智慧养老服务平台运营商综合得分的分析以及对单项指标的分析,受篇幅限制,在此仅展示养老服务平台商综合得分的统计分析界面。

1) 历史评分分析

用户选择特定的养老服务商进行查询,即可查看该养老服务商本季度的得分结果与以往季度得分结果的对比分析,包括统计表和统计图。统计表可查看每个季度的具体得分结果,折线图可以显示服务提供商所获得分在不同时间阶段的变化情况、分析变化趋势。用户也可以选择切换直方图来直观对比评价结果之间的差异,如图 5.11 所示。

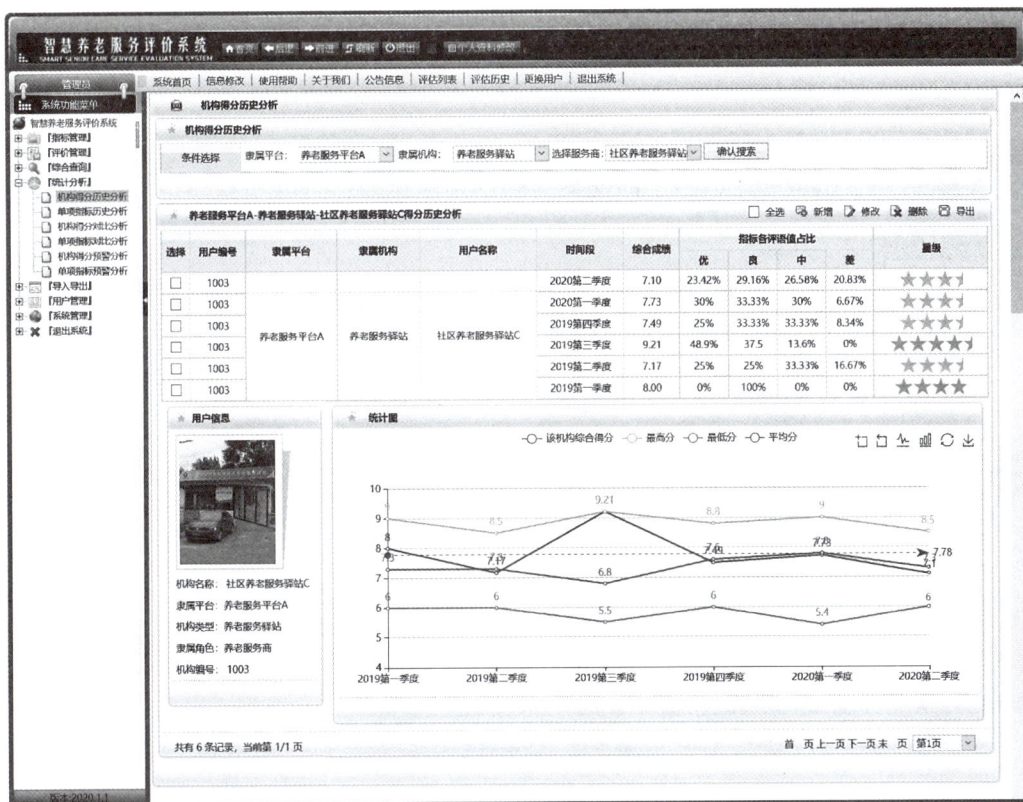

图 5.11　历史评分分析

2）评分预警分析

用户选择特定的养老服务平台商进行查询,即可查询该养老服务商的评分预警信息,系统将事先设定的综合评分预警阈值与养老服务商综合评分进行对比,判断其隶属的预警等级(红、橙、黄、蓝、绿),并据此向服务商发布相应预警等级的预警事项,养老服务商可根据预警信息对当前提供的养老服务进行调整。

评分预警分析如图 5.12 所示(具体颜色见彩插),绿色表示优秀,需要保持和总结经验、加以推广;蓝色表示良好,还有改进的空间;黄色表示中等,需要加油,可以积极向优秀的学习;橙色表示刚及格,需要下大力气优化服务流程,提升各评价方面的水平;红色的表示不及格,需要整改或摘牌。政府相关部门可以根据最终的得分、预警等级、星级等确定奖惩措施,还可以和政府的补贴和支持挂钩,促使各智慧养老服务平台运营商持续改进。

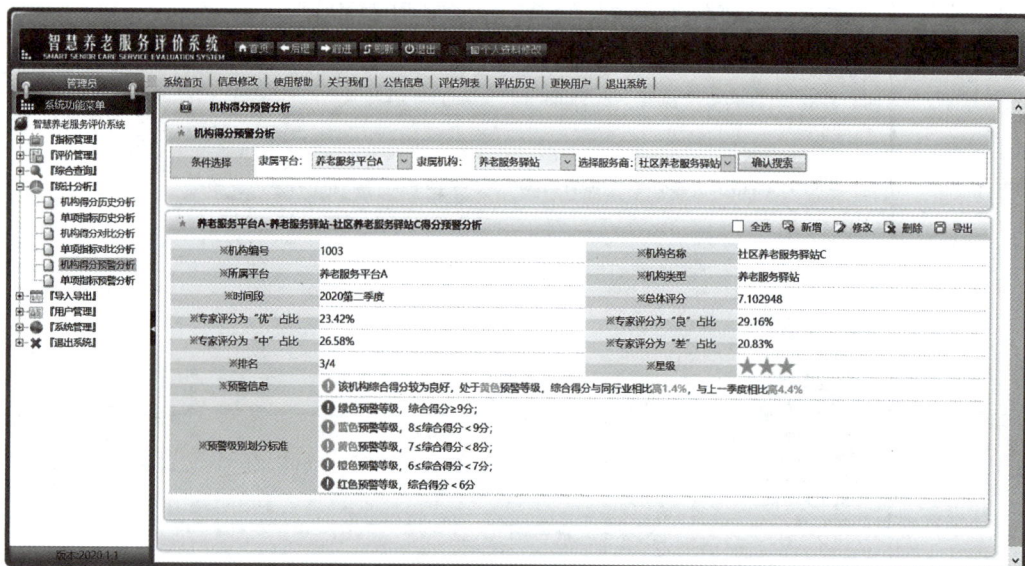

图 5.12　评分预警分析

3) 评分对比分析

评分对比分析,主要指养老服务平台商间的综合评分对比分析和各级指标对比分析,用户可自定义选择参与对比的服务商的机构类型、隶属的平台、评分时间段等基本信息。除展示基本查询结果外,系统结合直方图的形式,可以对比分析不同服务商的考核结果数据之间的差异,如图 5.13 所示。

除了上述主要的功能模块,智慧养老服务评价系统还有结果输出模块、系统管理模块。因涉及页面较多,不再一一展示。

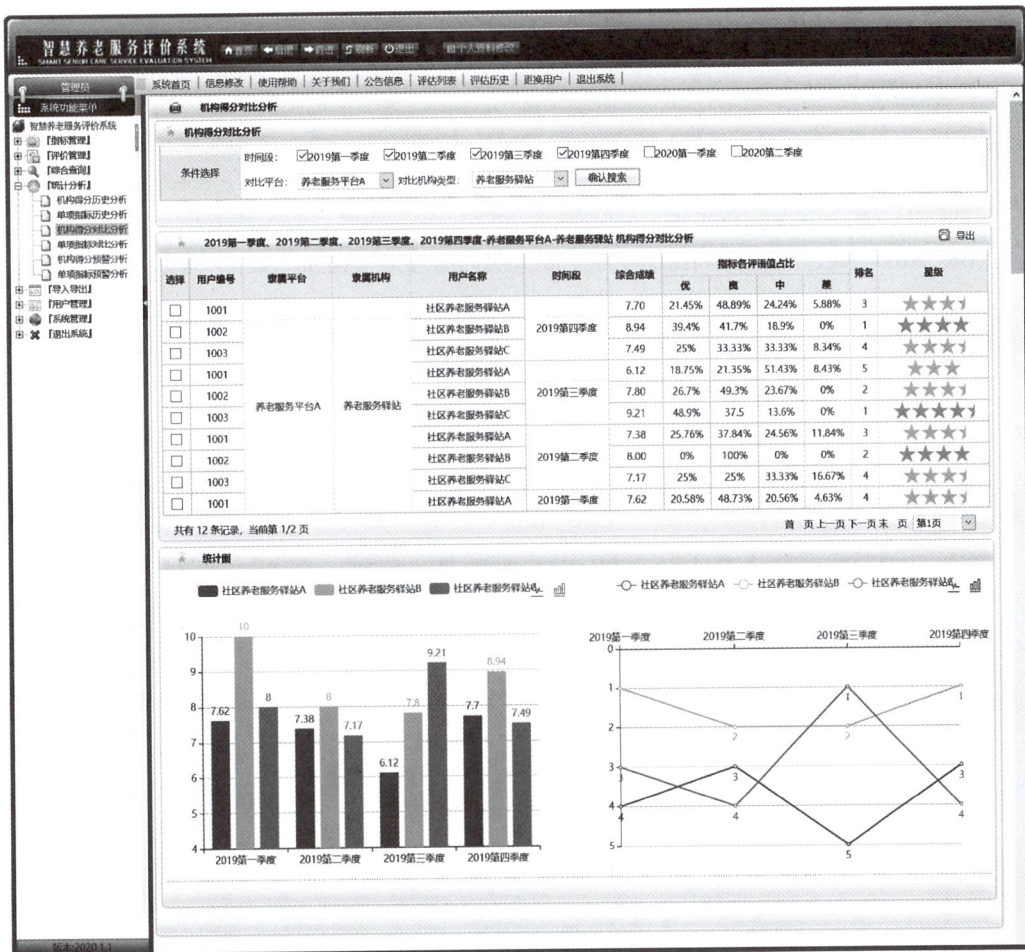

图 5.13　评分对比分析

参考文献

[1]　包国宪, 刘红芹. 政府购买居家养老服务的绩效评价研究[J]. 广东社会科学, 2012, 2: 15-22.

[2]　刘天洋, 郝晓宁, 薄涛, 等. 美国家庭病床护理服务体系及其启示[J]. 卫生经济研究, 2016, 11:

10-12.

［3］ 罗月,王丹,张慧兰,等. 我国养老服务评价方式研究现状与展望［J］. 护理学杂志,2017,19：100-103.

［4］ 周颖. 养老服务机构评价分析文献综述［J］. 劳动保障世界,2015,s2：216-218.

［5］ CASTLE N G,FERGUSON J C. What is Nursing Home Quality and How is It Measured?［J］. The Gerontologist,2010,50(4).

［6］ GRONROOS C. Strategic Management and Marketing in the Service Sector（Report No.83-104）［R］. Cambridge,MA：Marketing Science Institute,1983.

［7］ DONABEDIAN A. The Quality of Medical Care［J］. Journal of Cataract & Refractive Surgery,1978,4344：856-864.

［8］ PARASURAMAN A,ZEITHAML V A,BERRY L L. A Conceptual Model of Service Quality and Its Implications for Future Research［J］. Journal of Marketing,1985,4：41-50.

［9］ PARASURAMAN A,ZEITHAML V A,BERRY L L. SERVQUAL：A Multiple-Item Scale for Measuring Consumer Perceptions of Service Quality［J］. Journal of Retailing,1988,1：12-40.

［10］ RANTZ M J,MEHR D R,POPEJOY L,et al. Nursing home care quality：a multidimensional theoretical model［J］. J Nurs Care Qual,1998,3：30-46.

［11］ SAVAS E S. The Institutional Structure of Local Government Services：A Conceptual Model［J］. Public Administration Review,1978,5：412-419.

第6章
智慧养老政策、治理与发展指数

　　智慧养老服务要得到发展,智慧养老服务平台健康地运营,需要政府政策的支持,需要对养老服务生态系统中的数据进行治理。为了更好地促进智慧养老的发展,各地政府需要一些引导、一些鞭策。那么,基于一个地区的智慧养老发展指数就很重要了,每个地区政府可以看看自己的智慧养老发展指数究竟如何? 在各地的排名如何? 指数高的可以总结经验,多多推广,指数低的可以指数高的为榜样,找到自己的差距。所以我们首先梳理智慧养老政策的发展情况,然后对跨部门政府的涉老数据治理进行阐述,最后给出针对一个地区的智慧养老发展指数的测评体系。

6.1 智慧健康养老政策的演变分析

近年来,国家对智慧养老、智慧健康养老都有较多的政策发布,特别是"健康中国"和"积极应对人口老龄化"被作为我们的国家战略实施以来,"智慧健康养老"更加作为高频词汇在应用。因此,本节将智慧健康养老作为核心词汇,对十余年来关键的养老政策进行梳理,对其关注重点进行演变分析,并结合发文单位、政策间互相引用对已有的养老政策进行社会网络分析。发布于 2017 年的三部委(工业和信息化部、民政部、国家卫生计生委)关于印发《智慧健康养老产业发展行动计划(2017—2020 年)》的通知(工信部联电子〔2017〕25 号)迄今已经超过三年,我们希望对其执行情况做一个比较分析。

6.1.1 智慧健康养老政策的发展阶段分析

根据《智慧健康养老产业发展行动计划(2017—2020 年)》中对智慧健康养老的定义,智慧健康养老是指利用物联网、云计算、大数据、智能硬件等新一代信息技术产品,能够实现个人、家庭、社区、机构与健康养老资源的有效对接和优化配置,推动健康养老服务智慧化升级,提升健康养老服务质量效率水平的养老方式。

智慧健康养老由于能有效实现医养结合、康养结合,能够实现减人增效、降低成本、扩大服务规模,实现规模经济和范围经济,得到了各界的响应和关注。政府为了促进智慧健康养老的发展,出台了一系列的政策。为了更好地了解智慧健康养老政策的发展过程和相关政策的执行情况,我们对 2009—2020 年的 187 个养老相关政策进行了梳理和分析[①],

---

[①] 本节内容部分以论文《智慧健康养老发展脉络分析》(作者：左美云,刘浏,中国人民大学信息学院智慧养老研究所;尚进,智慧养老 50 人论坛联合发起人兼常务理事)发表于《中国信息界》2021 年第 2 期。

划分了智慧健康养老政策的发展阶段,分析了政策关注内容,再针对智慧健康养老专门分析关键政策的执行情况,在此基础上对未来政策的制定提出建议。

本节所用数据均来自中央人民政府网站(www.gov.cn)及其下属的国务院部门网站,由于在这些网站可以检索到的数据中,从 2009 年开始连续每年都有养老政策出台,因此我们将 2009 年选为数据起始年份。人工筛选去掉回复提案类型的文件,一共得到由国务院、国家卫健委(包括原国家卫计委)、民政部和全国老龄办等国务院及其相关部门发布的政策文件 187 个。

为了更好区分不同政策,本文采用 S(Smart,智慧)、H(Health,健康)和 E(Elderly,老年人)分别代表包含与"智慧技术"相关政策、包含与"健康"相关政策和包含与"养老"相关政策,并使用"政策类别-发表年份-政策当年序号"的方式对所有政策编号,如政策 E-2019-1 表示该政策是侧重"养老"方面的政策,是 2019 年发表的第一个政策;政策 HE-2009-1 表示该政策是包含"健康"和"养老"两方面的政策,是 2009 年发表的第一个政策;而政策 SHE-2017-3 表示该政策是覆盖"智慧""健康""养老"三方面的政策,是 2017 年发布的第 3 个政策,历年政策分布情况如表 6.1 所示。

表 6.1　各类型政策数量分布情况

年份	单纯养老(E)	智慧养老(SE)	健康养老(HE)	智慧健康养老(SHE)
2009	3		1	
2010	3			
2011	4			
2012	5		1	
2013	9		4	
2014	12	1	1	1
2015	15	1	1	
2016	11		2	1
2017	14			4
2018	14			6
2019	22	1	6	3
2020	18	4	13	6

在 2009—2012 年,每类政策数量都较少,从 2013 年起,政策数量大幅度增加。在不同类别的政策中,关于养老的政策总数最多,其次是健康养老政策和智慧健康养老政策,

而智慧养老政策的数量较少。值得注意的是,2019 年和 2020 年这两年与健康养老相关的政策增长很快。这可能是因为自 2018 年国家卫生和计划生育委员会更名为国家卫生健康委员会后,政府对养老和健康相关事宜的管理结合更加紧密,因而政策中智慧健康养老和健康养老的数量都比智慧养老的多。另外,2020 年的健康养老政策数量大幅增长也与新冠肺炎疫情背景下老年人健康防护和养老院管理有关。从单独类别数量上看,单纯养老类政策从 2013 年开始有较多增长,健康养老类从 2009 年断断续续有部分政策出台,近两年政策数量较多;智慧健康养老相关政策从 2017 年开始保持一个相对稳定的数量,而智慧养老类政策数量最少,只在其中四年有少部分政策出台。

我们使用社会网络分析方法得出这十多年来与智慧健康养老相关的政策之间的关系。社会网络指社会行动者及其间关系的集合,本节将政策作为网络中的行动者,将政策之间的引用作为它们的关系构建政策网络。

一般来说,我国政策的出台有一定延续性,一些政策当中会提到该政策出台所响应的政策和精神,提出该政策出台的诱因。政策被引用次数多代表该政策层级可能更高、关注内容更为重要。我们以政策间的调用关系构建了政策的关系网络,如图 6.1 所示,图中节点大小表示其被调用次数的多少,黑色节点是被调用次数最多的三个节点,没有调用关系的政策未在图中呈现。

由图 6.1 可知,网络中最重要的 3 个政策分别是 E-2013-13、SHE-2017-3、E-2019-5,这 3 个政策分别为《关于加快发展养老服务业的若干意见》(国发〔2013〕35 号)、《智慧健康养老产业发展行动计划(2017—2020 年)》(工信部联电子〔2017〕25 号)和《关于推进养老服务发展的意见》(国办发〔2019〕5 号)。

被调用最多的政策为《关于加快发展养老服务业的若干意见》,发布于 2013 年。该政策发布后,我国养老政策发布数量迅速增加。为了积极应对老龄化、推进经济持续健康的发展、解决当时养老服务业问题,该政策统筹规划了养老服务业发展的城市、农村、居家、机构、消费和医疗等多方面内容。其次是发布于 2017 年的《智慧健康养老产业发展行动计划(2017—2020 年)》,作为三个关键政策中唯一一个与智慧健康养老相关的政策,它从技术产品、服务、平台、标准体系、网络安全等多方面考虑和规划了智慧健康养老产业近几年的发展,极大地促进了智慧健康养老产业的市场培育。而《关于推进养老服务发展的意见》发布于 2019 年,针对当前老年人服务不满意、服务商盈利难和行业机制不完善的问题

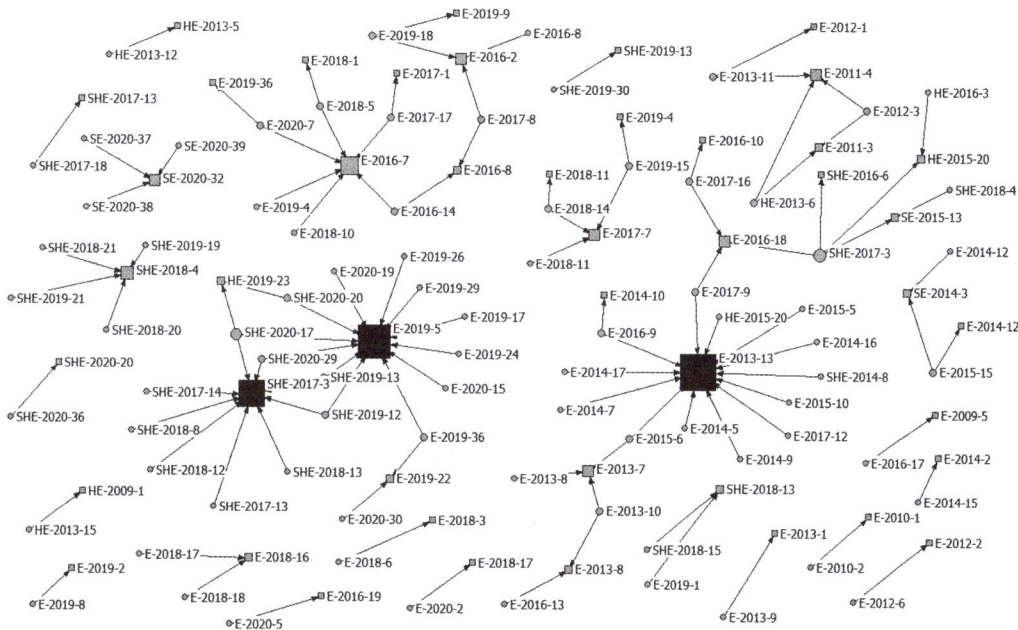

图 6.1　我国养老政策之间的关系网络图

提出政策指导,进一步破解养老服务发展的痛点。

　　2019 年年底以来,各地纷纷启用类似健康码这样的跟踪示警手机 App,给许多不会使用智能手机和相应 App 的老年人造成很多不便,甚至是心理上的无助感和被时代抛弃的感觉。健康码的问题只是冰山一角,健康码引起社会的广泛关注后,社会各界蓦然发现,其实老年人还面临在线支付和在线挂号等智慧产品使用的诸多困难。为了有效解决老年人在运用智能技术方面遇到的困难,让广大老年人更好地适应并融入智慧社会,2020年 11 月 27 日国务院办公厅发布《关于切实解决老年人运用智能技术困难的实施方案》(国办发〔2020〕45 号)。

　　在国务院文件基础上,2020 年 11 月全国老龄工作委员会办公室发出的《关于开展"智慧助老"行动的通知》(全国老龄办发〔2020〕3 号)中决定用 3 年的时间开展"智慧助老"行动,利用 3 年的时间,动员社会各方力量共同努力,推动老龄社会信息无障碍建设,促进全社会推进适老化的改造和升级,提升老年人运用智能技术方面的获得感、幸福感、安全感。如第1章所述,这是"智慧助老"第一次正式出现在全国性的文件标题中,该文件给出了具体的智慧助老行动安排。通知中规定,到2022年12月,要对"智慧助老"行动进行总结评估,将各地在行动过程中形成的经验和做法在全国推广,并适时上升为国家政策。因此,国务院办公厅发布的《关于切实解决老年人运用智能技术困难的实施方案》政策开启了新阶段。

我们可以基于以上4个政策发布的时点将2009—2020年我国智慧健康养老政策发展分为4个阶段:启蒙Ⅰ期(2009—2012年)、启蒙Ⅱ期(2013—2016年)、探索Ⅰ期(2017—2019年)和探索Ⅱ期(2020—2022年)。2009—2012年可以查询到的养老政策发表数量较少,称为启蒙Ⅰ期,这个阶段智慧养老的概念开始在学术界提出,但智慧健康养老政策处于酝酿阶段,此时大多数政策关注的都是养老金和政府养老保障,关于老年人养老和健康需求的政策很少,偶尔会提及养老信息化的内容。

2013年国务院办公厅印发的《关于加快发展养老服务业的若干意见》从国家层面提出了完善养老服务的规划,养老服务业发展开始加快。2013—2016年称为启蒙Ⅱ期,该阶段内养老政策关注内容增多,随着信息技术发展,智慧养老、医养结合、智慧健康养老、智慧健康和智慧医疗的概念逐渐被接受,相关政策也开始发布。

2017—2019年称为探索Ⅰ期,期间政府发布了较多智慧健康养老相关政策,特别是发布于2017年的《智慧健康养老产业发展行动计划(2017—2020年)》,是一个关键政策,包括试点评选、服务和产品推广等,从多方面规划了智慧健康养老产业的发展,这个阶段探索了智慧健康养老的各种发展模式。

2020年国务院办公厅印发的《关于切实解决老年人运用智能技术困难的实施方案》从老年人日常生活的7个场景出发,给出相应的智慧技术解决方案,让老年人能够真正享受到智慧服务的便利,开启了智慧健康养老的新发展阶段,称为探索Ⅱ期,我们希望到2022年全国老龄办推动的"智慧助老"行动收官之年,能结束探索Ⅱ期,进入成长期。

为了落实上述国务院办公厅印发的《关于切实解决老年人运用智能技术困难实施的方案》,2020年12月24日,工业和信息化部印发了《互联网应用适老化及无障碍改造专项行动方案》的通知(工信部信管〔2020〕200号),决定自2021年1月起,在全国范围内组织开展为期一年的互联网应用适老化及无障碍改造专项行动。这一次的专项行动的重点工作之一是开展适老化及无障碍改造水平评测并纳入"企业信用评价",并根据适老化及无障碍建设水平评测结果,对符合要求的互联网网站、移动互联网应用(App),授予信息无障碍标识(♿)。这个工作很有价值,相信也能引导相关企业开发更多的适老化产品。

2020 年由于新冠肺炎疫情期间各行各业实现数字化转型和数字化管理,老年人在衣食住行等方面都陆续遇到困难,针对这些困难,各级政府部门都陆续出台了一系列政策。这是好事,但是我们认为,光有政策还不够,还需要法律的保障。我们中国老年学和老年医学学会智慧医养分会副会长黄石松研究员指出,让老年人跟上信息时代,能够通过智慧技术享受美好的生活"这是权益问题,不是施舍"。例如,在信息化时代,如何保障部分老年人能够使用传统的方式支付、看病,在政府普遍通过网络征集民意、发布信息的情况下,如何保障老年人的知情权、参与权? 我们建议国家立法机构应该适时修订《中华人民共和国老年人权益保障法》,加强数字包容的条款。

6.1.2 智慧健康养老政策的内容分析

1. 全部养老政策内容所用工具分析

本节的分析框架分为两个维度:一个维度是 Rothwell 和 Zegveld 提出的政策工具分类,他们将政策工具分为供给型、需求型和环境型。供给型工具指政府采用的扩大供给、改善要素供给状况等措施,提供行业推力;需求型工具指政府通过采购、外包等多项措施扩大市场需求和减少市场不确定性的措施,提供行业拉力;环境型工具指政府采取措施提供更有利的政策和市场环境,提高行业影响力。另一个维度则来自国家统计局发布的《养老行业统计分类(2020)》,我们将其中的分类整合修改成两个大类:产品与服务类、支撑与保障类。分析结果如表 6.2 所示。

从养老行业的属性维度看,使用工具最多的政策类型是产品与服务类中的养老照护类政策(105 个)和老年医疗健康类政策(53 个);其次,支撑与保障中的智慧养老类(46个)、社会保障类(39 个)、公共管理类(36 个)数量中等;再次是医养结合类政策(27 个);然后是老年产品(13 个)、养老设施建设(13 个),养老金融(12 个)和老年社会参与(8 个)的政策数量很少。说明我国养老政策中对于老年人的照护服务和医疗健康关注最多。

表 6.2 我国养老政策工具与类型分析

		产品与服务						支撑与保障				总和		
		养老照护	医疗健康	医养结合	老年产品	养老金融	社会参与	智慧养老	社会保障	公共管理	养老设施	单项	占比	总项
供给型	示范工程	21	1	7	0	0	1	14	0	1	0	45	27%	168
	资金投入	5	3	1	0	0	0	1	7	2	4	33	20%	
	人才培养	11	9	1	1	1	2	2	0	1	0	28	17%	
	信息服务	3	6	3	0	0	1	7	3	2	0	25	15%	
	设施投入	6	2	2	1	0	1	1	0	2	5	20	12%	
	科技投入	3	3	1	1	0	0	9	0	0	0	17	10%	
环境型	策略性措施	11	8	4	1	1	1	2	2	8	0	38	26%	147
	法规管制	9	5	2	0	2	0	1	10	6	0	36	24%	
	标准设计	9	4	1	1	0	0	1	1	1	1	20	14%	
	金融支持	3	2	2	2	2	0	1	1	1	0	12	8%	
	税收优惠	5	1	0	0	3	0	0	0	0	1	11	7%	
	目标规划	9	4	2	2	1	0	3	4	3	2	30	20%	
需求型	市场塑造	5	3	0	4	1	0	2	0	6	0	21	57%	37
	海外交流	4	2	0	1	1	1	2	0	2	0	13	35%	
	政府采购	1	0	0	0	0	0	0	1	1	0	3	8%	
总和		105	53	27	13	12	8	46	39	36	13	352		

从政策工具的维度看,供给型(168 个)和环境型(147 个)的政策工具较多,而需求型(37 个)的工具较少。表 6.2 中加粗的是每类政策工具中出现最多政策类型的工具数量。供给型工具中数量较多的是示范工程(45 个)与资金投入(33 个),这里的资金投入仅指政府直接投入资金帮助市场发展,不包括政府直接购买服务的情况,其中资金大多投入在养老金和养老保险等社会保障(17 个)中,而示范工程主要指养老照护试点(21 个)、智慧健康养老试点(14 个)和医养结合的示范试点工程(7 个)。

环境型工具中较多的是策略性措施(38 个)和法规管制(36 个)。策略性措施指不采用直接管制或投入,而向市场提出建设性措施建议的政策工具,主要运用在养老照护(11 个)、老年医疗健康(8 个)和公共管理(8 个)相关政策中。

需求型工具中较多的是市场塑造(21 个),在养老照护市场(5 个)、老年产品市场(4 个)、老年医疗健康市场(3 个)都有该类型工具的使用,而养老公共管理政策(6 个)中该工具的出现是因为在对政府养老管理做出整体规划类的政策中往往也会提到要鼓励社会力量进入市场和促进养老市场发展。另外,使用最少的政策工具是政府采购(3 个),这与智慧健康养老领域政府投入资金进行服务购买的事实有所差异。这是因为在很多现有政策中,政府投入的资金并未直接说明是直接用于购买服务或是补贴相关机构,因此大部分都被分入资金投入工具当中。出现较少的需求型工具说明政府提供的发展拉力稍显不足。建议以后政府可以多使用政府采购这个政策工具,从需求端拉动和引导智慧健康养老服务市场的健康发展。

2. 智慧健康养老政策工具分析

为了聚焦智慧健康养老,我们单独针对智慧健康养老政策做了进一步分析。前面的政策网络分析中我们发现《智慧健康养老产业发展行动计划(2017—2020 年)》(后面简称为《行动计划》)是被引用最多的三个关键政策之一,由于 2020 年是《行动计划》规划中的最后一年,我们梳理了 2017 年以来除《行动计划》外其他 18 个智慧健康养老的相关政策。

《行动计划》中规划了 2017—2020 年智慧健康养老产业发展的主要任务,分别是:①推动关键技术产品研发;②推广智慧健康养老服务;③加强公共服务平台建设;④建立智慧健康养老标准体系;⑤加强智慧健康养老服务网络建设和网络安全保障。其中,每个任务相关政策出台数量如表 6.3 所示,每个政策的主要内容是什么,该政策就被分到相应的任务中,不会重复计数。

表 6.3　《行动计划》任务相关政策出台数量

任 务 序 号	任 务 名 称	相关政策数量
1	推动关键技术产品研发	1
2	推广智慧健康养老服务	15
3	加强公共服务平台建设	0
4	建立智慧健康养老标准体系	2
5	加强智慧健康养老服务网络建设和网络安全保障	0

　　表 6.3 显示,自 2017 年以来的 18 个智慧健康养老政策中,有 15 个是与智慧健康养老服务推广任务相关的,此外,还有 2 个标准体系建立相关的政策和 1 个关键技术产品研发推动相关的政策。

　　我们再对以上 18 个政策进行政策工具分析,结果如图 6.2 所示。一个政策中可能会使用多个政策工具,因而累计政策工具数量大于政策总数 18。

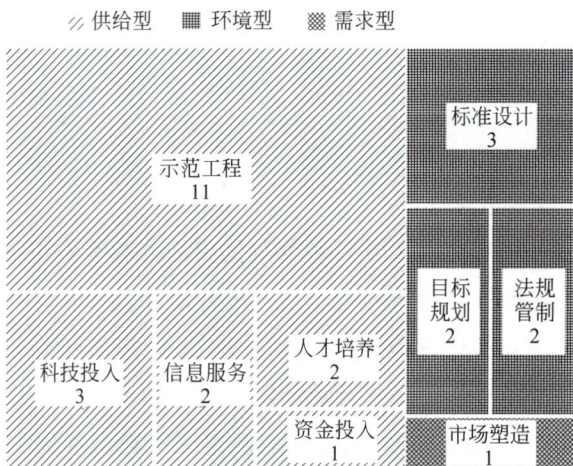

图 6.2　智慧健康养老政策工具分析

由图 6.2 可知,智慧健康养老政策的 3 种政策工具中,供给型工具(19 个)占大多数,环境型(7 个)和需求型工具(1 个)数量都较少。其中,供给型工具以示范工程(11 个)为主,还有科技投入(3 个)、信息服务(2 个)、人才培养(2 个)和资金投入(1 个)工具出现;环境型工具主要是标准设计(3 个)、目标规划(2 个)和法规管制(2 个);需求型工具只有市场塑造(1 个)。

结果显示,智慧健康养老政策中环境型和需求型工具数量较少,供给型工具中也以示范工程为主。因此,我们建议在今后智慧健康养老工作中加强环境型和需求型政策工具的使用,同时经过在试点的多次尝试与示范之后,也要加大科技、信息、人才和资金的投入,将智慧健康养老的服务和理念推广到全国各地。

3.《行动计划》完成情况分析

由表 6.3 可知,《行动计划》中服务推广类政策出台数量最多,而标准体系的建立和技术产品研发任务有少量的政策出台,平台建设、网络建设和安全保障类没有政策出台。这说明在智慧健康养老领域政策中,对于智慧健康养老的服务推广重视程度较高。

服务推广和标准体系建立方面,《行动计划》中规划了两个指标:一是到 2020 年,我国将建立 100 个智慧健康养老应用示范基地;二是制定 50 项智慧健康养老产品和服务标准。当前已完成的 2017—2020 年四届评选中,分别选出 23、10、23 和 17 个智慧健康应用示范基地,总数为 71 个,约完成目标的 70%。智慧健康养老产品和服务标准方面,根据在全国标准信息公共服务平台(std.samr.gov.cn)查询的结果,现行的养老相关标准仅有 20 项,其中国家标准 14 项,行业标准 6 项,还没有专门针对智慧健康养老的标准;相关政策中虽然对智慧健康养老服务的收费及管理标准提出了一些规定,但目前也没有已成型的标准。由此可见,尽管在国家标准方面有一定数量政策出台,但从数量上看还远远没有达到《行动计划》中所规定的目标。

在《行动计划》中,关于平台建设的目标主要分为 3 方面:建设技术服务平台、建设信息共享服务平台和建设创新孵化平台,这分别对应了智慧健康养老行业内技术支持、服务和信息共享、创业支持。但就本文分析结果来看,政府对技术平台和创业支持平台的关注较少。但在《智慧健康养老产品及服务推广目录(2020 年版)》中的服务类中包含很多健康养老服务平台和健康信息管理平台,由于智慧健康养老服务大多需要依托平台进行,对服务的推广实际上也是对平台的推广,因此有理由推断很多平台建设相关政策规定也整合到服务建设政策中,造成现在没有以平台建设为专门标题的政策的情况。

网络建设和网络安全保障方面,《行动计划》中的要求是打造覆盖家庭、社区和机构的智慧健康养老服务网络,提高服务平台网络安全防护要求,规范数据收集和使用。由表 6.3 可知,当前并没有专门关于平台和网络建设的政策。

本节使用公开获得的政策发布数据,通过构建政策网络分析出网络中的关键政策,根据关键政策将迄今为止的我国智慧健康养老政策发展分为了 4 个阶段。在经过了政策数量少且主题单一的启蒙Ⅰ期、对养老关注逐渐增多的启蒙Ⅱ期、对智慧健康养老等新兴技术的探索Ⅰ期后,国务院办公厅《关于切实解决老年人运用智能技术困难的实施方案》的出台表明,当前我国正处于使用智慧技术真正帮助老年人改善生活的探索Ⅱ期。我们把启蒙期和探索期分别分成了两期,凸显出智慧健康养老发展的艰难,需要很长时间的启蒙和探索。

智慧健康养老政策工具分析结果表明,今后制定的政策应该要更多考虑如何发现和扩大老年人的需求以及减少市场发展的阻碍,从而在保证供给的同时更好满足老年人的需求,实现市场供需平衡。当前政府对于智慧健康养老发展的推动主要通过建立示范试点的方式进行,但对于发掘市场需求和规范市场环境的政策还很不足。在将来应该更多调查和激发老年人的需求,规范市场环境,并加大投入将试点的先进模式进行推广。

从《行动计划》的完成情况来看,计划中提出的 5 个关键任务中,政府更重视服务提供,对于标准体系建设、平台建设、技术产品研发和网络基础的关注较少,但总的来说各方面任务都没有完全实现。这说明政府在下一阶段除了要继续开展服务推广工作之外,还需要投入更多精力增大智慧健康养老平台建设和网络建设力度,鼓励关键技术产品的开发研究和智慧健康养老标准的发布,让老年人享受到更便利周全的服务,最终提升老年人融入信息社会后的获得感、幸福感和安全感。

《2020 年国务院政府工作报告》提出,重点支持"两新一重"建设,即新型基础设施建设(简称新基建)、新型城镇化建设,以及交通、水利等重大工程建设。新基建是数智化时代贯彻新发展理念,以技术创新为驱动,以信息网络为基础,面向高质量发展需要,提供数字转型、智能升级、融合创新等服务的基础设施体系。新基建主要包括 5G 基站建设、特高压、城际高速铁路和城市轨道交通、新能源汽车充电桩、大数据中心、人工智能、工业互联网七大领域,涉及诸多产业链。希望随着新基建的推进,《行动计划》中关注较少的智慧健康养老平台建设和网络建设得到重视,为智慧养老服务生态系统的发展铺好"新时代信息高速公路",让智慧养老服务的各种"车"欢快地畅行,把需要服务的老年人送到幸福的彼岸。

6.2　涉老跨部门政府数据治理框架

2020 年 11 月 21 日,有网友爆料称,湖北广水 94 岁的老奶奶行动不便,为了社保卡激活,被人抬到银行进行人脸识别。相关报道引发社会的普遍关注。实际上,近年来诸如"证明你还活着""证明你就是你自己"等奇葩证明时有发生,削弱了群众和政府之间的信任关系。奇葩证明背后折射出的是政府部门信息隔离、数据治理不健全的现状。中央政府针对此类事件,提出要"让数据多跑路,让群众少跑腿"。我们在第 3 章中针对养老服务生态系统专门阐述了养老数据标准与数据共享的问题,然而,要做好数据共享,养老服务生态系统中的重要主体——政府负有非常重要的责任。

虽然政府已经意识到养老数据共享的重要性,例如,北京市人民政府关于印发《北京市"十三五"时期老龄事业发展规划》的通知中要求,"建立老年人口数据库,推进政务信息资源共享,推动实现民政、公安、卫生计生、社保等系统老年人口数据对接"。但从实践来看,各地域、各部门政务数据融合、共享的速度和水平参差不齐。特别是横向部门如社保部门、卫健部门、公安部门等之间数据共享进展缓慢,阻碍重重。要实现上述目标,需要对跨部门政府的养老数据进行治理。

由于与老年人相关的数据涉及许多部门,如北京市与老年人相关的市级各类委、办、局有 50 余个,都是北京市老龄工作委员会的成员单位。如第 3 章中图 3.1 和图 3.2 利用鱼骨分析法,得到了各部门养老数据来源和使用情况的总体概览。为了和大家印象中的"养老数据"主要是通过直接给老年人提供服务形成的数据相区分,本节中我们用"涉老数据"来指代一切涉及老年人的数据。

6.2.1　政府涉老数据治理特殊性分析

政府作为国家治理机构,其独特的组织特征决定了政府数据治理和传统的企业数据治理有很大不同。政府更为庞杂的内外结构、更多的政策制度限制、更广泛的社会影响等，导致跨部门政府数据治理实施面临更多的困难和挑战。美国学者里维特提出的组织模型认为，组织可以用结构、人员、技术和任务 4 个变量来描述，且变量之间存在强烈的依存关系。当引入跨部门政府数据治理时，上述 4 个变量分别为政府赋予了不同于企业数据治理的如下独特性。

（1）在结构方面，需要纵横联动，协同治理。我国政府行政体制的基本结构是条块结合，条是指从中央到地方各级政府业务内容性质相同的职能部门，块是指由不同职能部门组合而成的各个层级政府。相较于企业以最终产品服务于客户的组织结构，政府组织块内各部门间不同的职能和任务，阻碍了跨部门的信息共享。尽管国家把一些养老规划和管理的职能整合到了卫健部门，但是养老服务、养老产品、养老项目、养老设施、养老保险的发放、养老投资、老年人口等涉及了民政、经信、发改、建设、社保、财政、公安等多个部门。跨部门的政府数据治理涉及多个职能部门，单部门的数据管理方式不符合数据共享的需求。因此，跨部门的政府涉老数据治理需要部门间纵横联动协同治理，形成上级领导协调统筹，下级部门之间相互协调，部门内部有序统一的数据治理工作局面，自上而下的一体化的数据治理体系。其中，统筹、协调和统一是数据治理的关键所在，政策和标准是协同治理的保障。

（2）在人员与技术方面，需要加强外包管理，统一数据标准。与追求利益最大化，走在技术革新前列的企业相比，涉老政府部门的技术支持能力普遍比较低，平台建设运维的外包方众多且分散。一方面，政府内部人员精力有限，既精通业务又拥有 IT 专业能力的人员稀缺，一般将非管理性的专业技术业务委托给企业或其他第三方承担，平台建设技术方案和数据标准不统一，导致不同系统间技术不兼容、数据结构不一致等问题突出，为不同系统的数据整合带来了巨大挑战；另一方面，外包方的多而散也增加了数据的安全风险，尤其对于外包方保存的数据，容易导致老年人数据泄露、数据滥用、恶意篡改等情况的发生。因此，跨部门的政府涉老数据治理更强调对外包方企业的监督与管理、数据标准的统一和数据接口的制定。

（3）在任务方面，政府需要树立涉老数据的权威，确保涉老数据的安全。政府机构的权威性决定了政府在执行任务时要树立政府数据的权威。但是，由于政府养老数据来源的多渠道、标准的不统一，可能导致数据质量参差不齐，削弱其可用性和权威性。因此，在跨部门的政府涉老数据治理过程中,数据质量是其重点关注对象,确保数据的可靠性和权威性。此外,与企业数据相比,政府涉老数据不同程度地涉及老年人的安全、隐私和养老服务商的商业机密,数据量大且覆盖范围广泛,附加价值极高。因此,跨部门的政府涉老数据治理更强调在执行任务时数据的安全性和保密性,需要从法规政策、技术和管理等层面建立可靠的安全保障体系,确保政府数据安全。

6.2.2　跨部门政府涉老数据治理框架

政府数据治理是指政府根据数据治理的目标和准则,对于政府部门各角色的数据权责进行明晰,同时利用互联网等信息技术手段,对数据的全生命周期进行管理,以使政府数据得到合理、有效的使用。

数据治理框架是为了实现数据治理的总体战略和目标,将数据治理领域所蕴含的基本概念(如原则、组织架构、过程和规则等),利用概念间关系组织起来的一种逻辑结构。数据治理框架为组织数据治理提供了理论依据和实践指导,可以帮助组织厘清组织中不同角色和活动之间的责权关系。

在国际上影响力比较广泛的数据治理框架是由国际数据管理协会(The Data Management Association,DAMA)提出的 DAMA 框架,以及数据治理协会(The Data Governance Institute,DGI)提出的 DGI 框架。DAMA 框架从数据管理的角度出发,将数据治理看作数据管理的核心,认为数据治理是在高层次上对数据管理进行管理。与 DAMA 框架不同的是,DGI 框架是完全从数据治理角度出发的,独立于数据管理,DAMA 框架将数据治理置于顶层的位置,而 DGI 框架则构建了自上而下完整的数据治理体系。

我们借鉴 DGI 自上而下的数据治理体系,参考 DAMA 框架的环境要素,针对政府数据治理的特殊性,提出了跨部门政府涉老数据治理框架——GCDEG 框架(Government Crosssectoral Data related with Elderly Governance framework)。

DAMA 框架的环境要素子框架包含目标与原则、组织与文化、技术、实践与方法、角色与责任、主要交付物、活动 7 个要素,将其映射到跨部门政府数据治理情境下,在顶层需要有战略目标,明确数据治理的预期成果;在中层需要规范与标准设定原则,关注范围明确重点;在底层需要有过程、方法与技术指导政府跨部门数据治理落地,即 GCDEG 框架涵盖了顶层(政府战略目标)、中层(规范与标准、关注范围)、底层(过程、方法与技术)3 个层面、自上而下的治理体系。此外,人是数据治理活动的主体,权责的划分是数据治理实践稳定开展的关键,因此,GCDEG 框架还包含政府治理主体。

综上,GCDEG 框架由政府治理主体、政府战略目标、规范与标准、关注范围、过程,以及方法与技术 6 部分组成(见图 6.3)。其中,政府治理主体是对政府数据治理中所包含涉老部门的角色及其权责的描述;政府战略目标描述了政府对涉老数据治理工作成果的期望;规范与标准阐明了涉老数据治理过程中需要建立的保障机制;关注范围描述了涉老数据治理应该重点关注的领域;过程描述了涉老数据治理落地所要实施的具体活动;方法与

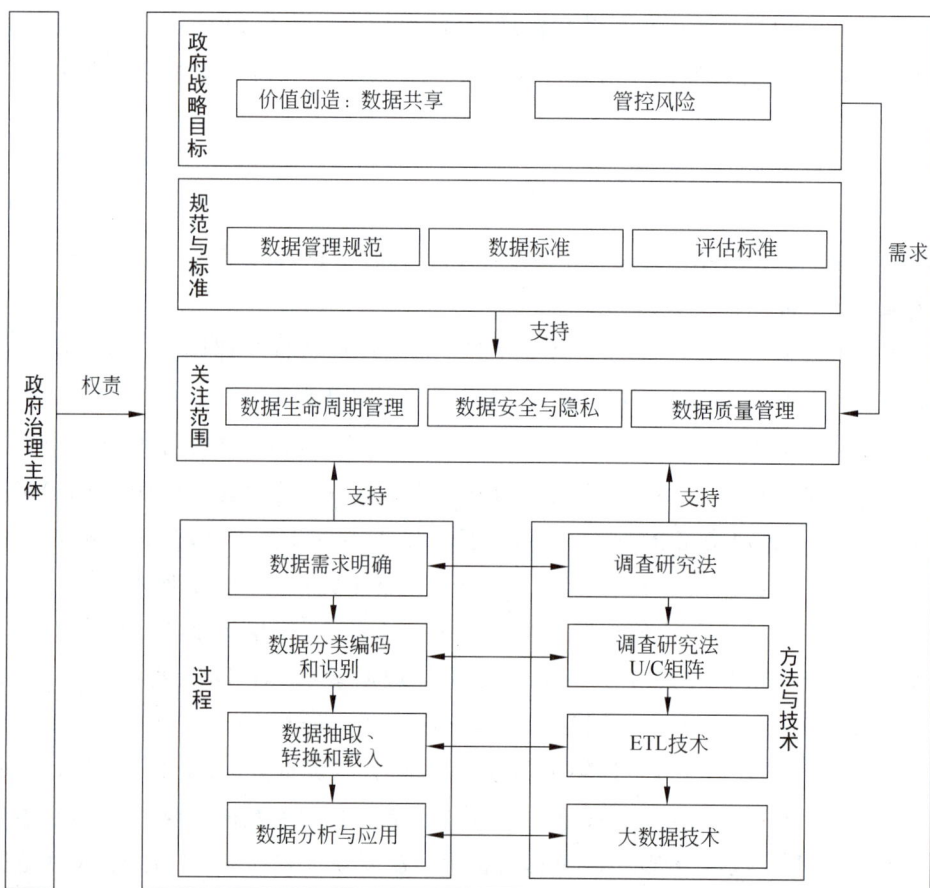

图 6.3　GCDEG 框架

技术描述了在实施过程中所采用的具体方法和技术。下面将围绕政府涉老数据治理的特殊性,对 GCDEG 框架所包含的具体内容以及各部分之间的逻辑关系进行详细阐述。

1. GCDEG 政府治理主体

政府数据治理首先需要明确治理主体及其职权与责任。政府涉老数据治理主体一般包含涉老数据治理委员会、涉老数据治理办公室、涉老数据治理需求调研组、涉老数据治理平台建设方和涉老数据治理其他相关利益部门,推动跨部门政府主体的协同治理和深度融合。

(1)涉老数据治理委员会。涉老数据治理委员会负责数据治理战略目标的制定以及规范和标准的审核。条块结合的结构突出了跨部门政府涉老数据治理纵横联动、协同治理的特性,所以,委员会主任一般由政府横向部门的上级领导担任,例如省一级涉老数据治理委员会主任建议由该省老龄化工作委员会主任兼任。成员包括卫健、民政、人社、经信、发改、财政、公安等其他利益相关政府部门的领导。这样既能减少领导层面的不确定性,又能增强各政府部门数据汇总整合的动力。

(2)涉老数据治理办公室。涉老数据治理办公室是涉老数据治理实施的核心,负责规范和标准的制定、具体活动的实施,以及角色和活动之间的协调沟通,并向涉老数据治理委员会汇报工作进展,监督涉老数据治理需求调研组和涉老数据治理平台建设组的工作。

(3)涉老数据治理需求调研组。政府涉老数据治理并不意味着整合政府全部的数据,只需要整合有用的与老年人有关的数据。因此,需要对各部门的涉老数据需求进行调研。数据治理需求调研组负责对各政府部门的涉老数据需求进行调研,多采用焦点小组访谈法对各部门在该领域已有数据以及数据需求进行调研。

(4)涉老数据治理平台建设方。跨部门的政府涉老数据治理意味着要将跨部门与老年人有关的数据按照一定的方式整合到统一的数据平台上,因此需要建设数据平台支撑数据的整合、存储等一系列操作。由于政府部门职能的特殊性以及人员精力和技能的限制,政府的平台建设一般会外包给专业的信息技术公司完成。

(5)涉老数据治理其他利益相关部门。利益相关部门是指需要提供数据或使用数据的部门,按照"谁主管,谁提供,谁负责"的原则,提供部门需要及时维护和更新涉老数据,保障数据的质量;按照"谁经手,谁使用,谁管理,谁负责"的原则,使用部门应该根据履行职责需要依法依规使用涉老数据。

2. GCDEG 政府战略目标

政府战略目标由涉老数据治理委员会制定,是数据治理工作的旗帜。IBM 公司提出数据治理的目标是管控风险与合规、价值创造。DGI 数据治理框架认为公司数据治理的目标是增加收入和价值、管理成本和复杂性、管控风险。综合上述内容以及政府涉老数据治理在任务和人员方面的特殊性,我们认为政府战略目标是价值创造和管控风险,具体如下。

(1)实现价值创造。实现价值创造是指跨部门政府涉老数据治理所带来的效益和效率,数据共享正是价值创造的重要体现,可以为涉老政府部门带来效益和效率的提升。数据共享可以提高数据资产的利用率,使部门在需要某项数据时不必再次消耗人力、物力等资源获取数据,减少资源的浪费,降低数据存储和管理成本。通过跨部门的政府数据共享,可以提高政府的工作效率,提升政府信息服务能力,例如政府公安部门或民政部门在获得行动不便老年人依然健在的数据后,就可以用老年人的照片自动激活社保卡,替代老年人的人脸识别,从而增加老年人在数智化时代的获得感和满意度,创造行政为民的价值。这样,本节开始的湖北广水 94 岁的老奶奶就不会遭罪了。

(2)管控风险。政府涉老数据通常包含较为详细的老年人个人信息,内容交叉冗余,不同来源的数据往往能够相互关联,导致隐私泄露风险上升。因此,在对政府涉老数据治理时要注意对老年人数据安全的管控。此外,跨部门的涉老数据治理利益相关方众多,往往使得数据的责权界限模糊不清,所以在涉老数据治理时要首先明确各项涉老数据的权利和责任归属,制定统一的数据使用协议模板,在充分和合理使用时可以采用脱敏处理、区块链溯源、联邦学习等多种方式管控数据泄露的风险。

3. GCDEG 规范与标准

目前政府涉老数据治理尚未形成统一的规范和标准,各部门数据标准不一致是阻碍数据治理和数据共享的关键因素。因此,有必要制定涉老数据治理规范和标准来确保数据治理的成功实施和各部门间的涉老数据共享,提高数据的可用性和权威性。GCDEG 数据治理规范和标准定义了数据治理时的活动依据,主要包括涉老数据管理规范、涉老数据标准和涉老数据治理的评估标准,具体如下。

(1)涉老数据管理规范。跨部门的政府涉老数据治理涉及多部门间的数据整合,有着协同治理的特性,治理环境复杂多变,治理流程环环相扣。为提高数据的质量,防范数据安全风险,按照对数据的全生命周期管理、安全与隐私管理,涉老数据的管理规范包括数据的采集规范、组织规范、存储规范、共享规范与安全规范。

(2)涉老数据标准。跨部门的数据治理需要制定统一的数据标准,支持和规范数据平台的开发,为不同部门间系统的对接,以及数据采集交换等数据管理工作奠定基础。涉老数据标准的建立需要各部门业务人员和技术人员共同参与,不仅要满足数据整合、存储的便利性,更要契合各项业务需求。在第3章中专门阐述过智慧养老数据标准的构建,这里就不再赘述。

(3)涉老数据治理的评估标准。评估标准指的是对涉老数据治理工作的评估,包含对数据质量的评估和对数据治理成熟度的评估。数据质量是数据治理工作的核心关注点,也是数据价值实现的前提。涉老数据质量评估主要是对涉老数据的真实性、完整性、一致性、准确性、及时性等方面的评估;涉老数据治理成熟度评估目的是测量政府涉老数据治理的现状、水平和差距,识别数据治理的改进路径,促进涉老数据治理向高成熟度转变。

4. GCDEG 关注范围

GCDEG 关注范围是指政府涉老数据治理的重点关注领域,是影响数据治理成效的重要因素,包括涉老数据生命周期管理、涉老数据安全与隐私、涉老数据质量管理,具体如下。

(1)涉老数据生命周期管理。数据生命周期管理是对涉老数据从产生、存储到消亡的全过程管理。在跨部门政府涉老数据治理实施时要综合考虑跨部门涉老数据生命周期每个阶段的特点,制定相应的政策规范,采用合适的实施方法和技术,让数据"活"起来。

(2)涉老数据安全与隐私。跨部门的政府涉老数据具有多源异构性,且数据量巨大,利益相关方众多,这使得与老年人相关的数据安全与隐私问题愈加复杂,需要多加关注。

(3)涉老数据质量管理。由于政府涉老数据分散在各个层级和部门,且对于同一类型的数据,不同层级或部门由于其数据来源的不一致,往往会导致数据的不一致。因此,如何保证政府数据的真实性、完整性、一致性和准确性等数据质量性能是涉老数据治理不可回避的问题,也是数据权威的保证。

5. GCDEG 过程及方法与技术

GCDEG 数据治理过程是涉老数据治理具体活动的实施,是战略目标和关注范围的落地实践。在实施的过程中会遇到各种各样的困难,因此需要一套科学合理的方法和技术支撑数据治理的实施。GCDEG 框架的过程包括涉老数据需求明确、涉老数据分类编码和识别、涉老数据抽取、转换和载入以及涉老数据的分析和应用。在各个子过程中需要采用如下的相应方法或技术。

(1)涉老数据需求明确。跨部门政府数据治理是以业务为驱动的。在实际的涉老数据治理过程中,政府数据治理并不意味着对政府所拥有的全部数据进行操作,而主要是针对有价值的、有业务需求的涉老数据的治理。特别是在跨部门的情境下,稳定的部门关系主要建立在互惠的基础上,明确各部门与老年人相关的数据需求有助于规划治理的数据范围,提高数据治理效用。

针对数据需求而言,上级部门在提需求时需要考虑下级部门的数据需求。在实践中,跨部门政府的涉老数据需求明确可以由下级部门层层上报数据需求,由数据治理需求调研组在高层级完成数据需求单汇总工作,保障数据需求单的完整性和丰富性。在调查过程中,可采用问卷调查或访谈的方法。政府明确纵向涉老数据需求的具体过程如图 6.4 所示。

(2)涉老数据分类编码和识别。数据分类编码的好坏,将直接影响数据共享交换的质量和效率。在进行数据分类时应考虑系统性、可扩展性、稳定性、兼容性和实用性等原则。涉老数据识别指的是对数据来源部门和使用部门的识别,明确涉老数据的产生和使用部门能够帮助政府更好地划分数据的权利与责任。但由于政府数据表面上的"一数多源"性,对政府数据来源部门的识别是一个挑战。

明确各类涉老数据的来源有利于数据采集、比对和清洗工作的开展。而数据使用部门的识别,则有利于后期数据交换和共享工作的开展。涉老数据识别可以数据分类结果为基础,结合调研过程中所掌握的数据信息,使用 U/C 矩阵法进行分析,确定每类涉老数据的产生和使用部门。

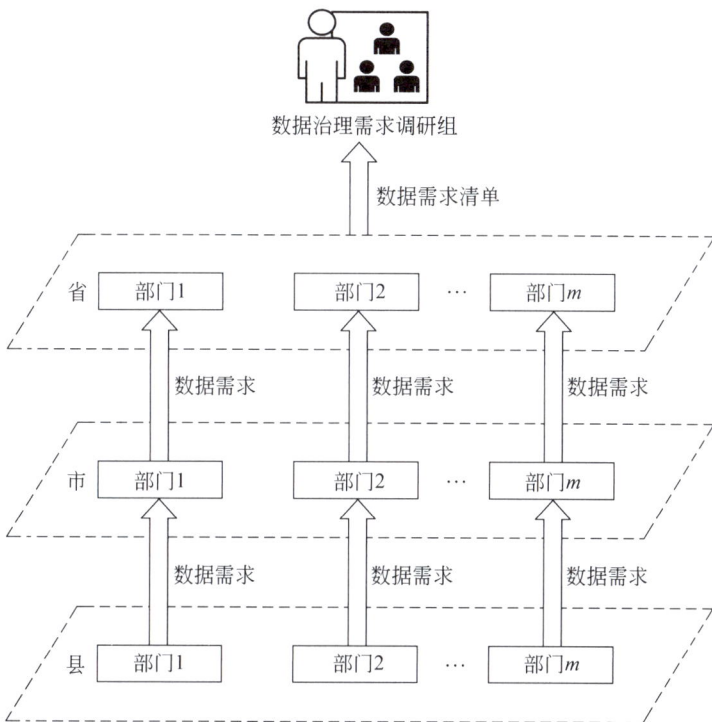

图 6.4　政府明确纵向涉老数据需求的具体过程

U/C 矩阵是用来表达部门与数据之间的关系。矩阵中的行表示数据类,数据类可按照实际需要选择相应的类目级别。列表示部门,并以字母 U(Use)和 C(Create)来表示政府部门对数据类的使用和产生,参见表 6.4。若该部门 m 产生数据 n,写为 C;若部门 m 使用数据 n,则写为 U。可以通过矩阵的行列变换,最终确定每大类数据的使用和产生部门。

表 6.4　政府涉老数据的 U/C(使用/产生)矩阵

数据类	部　　门				
	部门 1	部门 2	部门 3	…	部门 m
数据类 1	[U/C]	[U/C]	[U/C]	…	[U/C]
数据类 2	[U/C]	[U/C]	[U/C]	…	[U/C]

数据类	部　　门				
	部门 1	部门 2	部门 3	…	部门 m
数据类 3	[U/C]	[U/C]	[U/C]	…	[U/C]
⋮	⋮	⋮	⋮		⋮
数据类 n	[U/C]	[U/C]	[U/C]	…	[U/C]

（3）涉老数据抽取、转换和载入。使用 ETL 技术进行跨部门政府涉老数据的抽取（Extract-E）、转换（Transform-T）和载入（Load-L），将数据以合适的方式整合到统一平台，实现多源异构数据的融合，解决数据分散、不一致、不真实、标准不统一的问题。

数据抽取可以看作数据的输入过程，是采用合适的抽取方法，从各个涉老数据来源部门的数据库中按照数据采集标准抽取到统一的数据存储的过程。

数据转换主要是对数据不一致、粒度的转换，按照数据标准将不一致的数据转换为统一的数据格式，将一些细粒度的数据转换为粗粒度的数据。由于不同政府部门可能会同时产生某一类数据，而不同部门所使用的数据名称、编码和单位等都可能存在不一致，因此建议如第 3 章中智慧养老数据标准中阐述的，尽可能统一数据的名称、编码和单位等数据结构。例如，公民死亡信息的来源包括民政局的殡葬（火葬）、民委的土葬和公安局的死亡数据，这 3 个数据库可能对于死亡的命名不同，死亡时间的记录采用的格式也不同，因此需要对这些不一致之处进行转换。在各政府部门源数据库中，其应用层多为业务系统，因此可能数据记录比较详细，粒度较细。而在统一的数据平台中，有时并不需要详细的业务数据，因此可能需要通过合并、运算等操作将细粒度的数据转换为粗粒度的数据。

数据载入可以看作数据的输出过程，即将清洗转换后的数据按照预先定义的数据库组织方式加载到统一数据库中进行存储，支持数据的共享、再利用，为政府决策提供可靠依据。

（4）涉老数据的分析和应用。跨部门政府数据治理的最终目标是应用数据，实现数据共享的价值，大数据分析是常用的技术手段。借助于涉老数据治理解决实际问题，具有广泛的前景和现实意义。跨部门政府涉老数据的整合共享，一方面，提升了跨部门的协同运作效率，更好地为老年人服务；另一方面，也加速了政府治理的转变，能够有效推动政府

"循数"治理,以数据和技术为依托,实现政府的精准治理,提升政府数字治理水平。

6.2.3 跨部门政府涉老数据治理示例

以北京市为例,要实现跨部门政府涉老数据治理,首先,要明确北京市跨部门涉老数据治理的战略目标,即管控数据风险和实现价值创造;其次,确定跨部门涉老数据治理的关注范围,即对养老数据全生命周期的管理、数据安全与隐私的保护以及质量的保障,在具体的实施过程中,紧紧围绕关注范围,确保数据的质量和安全。

在明确涉老数据治理的战略目标和关注范围的基础上,北京市政府需要明确数据治理的主体,建立跨部门涉老数据治理的规范和标准。在政府数据治理主体方面,建议成立涵盖北京市老龄委和各委办局领导的涉老数据治理委员会、协调工作的涉老数据治理办公室,由跨部门涉老数据治理办公室委托第三方进行涉老数据的需求调研以及相关数据平台的建设;在规范与标准方向上,由数据治理办公室制定涉老数据的管理规范、数据标准和数据治理评估标准,统一数据标准,规范数据治理行为。

在融合北京市不同老龄委成员单位涉老数据的过程中,首先,对北京市老龄委成员单位和区级老龄办涉老数据需求和数据拥有情况进行调研汇总;其次,对有需求的涉老数据进行分类编码,并利用 U/C 矩阵识别出这些数据的来源和使用部门,利用 ETL 技术将涉老数据从不同部门的系统中载入统一的数据平台,以支持涉老数据在横向老龄委成员单位和纵向老龄系统中的共享。同时,运用大数据技术对整合的涉老数据进行分析应用,深度挖掘涉老数据的价值。

本节我们以成熟的数据治理框架为基础,结合政府涉老数据治理的特殊性,提出了一个跨部门政府涉老数据治理框架——GCDEG 框架,包含治理主体、战略目标、规范与标准、关注范围、过程、方法与技术 6 方面内容,形成了自上而下系统性的治理体系。GCDEG 框架既包含顶层较为宏观的意识层面的内容,也包含底层较为微观的操作层面的内容,同时还有中间层管理层面的内容,融入了对政府涉老数据治理特殊性的考虑,能够为跨部门的政府涉老数据治理提供一个比较完整性、系统性的指导框架。但由于GCDEG 框架只是一个指导性的框架,在不同的地区情境下会出现具体的适应性问题。因此,在实际应用过程中,还需要针对各地区的特定情况进行细化完善、灵活应变。

希望我们所做的工作能对各级政府涉老数据治理研究提供借鉴,也希望提出的

GCDEG框架能为政府开展跨部门的涉老数据治理提供理论依据和实践指导,在数据治理时有章可循,更好地实现政府跨部门的涉老数据共享,为老年人提供更好的服务,增加老年人在数智化时代的获得感。

6.3 智慧养老发展指数

智慧养老已经成为各地政府积极应对人口老龄化的必然选择。为了促进智慧养老或者智慧健康养老的发展,各地都纷纷出台了许多鼓励和支持政策,也在逐步推进涉老数据的治理。我们接触了很多地区负责养老的部门及其领导,他们在和我们交流时,很想了解本地区的智慧养老究竟发展得如何? 也希望能得到一个定量的分数,并能与其他兄弟地区进行比较,取长补短。为了以上目的,我们设计了智慧养老发展指数的指标体系,并以某市为例,对其各城区的智慧养老发展指数进行了测评。

6.3.1 智慧养老发展指数指标设计思路

对于智慧养老发展指数的指标体系[①]的研究,我们在国内外文献调研的基础上选择了胜任特征模型作为指标体系构建的基本框架,后续分别采用头脑风暴法、德尔菲法、层次分析法等依次进行了可用指标的筛选、指标构成的确认和指标权重的确认。

1. 国内外相关指数研究情况

智慧养老发展指数的设置目标是反映信息技术类平台和系统在地区老龄事业和产业中发挥的效用。其关注重点为信息技术在养老服务中的实际应用和发展潜力,而不仅仅是信息技术或养老服务的单项测评。所以,为了更好地体现智慧养老的融合特征,满足指数设立的规范化要求,我们首先收集汇总了大量国内外相关指数研究报告,如维也纳智慧城市指数、苏格兰智慧城市成熟度模型、中国开放数林指数、中国"互联网+"指数等。这些指数研究均能体现信息技术的应用价值,可以作为智慧养老发展指数具体指标的参考,

---

① 智慧养老发展指数由王蒙在攻读硕士学位期间在笔者的指导下完成,收入本书时有较大的删改。在完成智慧养老发展指数的基础上,他还在笔者的指导下以"智慧医养"为研究对象,完成了硕士学位论文《城市智慧医养发展指数的构建与测评研究》(作者:王蒙,中国人民大学信息学院智慧养老研究所)。

其主要内容如表 6.5 所示。

表 6.5　国内外相关指数研究报告

指 数 名 称	维度	指数主要内容	研究机构/人员
维也纳智慧城市指数	6	智慧经济、智慧公民、智慧治理、智慧迁徙、智慧环境、智慧生活	Vienna University of Technology 等
智慧城市之轮	6	智慧经济、智慧公民、智慧治理、智慧迁徙、智慧环境、智慧生活	Boyd Cohen
智慧城市评估框架	9	智慧城市战略、利益相关方、治理融资、价值评估、商业模式、ICT 基础设施、智慧城市服务、法律和监管政策	中国信息通信研究院
智慧城市发展指数	4	环境支撑分类指数、基础设施分类指数、智能应用分类指数、发展效果分类指数	智慧城区评价指标体系研究课题组
"移动连接"智慧城市指数	4	智能移动服务、智能移动设施、智能移动公民、经济影响与支持	GSMA
苏格兰智慧城市成熟度模型	5	战略目的、数据、技术、治理和服务提供模式、干系人参与	The Scottish Government
智慧城市成熟度和基准模型	5	领导和治理、干系人参与和市民聚焦、数据使用效率、整合的 ICT 基础、现有智慧程度	TM Forum
中国开放树林指数	2	数据层、平台层	复旦大学数字与移动治理实验室
中国"互联网＋"指数	4	数字中国、数字经济、数字政务篇、数字生活和数字文化	腾讯研究院
积极老化指数	4	就业、社会参与、独立生活、积极老龄化的能力和环境	Asghar Zaidi

我们对表 6.5 中各类指数的设立背景和设立过程进行了归纳,总结出了 3 种可用的指数设立方法。

（1）流程设计法,即按照"输入—处理—输出"的流程,对指数评价对象进行描述,如智慧城市发展指数,其将环境支撑分类和基础设施分类作为输入项,智能应用分类作为实施过程,而发展效果分类作为输出项。这类方法的优点在于可以清晰地看出各项指标间的相关关系,便于找到设计过程中疏漏的指标项。

(2)并列设计法,即不考虑指数内的相关关系,而是按照指数评价对象的组成部分进行描述,如中国"互联网+"指数,其通过对经济、政务、生活、文化等组成部分的评价,完成指数的构建。这类方法的优点在于灵活性高,能够较快速构建起指数框架。

(3)因素归纳法,即在已经比较成熟的研究领域内,对现有文献中涉及的全部因素进行罗列和整理,并借助编码、归类等方式完成指标类别的设立,如维也纳智慧城市指数,其在以往智慧城市研究文献的基础上,共收集了 76 个相关指标,并进一步归纳为 31 个因子、6 类特征,完成了指数的构建。这类方法适用于研究趋于完善的领域,其能够科学、系统地整合出不同维度的指标。

我们对智慧养老发展指数的设立方法进行了探讨,认为流程设计法适用于本节的研究内容,即可以围绕智慧养老发展的前后脉络进行设计。在查阅相关文献后,我们选择了胜任特征模型作为指标设计的总体框架。

2. 基于胜任特征模型的智慧养老发展指数框架

胜任特征模型是指承担某一特定的职位角色所应具备的胜任特征要素的总和,用于人力资源管理和分析。胜任特征模型的研究对象为"人",主要包括 4 个构成要素,即环境、特征、行为和绩效,其中特征代表人的静态属性,行为代表人的动态属性,如图 6.5 所示。

图 6.5　胜任特征模型

该模型能够很好地反映研究对象的处理流程,即通过环境和特征的输入,再经过行为的处理,可以取得一定绩效的输出。所以我们将胜任特征模型进行类比,即将模型适用对象的"人"换为"区域",并将模型的结构进行了调整,使之能够清晰地反映出指数的组成部分和设立思路,从而完成了智慧养老发展指数指标框架的设立,如图 6.6 所示。

在确定智慧养老发展指数的评价指标框架之后,需要对每一类指标的具体内容进行确认。为此,我们设置了指标选择时应遵循的原则:导向性原则、操作性原则、独立性原则和完备性原则。其中,导向性原则要求每一项指标都具有重要的参考价值和指导意义;

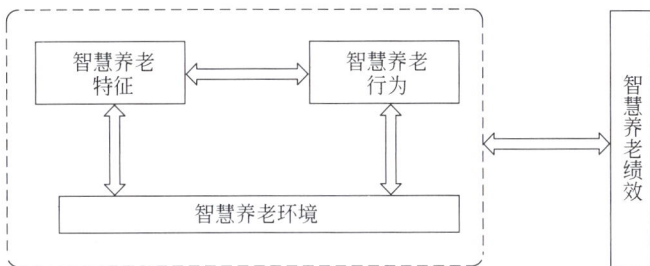

图 6.6　基于胜任特征模型的区域智慧养老发展指数测评框架

操作性原则要求每一项指标可以找到对应的统计数据或原始数据,并满足可以评分或排序的条件;独立性原则要求每一项指标相互独立,即不完全或部分依赖于另一项指标;完备性原则要求指标内容能够尽可能地囊括评价对象的方方面面。

6.3.2　智慧养老发展指数指标体系形成过程

1. 智慧养老发展指数测评指标的形成过程

考虑到操作性原则与完备性原则之间的矛盾关系,我们对具体的指标设计开展了三轮头脑风暴法。其中第一、二轮头脑风暴法不考虑操作性原则,主要遵循导向性原则、独立性原则和完备性原则,要求参与专家尽可能全面地提出智慧养老发展指数的相关指标;而第三轮头脑风暴法不考虑完备性原则,主要遵循导向性原则、操作性原则和独立性原则,要求参与专家筛选出可以操作的智慧养老发展指数相关指标。

为了完整地呈现智慧养老发展指数的实际状况,我们在环境、特征、行为、绩效四类维度的基础上,进一步划分了政府、产业、老年人这三类主体。但考虑到养老环境的一致性,只重点针对特征、行为、绩效这三类维度进行了主体的划分。第一轮头脑风暴提出的具体指标如表 6.6 所示。

表 6.6　第一轮头脑风暴提出的具体指标

维度	主体	指 标 内 容
环境	—	网络带宽情况、老年人平均文化程度、老年人平均可支配收入、老龄化程度("60＋"老年人数)、高龄化程度("80＋"老年人数)、失能老年人比例

续表

维度	主体	指标内容
特征	政府	政府 IT 人员/部门配置、现有支持政策、社区卫生中心数、已建成社区养老服务中心数、养老业务系统数、社区已有互联网设备数量、社区已有老年人活动中心数量
	产业	智慧养老厂商数、养老服务系统数量、现有用户数、医养结合机构数量、养老服务业现有产值
	老年人	会上网的老年人比例、接入机顶盒的老年人家庭数
行为	政府	智慧养老资金投入、智慧养老财政资金拨款数量、智能终端投放(免费)、当年出台政策、在建设中的社区养老服务中心、当年举办老年人活动数量、养老业务系统新增数
	产业	智能终端投放(收费)、举办会议/论坛/展览数、养老服务系统新增数量
	老年人	互联网挂号老年人数、移动支付老年人数、能独立使用智能设备老年人数
绩效	政府	负面新闻数、正面新闻数、孝老爱亲提名数
	产业	养老服务业增加产值、新增用户数、智慧养老厂商增加数
	老年人	老年人满意度/幸福度、子女满意度/幸福度、老年人迁入迁出数

第二轮头脑风暴是在第一轮的基础上,基于专家的意见将政府、产业、老年人三类主体进行归纳和整合,从而提出相对简洁的指标体系。第二轮头脑风暴提出的具体指标如表 6.7 所示。

表 6.7　第二轮头脑风暴提出的具体指标

维度	指标内容
环境	网络带宽情况、老年人平均文化程度、老年人平均可支配收入、老龄化程度("60+"老年人数)、高龄化程度("80+"老年人数)、失能老年人比例
特征	会上网老年人比例、千人养老驿站数、青年志愿者比例
行为	养老信息化规划、政府 IT 人员/部门配置、政府信息化财政资金投入、惠老政策信息网上公开度、举办智慧养老相关会议/论坛/培训/展览数
绩效	养老监管平台建成度、养老补贴发放系统支持度、养老服务商对政府数据共享的满意度、养老服务系统老年人覆盖数、老年人满意度、老年人信息终端接入数、养老负/正面新闻数

第三轮头脑风暴区别于第一、二轮,需要考虑数据的可得性和指标的可评价性。故我们对公开数据和调研取得的一手数据进行了统计和分析,发现现阶段的公开数据集中,暂时没有关于各城区养老有关的详细统计数据,这要求我们需要从调研获得的一手数据中进行挖掘和提炼。第三轮头脑风暴提出的具体指标如表 6.8 所示,共计 10 项指标。

表 6.8　第三轮头脑风暴提出的具体指标

维度	指　标	指　标　含　义
环境	养老政策上网数	本区域养老政策的公开数量
	养老新闻上网数	本区域养老新闻的公开数量
特征	—	—
行为	信息平台建成度	本区域智慧养老平台的建设完成情况
	信息平台创新性	本区域智慧养老平台功能设计的创新性
	涉老数据共享度	本区域智慧养老平台与其他相关系统之间数据互相共享的程度
	业务系统整合度	本区域智慧养老平台与其他政府业务系统之间的系统集成情况
绩效	运营模式成熟度	依托智慧养老平台,本区域养老业务平稳运行的程度
	运营模式创新性	依托智慧养老平台,本区域养老业务实践探索的创新程度
	政策业务支持度	本区域智慧养老平台对养老补助金发放等政策性补贴业务的支持程度
	监管业务支持度	本区域智慧养老平台对养老监督管理职能的支持程度

在特征维度不设置指标的原因是特征维度代表了各城区资源禀赋的不同、养老基础的不同,它不能很好地反映各区域在智慧养老发展工作中的努力程度和发展情况,故未设置特征维度的相应指标。

要说明的是,智慧养老发展指数的测评指标可以随着数据的可得性进行调整,把第一轮和第二轮头脑风暴中的指标纳入进来,也可以吸收随着时间的推移其他合理的指标。因此,智慧养老发展指数的测评指标体系在保持相对稳定的基础上也应该保持一定的开放性。

2. 智慧养老发展指数指标的确认和权重的设计

为了形象地体现智慧养老发展指数的结构框架,并契合指标模型的调整,我们针对 10 项指标进行了分类,即将信息平台建成度、信息平台创新性、涉老数据共享度、业务系统整合度这四类行为指标归纳为平台建设类指标,将运营模式成熟度、运营模式创新性、政策业务支持度、监管业务支持度这四类绩效指标归纳为平台效果类指标,将养老政策上网数归纳为政策公开类指标,将养老新闻上网数归纳为新闻宣传类指标。其中,平台建设类指标属于行为维度,平台效果类指标属于绩效维度,政策公开类和新闻宣传类属于环境维度。

为了保证本节选择的 4 项一级指标、10 项二级指标的导向性、操作性和独立性,我们采用德尔菲法,共计邀请了 15 位智慧养老领域教授/专家对上述指标的命名规范性、独立性和重要性进行评价和打分,并邀请专家对现有指标体系提出改进意见和建议。从反馈的评分和意见来看,专家们对我们提出的区域智慧养老发展指数测评体系的总体框架、设立方法等持肯定态度。

经过统计描述、统计学检验、专家意见汇总、调整指标构成等步骤,区域智慧养老发展指数测评体系的构成要素得以确认。其中每一项指标及其含义如表 6.9 所示。

表 6.9　确定的区域智慧养老发展指数指标及其含义

一级指标	二级指标	指标含义
平台建设类	—	本区域智慧养老平台的自身建设情况
平台效果类	—	本区域智慧养老平台的实际运行情况
政策公开类	—	本区域养老有关政策的公开情况
新闻宣传类	—	本区域养老有关新闻的公开情况
平台建设类	信息平台建成度	本区域智慧养老平台的建设完成情况
	信息平台创新性	智慧养老平台结合区域特色进行功能设计的创新程度
	业务系统接入度	本区域智慧养老平台与其他政府业务系统之间的系统集成情况
	涉老数据共享度	本区域智慧养老平台与其他相关系统之间数据共享的程度

一级指标	二级指标	指标含义
平台效果类	运营模式成熟度	依托智慧养老平台,本区域养老业务平稳运行的程度
	运营模式创新性	依托智慧养老平台,本区域养老业务结合区域特色进行实践探索的创新程度
	政策业务支持度	本区域智慧养老平台对养老补助金发放等政策性补贴业务的支持程度
	监管业务支持度	本区域智慧养老平台对养老监督管理职能的支持程度
政策公开类	养老政策上网数	本区域养老政策的公开数量
新闻宣传类	养老新闻上网数	本区域养老新闻的公开数量

在确认了全部指标构成要素的名称、含义之后,需要进一步明确同级指标的权重,即在相同类型的指标间,哪一项更重要一些、哪一项不重要一些,为此,我们采用了基于层次分析的两两比较法来完成指标权重的确认工作。

为了清晰地看出每一项二级指标在整个指标体系中的比重,需要根据每一项二级指标在同类型指标中的权重和其所属一级指标的权重,计算出每项二级指标的具体权重,权重计算公式为

二级指标权重＝同类型下二级指标所占权重×所属一级指标权重

据此,本节在专家意见法的基础上,计算出了区域智慧养老发展指数测评体系中每项指标的具体权重,如表6.10所示。

表6.10 每项指标权重的计算结果

指标类型	指标名称	指标权重	权重求和
一级指标	平台建设类	40%	100%
	平台效果类	34%	
	政策公开类	14%	
	新闻宣传类	12%	

续表

指 标 类 型	指 标 名 称	指 标 权 重	权 重 求 和
二级指标	信息平台建成度	17%	100%
	信息平台创新性	9%	
	业务系统接入度	8%	
	涉老数据共享度	6%	
	运营模式成熟度	14%	
	运营模式创新性	8%	
	政策业务支持度	6%	
	监管业务支持度	6%	
	养老政策上网数	14%	
	养老新闻上网数	12%	

由于上述各项指标间的重要程度不同,为了更加清晰地展示出各项指标的具体权重与层次结构,我们基于表 6.10 中的数据,按照层次分析法的赋权结果,绘制了智慧养老发展指数各项指标的权重图,如图 6.7 所示。

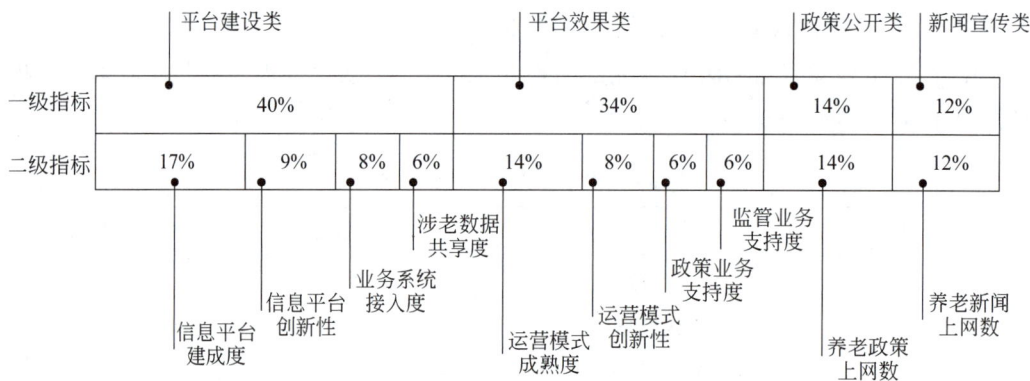

图 6.7　区域智慧养老发展指数各项指标的权重图

至此,区域智慧养老发展指数的测评指标及其权重就全部设计完毕。需要强调的是,本节的智慧养老发展指数虽然表面上也是测评智慧养老平台的数据,但与第 5 章智慧养老服务的评价不一样,这里的测评不是针对单个平台的测评,而是对这个区域智慧养老平台的整体状况做出测评,反映的不是某一家智慧养老服务平台的运营情况,而是整个被测地区的智慧养老平台的整体发展状况。

综上所述,我们得到的区域智慧养老发展指数的测评指标体系是以胜任特征模型为基础,共包括行为、绩效和环境三个维度的指标设计。我们在特征维度不设置指标的原因是特征维度代表了各区域资源禀赋的不同、养老基础的不同,尚不能很好地反映各区域在智慧养老工作中的努力程度和发展情况。当然,随着时间的推移,也可以对比各地智慧养老发展的基础,即设计一些特征类的可操作指标进行测评。

我们在街道、社区的调研访谈还中发现,不少智慧养老服务平台建设还处于摸着石头过河的探索阶段,各个养老工作主体在探索过程中的项目规划一般能够考虑建设阶段所需的经费投入、存在的障碍、难点和相应的解决方案,但对项目运营阶段的难点、新增问题和所需资源认识不足,使一些出发点较好、立意较高的涉老项目在后续运营阶段难以为继或后劲乏力。

因此,我们建议智慧养老项目的初期规划应平衡好建设和运营阶段的投资,将扶持后续运营作为决策重点之一进行考虑,尽量将养老支持经费划拨给前期运营效果较好的基层单位,避免重建设、轻运营的"虎头蛇尾"决策思路。另外,建议以后上级单位在给下级组织进行智慧养老项目拨款时,要求项目方案中不仅要规划建设方案,还需要规划运营方案,对于建设资金和运营资金的规模和来源都要进行论证,以免进入"建设热闹,运营苦恼"的现实困局。表现在具体的智慧养老指数测评指标体系中,对于平台效果类的指标要更多关注,可以随着时间的推移,提高这类指标的权重。

6.3.3　智慧养老发展指数的应用举例

根据图 6.7 的智慧养老发展指数的测评指标体系,针对某一个待测地区,我们只需要收集十项二级指标的相应数据,就可以根据各项指标的权重关系计算出四项一级指标的得分和指数的总得分。为了方便和规范指数的计算过程,可以把所有二级指标的得分根据一定规则分别转换为百分制,这样既可以方便权重计算,又可以保证总得分依然为百分制。

受某市委托,我们基于上述测评体系,对该市所有城区的智慧养老发展状况进行了测评,得到了各城区的智慧养老发展指数。根据各项指标的含义,在十项二级指标中,"养老政策上网数"和"养老新闻上网数"属于客观定量数据,数据来源于本地政府网站上,各城区养老政策和新闻的公开数量。因为各个城区的相关公开数量有所不同,但仍需要保证每项指标为百分制,这要求对收集到的养老政策和新闻的公开数量进行归一化处理,即将偏差较大的、离散的数值转换为百分制。

本节根据式(6-1)和式(6-2)对"养老政策上网数"和"养老新闻上网数"指标的客观数据进行百分制转换和处理。其中,式(6-1)采用 Z 分数的计算方法,将偏差较大的、离散的数值转换为均值为 0、标准差为 1 的正态分布;式(6-2)采用 T 分数的计算方法,将 Z 分数中得出的正态分布进行平移和拉伸,结果仍为正态分布,但均值为 50、标准差为 10。

$$A'_i = \frac{A_i - \mu}{\sigma} \tag{6-1}$$

$$A''_i = 10 \times A'_i + 50 \tag{6-2}$$

公式中的 A_i 表示编号为 i 的城区在地方政府网站上养老政策或新闻的累计公开数量,μ 表示所有城区公开数量的均值,σ 表示所有城区公开数量的标准差,而 A'_i 和 A''_i 代表相对应的 Z 分数和 T 分数。我们将 T 分数作为各城区"养老政策上网数"和"养老新闻上网数"指标的最终得分。

对于其他八项二级指标,因为无法简单地从客观数据或一手资料中得出,故我们采用了专家打分法对各区相应指标的得分进行评价。我们首先针对各城区分管养老服务的领导和主管养老具体业务的同志做了深度访谈,为专家提供了各城区访谈的资料以及该城区智慧养老进展的相关资料,作为专家评分时的参考资料,并要求专家对我们提供的资料数据进行保密。我们邀请了十位智慧养老领域专家进行评价,按照"一位偏智慧技术专家+一位偏养老业务专家"的模式划分为五组。在进行专家打分时,要求每组的两位专家需要先各自独立评分,再进行交流,并得出一致结论作为小组给出的最终得分。我们将这八项指标均划分为五类,表 6.11 展示了每个指标划分的详细类别,其中按照类别的先后顺序分别对应的得分为 0 分、25 分、50 分、75 分、100 分。

表 6.11　专家打分法采用的划分类别

指标名称	划分的类别名称				
	类别 1	类别 2	类别 3	类别 4	类别 5
信息平台建成度	未规划	规划中	建设中	已建设完成	已稳定运行
信息平台创新性	没有创新性	稍有创新性	创新性一般	创新性较强	创新性很强
业务系统接入度	没有接入	个别接入	一般	较多接入	全部接入
涉老数据共享度	没有共享	个别共享	一般	较多共享	全部共享
运营模式成熟度	未开始运营	摸索中	一般	比较成熟	很成熟
运营模式创新性	没有创新性	稍有创新性	创新性一般	创新性较强	创新性很强
政策业务支持度	没有支持	少数支持	一般	较多支持	完全支持
监管业务支持度	没有支持	少数支持	一般	较多支持	完全支持

　　经过数据收集、统计和分析,本节计算出了该市 16 个城区各项指标的最终得分(以百分制计算),并根据最后的指数得分进行了排名,表 6.12 展示了该市测评当年各城区智慧养老发展指数的得分情况。

表 6.12　某市各城区智慧养老发展指数得分情况

城区	智慧养老发展指数				指数最终得分
	平台建设类	平台效果类	政策公开类	新闻宣传类	
C01	80.36	79.99	77.66	41.77	75.23
C02	80.17	79.24	53.61	43.90	71.78
C03	81.82	70.32	44.59	43.19	68.06
C04	72.02	69.92	41.58	76.07	67.53
C05	74.10	70.17	59.62	44.25	67.16
C06	71.46	71.49	41.58	55.56	65.38
C07	64.25	67.42	53.61	64.05	63.81
C08	72.76	63.99	38.57	43.54	61.49

续表

城　区	智慧养老发展指数				指数最终得分
	平台建设类	平台效果类	政策公开类	新闻宣传类	
C09	67.86	63.10	53.61	44.60	61.46
C10	61.37	49.35	44.59	43.19	52.75
C11	44.01	63.30	44.59	50.61	51.44
C12	52.69	53.70	38.57	46.02	50.26
C13	43.23	49.28	56.61	41.77	46.99
C14	42.99	42.71	50.60	50.26	44.83
C15	40.94	40.91	41.58	61.22	43.45
C16	11.95	27.12	47.59	40.71	25.55

可以看到,测评时 C01 区的智慧养老发展指数得分最高,为 75.23 分,还有较大改进空间;而 C16 区得分最低,只有 25.55 分,需要高度重视智慧养老发挥的积极作用,提高信息技术在养老服务、管理和监管工作中的应用。

我们将这 16 个城区分成了三档,70 分以上的为先进,只有 2 个城区;60 分以上的为合格,有 7 个城区;60 分以下的为后进,有 7 个城区。这个智慧养老发展指数排名以后,可以对先进城区的经验进行总结并加以推广,后进城区则会有较大的压力,特别是有些城区它们在其他领域工作处于先进位置那么压力会更大。由于每个二级指标都有具体的得分,各城区都可以分析和发现本城区可以改进的领域,并给出具体的整改措施。随着时间的推移,先进、合格的最低分可以逐渐提高,推动区域智慧养老的持续发展。

智慧养老发展指数设立的直接作用是对各区域某个时点智慧养老工作进行总结与评价,但根本目的是发现各区域现有智慧养老工作的不足,为以后智慧养老工作的开展提供学习和参考的样例与方向。我们在各地访谈中很多地区都谈到,各地政府之间有组织的培训学习和经验交流缺乏,互相之间熟悉程度也不够。因此,为应对智慧养老的全新工作环境,使现有领导和工作人员能够适应线上线下互动的智慧养老新格局,我们建议各地应组织养老领导及工作人员的智慧养老专题培训。培训内容可以从数智化时代与养老服务数字化转型,互联网思维与养老大数据应用,养老 IT 项目的规划、建设和运营,智慧养老服务平台的功能与架构等方面设计。

除了培训外,我们建议各地区在智慧养老发展指数测评之后,积极组织下辖地区之间的参访、交流和研讨,每年举办 1～2 次的现场观摩会或经验交流会,使智慧养老的理念能够得到普遍接受和推广。

参考文献

［1］ 北京市人民政府. 北京市人民政府关于印发《北京市"十三五"时期老龄事业发展规划》的通知［EB/OL］．［2019-05-06］．http://www. beijing. gov. cn/zhengce/wenjian/192/33/50/438650/141491/index.html.

［2］ 国务院. 国务院关于印发政务信息资源共享管理暂行办法的通知［EB/OL］．［2019-03-09］．http://www.gov.cn/zhengce/content/2016-09/19/content_5109486.htm.

［3］ 刘军. 社会网络分析导论［M］. 北京:社会科学文献出版社,2004.

［4］ 马力宏. 论政府管理中的条块关系［J］. 政治学研究,1998(4):71-77.

［5］ 任志锋,陶立业. 论大数据背景下的政府"循数"治理［J］. 理论探索,2014(6):82-86.

［6］ 左美云. 信息系统开发与管理教程［M］. 3 版. 北京:清华大学出版社,2013.

［7］ MOSLEY M,BRACKETT M,EARLEY S,et al. The DAMA guide to the data management body of knowledge (DAMA-DMBOK guide)［M］. New York:Technics publications,2009:35-38.

［8］ ROTHWELL R,ZEGVELD W. Reindustrialization and Technology［M］. London:Longman Group Limited,1985:83-104.

［9］ SUNIL S. The IBM Data Governance Unified Process:Driving Business Value with IBM Software and Best Practices［M］. Ketchum:MC Press Online,LLC.,2010,29-36.

［10］ The Data Governance Institute. The DGI Data Governance Framework［EB/OL］．［2018-09-20］．http://www.datagovernance.com/wpcontent/uploads/2014/11/dgi_framework.pdf.

［11］ WILLEM A,BUELENS M. Knowledge Sharing in Public Sector Organizations:The Effect of Organizational Characteristics on Interdepartmental Knowledge Sharing［J］. Journal of Public Administration Research and Theory:J-PART,2007,17(4):581-606.

附录 A
中国智慧养老前进的脚步

　　自 2015 年以来，中国人民大学智慧养老研究所、智慧养老 50 人论坛、中国老年医学和老年医学学会智慧医养分会联合发布智慧养老领域十大事件累计六次。其中，2015—2017 年的三次公开发布后汇集刊载于清华大学出版社 2018 年出版的《智慧养老：内涵与模式》一书的附录中，2018—2020 年的三次已经公开发布，现汇集刊载于本书的附录中。每次十大事件发布后都在智慧养老相关领域产生很好的社会反响。

　　发布十大事件是为了给历史一个见证。智慧养老的发展也是筚路蓝缕，其中的里程碑事件需要我们记下来，等到多年后，如 10 年、20 年后，我们回首来时的路，可以更好地抓住脉络。作为每年十大事件评选的策划者和组织者，我们深刻地感受到候选项逐年增多，候选事件的质量和影响力都在稳步提升，我们感觉到了中国智慧养老坚定向前的脚步声。我们从 2015 年开始发布智慧养老领域发展的十大事件，客观地讲，前三年想凑够十大都很难。但是 2020 年，在征集的阶段已经超过 50 项，专家组评议出 16 个候选，然后经过投票才选出十大事件。随着全社会对养老的日益关注，智慧养老领域也获得很大发展。

由于医养结合越来越受到关注,我们认为有必要把智慧养老领域的重要事件扩展到智慧医养领域,因而从 2019 年起,我们评选的"中国智慧养老十大事件"更名为"中国智慧医养十大事件"。

2020 年对中国智慧医养领域是很特殊的一年,特别是政策方面,从国务院到国家卫健委、工信部等出台了很多相关政策。智慧医养领域重大的事件越来越多、国家层面越来越重视,企业需要认真学习这些政策文件,找准努力的方向。当然,政策有了,我们一定要避免以文件落实文件,而要真正去推进行动。实际上,2020 年度候选的 16 个事件中有 6 个是各地一些好的做法,但由于 2020 年的政策太耀眼了,所以很多好的地方行动没有入选,最终只有上海发布四大类 12 个智慧养老应用场景入选十大。我们希望在评选 2021 年十大事件时,能够发掘一些真正适合老年人的好的行动和服务模式。这也是 2021 年,甚至未来 5 年我们需要努力的方向①。

A.1 2018 年中国智慧养老十大事件

经过智慧养老 50 人论坛的推荐、评选,确定了 2018 年中国智慧养老领域发展的十大事件。智慧养老 50 人论坛于 2016 年 1 月 23 日在北京成立。论坛成员包括享有较高社会声誉、并致力于中国智慧养老研究的优秀学者和相关领域专家。智慧养老 50 人论坛秘书处设在中国人民大学智慧养老研究所,每个季度至少举办一次活动,每年智慧养老 50 人论坛会联合中国人民大学智慧养老研究所,评选发布一次上一年十大事件。下面逐项展示 2018 年中国智慧养老领域发展的十大事件。

---

① 关于 2020 年十大事件的点评节选自人民日报健康客户端 2021 年 1 月 19 日对作者的采访《2020 年中国智慧医养十件大事》(记者:李欣),网址如下: https://m. peopledailyhealth. com/articleDetailShare? articleId = ad912c95076e448890c5ce18d1071141。

1. 国家卫生健康委员会成立

2018 年 3 月 21 日,《深化党和国家机构改革方案》全文对外公布。其中提出,组建国家卫生健康委员会,不再保留国家卫生和计划生育委员会。2018 年 7 月 30 日,中共中央办公厅、国务院办公厅发布了《国家卫生健康委员会职能配置、内设机构和人员编制规定》,对国家卫健委的职责、内设机构和人员编制都作了规定。国家卫生健康委员会负责拟订应对人口老龄化、医养结合政策措施,综合协调、督促指导、组织推进老龄事业发展,承担老年疾病防治、老年人医疗照护、老年人心理健康与关怀服务等老年健康工作。

2. 中国老年学和老年医学学会智慧医养分会成立

2018 年 10 月 21 日,中国老年学和老年医学学会智慧医养论坛暨智慧医养分会成立大会在北京国家会议中心隆重召开。本次论坛由中国老年学和老年医学学会、中国人民大学智慧养老研究所和智慧养老 50 人论坛联合主办,百余位高校、政府、社会智库、企业专家学者共聚一堂,以"智慧医养结合的难点与进展"为主题展开了热烈精彩的讨论。智慧养老 50 人论坛成员、南京大学信息资源管理学院朱庆华教授发布了《在线健康社区研究报告》,对我国在线健康社区的运营模式、热点话题、趋势展望进行了全面的分析。

3.《智慧健康养老产品及服务推广目录(2018 年版)》发布

2018 年 7 月 31 日,为贯彻落实《智慧健康养老产业发展行动计划(2017—2020 年)》,促进智慧健康养老优秀产品和服务推广应用,为相关部门、机构和企业采购选型提供参考,经各地主管部门推荐、专家评审和网上公示,确定了《智慧健康养老产品及服务推广目录(2018 年版)》。

4. 国务院办公厅发布《关于促进"互联网+医疗健康"发展的意见》

2018 年 4 月 28 日,为深入贯彻落实习近平新时代中国特色社会主义思想和党的十九大精神,根据《"健康中国 2030"规划纲要》和《国务院关于积极推进"互联网＋"行动的指导意见》,国务院办公厅制定了《关于促进"互联网＋医疗健康"发展的意见》。该文件为健全"互联网＋医疗健康"服务体系、完善"互联网＋医疗健康"支撑体系和加强行业监管和安全保障发出一系列意见。

5. 第五届"智慧养老与智慧医疗发展论坛"召开

2018 年 6 月 15—17 日,第五届"智慧养老与智慧医疗发展论坛"在南京大学信息管理学院召开。本届论坛以"融合·创新·机遇"为主题,聚焦"医养智慧化、服务标准化、产业创新化"三大问题,吸引了来自中国人民大学、复旦大学、武汉大学、同济大学、合肥工业大学等单位近百名学界与业界的专家学者参会。

6. 杜鹏教授在央视知名节目《开讲啦》开讲"智慧养老"

2018 年 6 月 9 日,CCTV-1 央视知名节目邀请中国人民大学副校长、中国人民大学老年学研究所所长杜鹏教授开讲"智慧养老"。杜鹏教授是我国最早一批研究老年学的专家,为研究老年学,他曾走访过很多国家。在节目中,他通过分享生动的案例,为大家讲述了什么是真正的智慧养老和我们为何需要智慧养老。

7. 智慧养老领域专著《智慧养老: 内涵与模式》出版

智慧养老领域专家左美云教授的专著《智慧养老:内涵与模式》于 2018 年 11 月 1 日由清华大学出版社出版。该著作是国内外智慧养老领域具有开创意义的一本学术专著,是作者及其团队十年集体心血的结晶,可以帮助读者从理论到实践,全面了解智慧养老。该著作学术性、知识性和实用性并重,既可以作为从事智慧养老或养老信息化领域研究的师生或学者的参考文献,又可以作为各地卫生健康部门、民政部门、老龄办、养老机构、养老服务企业或养老服务平台运营商等组织实践工作者的参考资料。

8. 第二届中日智慧养老论坛顺利召开

2018 年 7 月 25—27 日,由中国人民大学智慧养老研究所与日本早稻田大学电子政府研究所联合承办的第二届中日智慧养老论坛在东京召开,来自中国和日本学术界及产业界的代表共 50 余人参加了会议。中日双方代表团围绕"智慧养老",在政府政策与战略方向、理论构建、实践举措、课程设计等多方面展开了充分交流与讨论,双方对互联网技术在养老领域所能发挥的重要作用达成共识,共同表达了将结合两国国情合理利用互联网技术以应对人口老龄化问题的合作意向。

9. 2018 智汇养老北京高峰研讨会召开

2018 年 4 月 19 日,"2018 智汇养老北京高峰研讨会"在中国人民大学召开,围绕"完善共建共治共享的社会化养老服务体系,补齐制度短板巩固新格局""培育养老服务业可持续发展模式,形成社会资本和企业创新新动力""引导互联网、物联网、人工智能等与养老资本的结合,催生突破性新技术""全面深化老龄工作管理体制和社会参与机制改革,统筹养老事业和养老产业发展实现新跨越"四大主题进行了深入研讨和交流。

10. 智慧养老 50 人论坛成立三周年总结会及专题讨论会召开

2018 年 12 月 14—15 日,智慧养老 50 人论坛成立三周年总结会及专题讨论会在山东财经大学隆重召开。成立三周年总结会上论坛秘书处总结了论坛三年来开展的主要活动,各位轮值主席回顾了论坛的发展历程并对未来发展进行了展望,各位论坛成员围绕中国智慧养老的发展问题进行了深入讨论与交流。专题讨论会聚焦"智慧养老与智慧医疗课程体系建设、智慧养老与智慧医疗项目评估、智慧养老三年来进展回顾"三个主题,由七位论坛主席和成员发表了主题演讲。

A.2　2019 年中国智慧医养十大事件

经过中国老年学和老年医学学会智慧医养分会的推荐、评选,确定了 2019 年中国智慧医养领域发展的十件大事。而后,由中国老年学和老年医学学会智慧医养分会、智慧养老 50 人论坛、中国人民大学智慧养老研究所联合对外发布。中国老年学和老年医学学会智慧医养分会是由致力于中国智慧养老与智慧医疗基础研究和应用研究工作的学者、专家、医务和健康科技工作者以及开展从事智慧医养服务的单位和个人组成的非营利性的专业学术团体,分会的任务和宗旨是坚持"用智慧科技解码老龄社会"的基本原则,运用大数据、人工智能、移动互联网、物联网、云计算、区块链等新兴技术手段解决我国亟待解决的"智慧健康养老"问题,促进智慧医养在中国的发展。下面逐项展示 2019 年中国智慧医养领域发展的十大事件。

1. 中共中央、国务院印发《国家积极应对人口老龄化中长期规划》

2019 年 11 月 21 日,为积极应对人口老龄化,按照党的十九大决策部署,中共中央、国务院印发了《国家积极应对人口老龄化中长期规划》。《国家积极应对人口老龄化中长期规划》明确了积极应对人口老龄化的战略目标,到 2022 年,中国积极应对人口老龄化的制度框架初步建立;到 2035 年,积极应对人口老龄化的制度安排更加科学有效;到 21 世纪中叶,与社会主义现代化强国相适应的应对人口老龄化制度安排成熟完备。《国家积极应对人口老龄化中长期规划》要求强化应对人口老龄化的科技创新能力。深入实施创新驱动发展战略,把技术创新作为积极应对人口老龄化的第一动力和战略支撑,全面提升国民经济产业体系智能化水平。

2. 国务院发布《关于实施健康中国行动的意见》

2019 年 7 月 15 日,为加快推动从以治病为中心转变为以人民健康为中心,动员全社会落实预防为主方针,实施健康中国行动,提高全民健康水平,国务院发布了《关于实施健康中国行动的意见》。在老年健康方面,提出"实施老年健康促进行动"。具体措施包括"健全老年健康服务体系,完善居家和社区养老政策,推进医养结合,探索长期护理保险制度,打造老年宜居环境,实现健康老龄化",以及"强化信息支撑,推动部门和区域间共享健康相关信息"等。

3. 国务院办公厅发布《关于推进养老服务发展的意见》

2019 年 4 月 16 日,国务院办公厅发布了《关于推进养老服务发展的意见》(国办发〔2019〕5 号),聚焦解决养老服务市场活力尚未充分激发、发展不平衡不充分、有效供给不足、服务质量不高等问题。《关于推进养老服务发展的意见》中明确要实施"互联网＋养老"行动。持续推动智慧健康养老产业发展,拓展信息技术在养老领域的应用,制定智慧健康养老产品及服务推广目录,开展智慧健康养老应用试点示范。在全国建设一批"智慧养老院"。加快建设国家养老服务管理信息系统,推进与户籍、医疗、社会保险、社会救助等信息资源对接。加强老年人身份、生物识别等信息安全保护。

4. 国家卫生健康委发布多项智慧健康养老相关政策:《"互联网＋护理服务"试点工作方案》、国家卫生健康委办公厅制定《医院智慧服务分级评估标准体系(试行)》《关于建立完善老年健康服务体系的指导意见》

2019 年,国家卫生健康委发布了多项智慧健康养老相关政策。2 月 12 日,发布《"互联网＋护理服务"试点工作方案》,"网约护士"首次在政策层面上迎来支持。3 月 5 日,组织制定了《医院智慧服务分级评估标准体系(试行)》,供各地推进智慧医院建设和改善医疗服务参考。11 月 1 日,老龄健康司提出《关于建立完善老年健康服务体系的指导意见》,在智慧医养方面,提出要"强化信息支撑",充分利用人工智能等技术,研发可穿戴的老年人健康支持技术和设备;推动线上线下结合,开展一批智慧健康服务示范项目等。

5. 国家卫生健康委老龄健康司发布《关于深入推进医养结合发展的若干意见》

2019 年 10 月 25 日,为贯彻落实党中央、国务院决策部署,深入推进医养结合发展,鼓励社会力量积极参与,进一步完善居家为基础、社区为依托、机构为补充、医养相结合的养老服务体系,更好满足老年人健康养老服务需求,经国务院同意,老龄健康司提出《关于深入推进医养结合发展的若干意见》,聚焦解决如何实现医疗卫生与养老服务进一步衔接、医养结合服务质量进一步提升、相关支持政策措施进一步完善等问题。在智慧医养方面,提出要"加强医养结合信息化支撑",具体表现为"推进面向医养结合机构的远程医疗建设"等。

6. 工信部、民政部、国家卫生健康委三部门联合发布第三批智慧健康养老应用实践示范名单

2019 年 6 月 25 日,为贯彻落实《关于推进养老服务发展的意见》《智慧健康养老产业发展行动计划(2017—2020 年)》等文件精神,不断推动智慧健康养老产业发展和应用推广,工业和信息化部、民政部、国家卫生健康委员会决定组织开展第三批智慧健康养老应用试点示范工作,发布《工业和信息化部办公厅民政部办公厅国家卫生健康委员会办公厅关于开展第三批智慧健康养老应用试点示范的通知》。2019 年 10 月 24 日对第三批智慧健康养老示范企业、示范街道(乡镇)、示范基地名单进行了公示。

7. 国家卫生健康委、民政部、国家中医药管理局三部委印发《医养结合机构服务指南（试行）》

2019 年 12 月 23 日,为提高我国医养结合机构服务质量,规范医养结合机构服务内容,国家卫生健康委、民政部、国家中医药管理局组织制定了《医养结合机构服务指南(试行)》。《医养结合机构服务指南(试行)》主要包括三方面内容:一是明确对医养结合机构的基本要求;二是明确医养结合机构服务内容与要求;三是明确医养结合机构(指兼具医疗卫生资质和养老服务能力的医疗机构或养老机构)服务流程与要求。《医养结合机构服务指南(试行)》中的服务内容根据目前我国大部分医养结合机构的服务能力和老年人需求确定,医养结合机构可以根据机构资质与服务能力拓展服务内容。《医养结合机构服务指南(试行)》要求根据老年人日常住养和住院医疗两种不同的需求,明确各自的管理路径,建立信息系统,确保"医""养"互换时信息准确切换并及时更新。

8.中国老年学与老年医学学会智慧医养分会和智慧养老 50 人论坛等联合主办多场智慧养老与智慧医疗论坛

2019 年,中国老年学与老年医学学会智慧医养分会、智慧养老 50 人论坛联合中国人民大学智慧养老研究所、山东财经大学管理科学与工程学院、中国信息经济学会信息管理专业委员会、日本早稻田大学电子政府研究所等举办了多场智慧养老与智慧医疗论坛。包括 2019 年 6 月 15 日在合肥工业大学管理学院举办了以"健康中国战略下的智慧养老与智慧医疗"为主题的第六届智慧养老与智慧医疗发展论坛、2019 年 11 月 3 日在北京举办了以"智慧医养:理论、实践与创新"为主题的"智慧医养论坛暨智慧医养分会 2019 年会"以及 2019 年 11 月 4—6 日在北京举办了探讨中日两国智慧养老成功经验的第三届中日智慧养老论坛。

9. 民政部办公厅、财政部办公厅发布《关于开展第四批居家和社区养老服务改革试点申报工作的通知》

2019 年 5 月 20 日,为全面贯彻落实《"十三五"国家老龄事业发展和养老体系建设规划》提出的关于建立健全"以居家为基础、社区为依托、机构为补充、医养相结合的多层次养老服务体系"的发展目标,扎实推进中央财政支持开展居家和社区养老服务改革试点工作,民政部、财政部办公厅提出《关于开展第四批居家和社区养老服务改革试点申报工作的通知》。其中,"推动智慧养老,探索形成'互联网+'在居家和社区养老服务中的应用模式"被列为重要试点任务之一。

10. 江苏出台全国首个智慧养老地方标准

2019 年 3 月 30 日,为加快推进智慧养老标准化建设,提升养老服务水平,无锡市民政局在省民政厅和省市场监督管理局的支持下制定的国内首个智慧养老建设省级地方性标准《智慧养老建设规范》开始实施。该标准适用于民政部门、养老服务机构智慧养老建设的整体规划、建设管理及效果评估,规定了智慧养老建设的概念模型、系统架构、技术要求、框架功能等内容,明确硬件、软件、第三方监管标准,从物联感知、网络通信、数据融合、智慧应用等八方面提出具体要求。

A.3　2020年中国智慧医养十大事件

经中国人民大学智慧养老研究所、智慧养老50人论坛、中国老年学和老年医学学会智慧医养分会的共同推荐、评选,确定了2020年中国智慧医养领域发展的十件大事。现在由中国人民大学智慧养老研究所、智慧养老50人论坛、中国老年学和老年医学学会智慧医养分会正式联合对外发布。中国人民大学智慧养老研究所是国内学术界第一个以"智慧养老"命名的校级研究所,隶属于中国人民大学信息学院,成立于2015年1月,被中国智慧养老50人论坛评为当年智慧养老的十件大事之一。智慧养老研究所主要以老年人群为研究对象,研究智慧养老与智慧医疗、医养大数据中的数据治理、可解释的医养领域人工智能等问题。下面逐项展示2020年中国智慧医养领域发展的十大事件。

1. 国务院办公厅印发《关于切实解决老年人运用智能技术困难的实施方案》的通知,助力老年人跨越"数字鸿沟"

随着我国互联网、大数据、人工智能等信息技术快速发展,智能化服务得到广泛应用,深刻改变了生产生活方式,提高了社会治理和服务效能,但同时,我国老龄人口数量快速增长,老年人面临的"数字鸿沟"问题日益凸显。为进一步推动解决老年人在运用智能技术方面遇到的困难,让老年人更好共享信息化发展成果,2020年11月15日,国务院办公厅制定《关于切实解决老年人运用智能技术困难的实施方案》。方案从总体要求、重点任务、保障措施三方面进行部署,聚焦老年人日常生活涉及的出行、就医、消费、文娱、办事等7类高频事项和服务场景,提出了20条具体举措要求。

2. 工业和信息化部、民政部、国家卫生健康委三部委组织申报《智慧健康养老产品及服务推广目录(2020年版)》,最终238个项目上榜

为贯彻落实相关政策文件精神,促进优秀智慧健康养老产品和服务推广应用,为相关部门、机构、企业及个人采购选型提供参考依据,推动智慧健康养老产业发展,工业和信息化部、民政部、国家卫生健康委联合组织开展《智慧健康养老产品及服务推广目录(2020年版)》申报工作。经各地主管部门推荐、专家评审和网上公示,最终公布了238个项目,其中智能健康养老产品包括可穿戴健康管理类设备、便携式健康监测设备、自助式健康检

测设备、智能养老监护设备、家庭服务机器人五大类 118 个;智慧健康养老服务包括慢性病管理、居家健康养老、个性化健康管理、互联网健康咨询、生活照护、养老机构信息化六大类 120 个。

3. 国家卫生健康委、民政部、国家中医药局三部门印发《医养结合机构管理指南（试行）》，明确养老、医疗服务及衔接管理规范

2020 年 10 月 14 日,为适应我国医养结合机构发展需要,加强机构内部管理,提升管理质量和水平,国家卫生健康委、民政部、国家中医药局制定出台了《医养结合机构管理指南(试行)》。《医养结合机构管理指南(试行)》对医养结合机构管理内容和管理要求做出了规范,具体包括基本要求、养老服务管理、医疗服务管理、医养服务衔接管理、运营管理、安全管理。指南规定了养老服务管理中的制度和质量管理,提出了医疗服务管理中医疗质量管理、医疗护理服务管理、医疗康复服务管理、安宁疗护管理、感染防控管理、传染病管理、用药管理、病历管理等,对医养服务衔接管理做出了服务有效衔接和信息化管理规范。

4. 国家卫生健康委发布《关于加强全民健康信息标准化体系建设的意见》，推进新兴技术应用标准建设

2020 年 9 月 27 日,国家卫生健康委制定意见,明确了全民健康信息标准化体系建设的重点任务:一是促进全民健康信息基础设施标准化建设。加快全民健康、医院、基层医疗卫生机构等信息平台标准化建设。二是加强全民健康信息数据库标准化体系建设。全面优化全员人口信息数据库,加快电子健康档案数据库建设,规范电子病历数据库建设,完善基础资源数据库建设。三是推进新兴技术应用标准化建设。加强"互联网＋医疗健康"应用标准化建设,规范健康医疗大数据规范应用标准化建设,推动医疗健康人工智能、5G 技术、区块链技术等应用标准化建设。四是加强网络安全标准化建设。完善行业网络安全标准体系,强化数据安全标准研制,推进行业应用安全标准研制。

5. 国家卫生健康委印发《关于深入推进"互联网＋医疗健康""五个一"服务行动的通知》

《关于促进"互联网＋医疗健康"发展的意见》等文件印发以来,各地迅速行动、创新落实,推动"互联网＋医疗健康"发展取得了明显成效,形成了部门协同、上下联动的良好态

势。为总结推广实践中涌现出的典型做法,进一步聚焦人民群众看病就医的"急难愁盼"问题,持续推动"互联网＋医疗健康"便民惠民服务向纵深发展,国家卫生健康委、国家医保局、国家中医药局决定在全行业深化"五个一"服务行动。

《关于深入推进"互联网＋医疗健康""五个一"服务行动的通知》包括推进"一体化"共享服务、"一码通"融合服务、"一站式"结算服务、"一网办"政务服务、"一盘棋"抗疫服务5方面、14项重点举措。

6. 全国老龄办开展"智慧助老"行动,用三年推动老龄社会信息无障碍建设,"智慧助老"第一次正式出现在国家政策标题中

2020年11月30日全国老龄办发出《关于开展"智慧助老"行动的通知》。为贯彻落实党中央、国务院关于老龄工作的决策部署,切实维护老年人在信息时代下的合法权益,帮助老年人跨越"数字鸿沟",全国老龄办决定开展"智慧助老"行动,利用3年的时间,动员社会各方力量共同努力,推动老龄社会信息无障碍建设,促进全社会推进适老化的改造和升级,提升老年人运用智能技术方面的获得感、幸福感、安全感。这是"智慧助老"第一次正式出现在全国性的文件标题中。

文件中明确,建立健全"智慧助老"的常态化工作机制,广泛动员各方力量为老年人提供志愿培训服务,充分发挥老年大学在智能技术培训中的重要作用,引导老年人正确认识网络信息和智能技术,加强智能技术运用和防骗知识的科普宣传,提倡家庭成员帮助老年人运用智能技术,大力开展智能产品社会募捐活动。

7. 中国老年学和老年医学学会智慧医养分会2020学术年会隆重召开,会刊《智慧医养研究动态》被授予"2020智慧城市十大行业应用(智慧养老领域)"荣誉

2020年11月6—8日,中国老年学和老年医学学会智慧医养分会(以下简称分会)2020学术年会——第七届智慧养老与智慧医疗发展论坛暨第二届智慧商务研讨会在上海大学成功举办。本次学术年会由分会以及中国人民大学智慧养老研究所、山东财经大学管理科学与工程学院、上海大学管理学院、智慧养老50人论坛、中国信息经济学会信息管理专业委员会联合主办,包括专家论坛的8个主题报告,以及主题为"跨界多学科视角的智慧养老与智慧医疗"青年学者论坛的6个报告。

2020年12月22日,分会会刊、中国人民大学智慧养老研究所编辑的《智慧医养研究

动态》被第二届中国智慧城市科学发展大会授予了"2020智慧城市十大行业应用（智慧养老领域）"荣誉。《智慧医养研究动态》服务全国政、产、学、研、用等各领域从事智慧医养或希望融入智慧医养的人士，截至2020年12月共出版84期，订阅用户超过2000人，已经成为国内智慧医养领域的旗舰刊物。

8. 工业和信息化部印发《互联网应用适老化及无障碍改造专项行动方案》，评测结果将纳入企业信用评价

为着力解决老年人、残疾人等特殊群体在使用互联网等智能技术时遇到的困难，推动充分兼顾老年人、残疾人需求的信息化社会建设。2020年12月12日，工业和信息化部发布通知决定自2021年1月起，在全国范围内组织开展为期一年的互联网应用适老化及无障碍改造专项行动。

此次专项行动的重点工作之一是开展适老化及无障碍改造水平评测并纳入"企业信用评价"，将建立评测体系并组织评测、公示评测结果并督促改进、将信息无障碍评测情况纳入"企业信用评价"。根据适老化及无障碍建设水平评测结果，对符合要求的互联网网站、移动互联网应用（App），授予信息无障碍标识。此举将激励各个相关企业主体积极参与改造行动。

9. "互联网＋护理服务"试点工作向全国各省拓展

为贯彻落实党中央、国务院积极应对人口老龄化、实施健康中国战略重大战略部署，增加护理服务供给，在总结地方试点经验、深入研究的基础上，进一步推进"互联网＋护理服务"试点工作，2020年12月8日，国家卫健委研究起草《关于进一步推进"互联网＋护理服务"试点工作的通知》，进一步扩大试点范围，惠及更多老年人。

通知提出各省（区、市）结合实际均可开展"互联网＋护理服务"试点工作。原明确的试点省份（北京、天津、上海、江苏、浙江、广东）按通知要求继续开展试点，其他省份原则上至少确定一个城市开展"互联网＋护理服务"试点工作。试点期限一年，2021年1月至12月。鼓励有条件的医疗机构按照分级诊疗要求，结合功能定位和实际情况，积极开展"互联网＋护理服务"试点工作。

10. 上海发布四大类12个智慧养老应用场景，引领养老服务面向老年人的真需求

长期以来，智慧养老领域存在"三重三轻"现象，即"重技术、轻需求""重产品、轻服务"

"重概念、轻场景"现象。为此,2020 年 4 月 27 日,上海市民政局联合市经信委对外发布了首批 12 个智慧养老应用场景需求,希望以场景应用为导向、以老年人需求为中心,引导社会各界和企业提供新的创意、积极开发解决方案。同时,希望广大企业和社会组织能对这些场景需求进行针对性研发,民政部门将积极支持,予以推广。

首批 12 个应用场景需求主要有四类:一是安全防护类,包括老年人防跌倒、老年人紧急救援、认知障碍老年人防走失、机构出入管控、机构智能查房、机构智能视频监控 6 个场景;二是照护服务类,包括老年人卧床护理和家庭照护床位远程支持两个场景;三是健康服务类,包括老年慢性病用药和机构无接触式智能消毒两个场景;四是情感关爱类,包括老年人智能语音交流互动和老年人智能相伴两个场景。